MERKABA

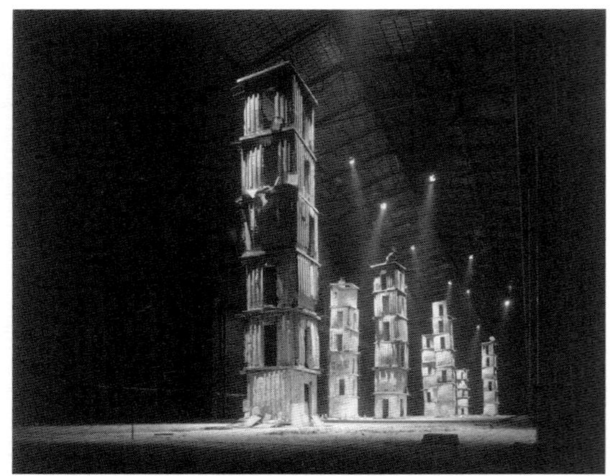

H A N G A R B I C O C C A

ART ROOM

Anselm Kiefer

MERKABA

CHARTA

Progetto grafico / Design
Gabriele Nason

Coordinamento redazionale / Editorial Coordination
Filomena Moscatelli

Redazione / Editing
Sergio Di Stefano
Charles Gute

Traduzioni / Translations
Karel Clapshaw
Emily Ligniti
Simon Richard Turner

Copy e Ufficio stampa / Copywriting and Press Office
Silvia Palombi Arte&Mostre, Milano

Grafica Web e promozione on-line
Web Design and Online Promotion
Barbara Bonacina

Copertina / Cover
I Sette Palazzi Celesti
The Seven Heavenly Palaces
Photo Roberto Marossi

Referenze fotografiche / Photo Credits
Alessia Bulgari (pp. 66-67, 70, 71,74, 75, 78, 104, 105, 108-109, 112, 113)
Alessandro Cimmino (pp. 65, 68, 69, 72-73, 77, 103)
Danilo Donzelli (pp. 9, 13, 15, 17, 21, 22, 25, 26)
Pino Guidolotti (pp. 81, 82, 83, 84-85, 86, 87, 88, 89)
Roberto Marossi (pp. 79, 91, 92, 93, 94-95, 96, 97, 98, 99, 101, 102, 106, 107, 110, 111)
Fabrizio Tramontano (pp. 56-63)

Ci scusiamo se per cause indipendenti dalla nostra volontà abbiamo omesso alcune referenze fotografiche.
We apologize if, due to reasons wholly beyond our control, some of the photo sources have not been listed.

ISBN 88-8158-555-3

Edizioni Charta
via della Moscova, 27
20121 Milano
Tel. +39-026598098/026598200
Fax +39-026598577
e-mail: edcharta@tin.it
www.chartaartbooks.it

Printed in Italy

Anselm Kiefer
I Sette Palazzi Celesti
The Seven Heavenly Palaces

Hangar Bicocca, Milano
Installazione permanente
inaugurata il 24 settembre 2004 /
Permanent Installation
inaugurated September 24, 2004

Progetto a cura di / Project curated by
Lia Rumma

Direzione Generale / General Manager
Gianluca Winkler

Organizzazione / Organization
Paola Potena, Maria De Vivo, Silvie Pagès

Coordinamento e Sezione didattica / Coordination and Education Services
Fabrizio Tramontano

Direzione del Cantiere / Work-site Directors
Marco Nolli, Ernesto Bardelli

Staff operativo Studio Kiefer / Studio Kiefer Staff
Vincent Adriaens, Boualem Moudjaoui, Alain Moittié

Progetto armature degli elementi costruttivi e dei dispositivi di sicurezza torri e coordinamento del cantiere / Reinforcement of tower materials and safety devices and work-site coordination
Ettore Bonaguri
Pirelli RE Project Management

Strutture e opere in cemento / Cement structures and works
EDILOMBARDA

Opere in piombo / Works in lead
ditta TRESOLDI s.r.l

Opere in vetro / Works in glass
Vetreria BUSNELLI

Luci e allestimento / Lighting and exhibition design
ICET S.p.A.

Ufficio stampa / Press Office
Mara Vitali Comunicazione

Gestione della realizzazione / Project Management
Pirelli RE Project Management
Promozione dell'evento / Event Promoter
Pirelli RE

Assicurazione / Insurance
AON

Sponsor
DEUTSCHE BANK
SIEMENS
MORGAN STANLEY
TIM
UNICREDIT

Il quartiere Bicocca di Milano, che un tempo ospitava gli stabilimenti di Pirelli e Ansaldo, è ormai divenuto per superficie e importanza delle istituzioni presenti una vera e propria centralità urbana caratterizzata da una pluralità di funzioni e una riconosciuta vocazione per la creatività, l'innovazione e la ricerca.
Questa "città nella città" si è ulteriormente arricchita di prospettive e valori con la creazione di uno spazio per l'arte contemporanea quale l'Hangar Bicocca, ex capannone industriale che sta divenendo un polo di riferimento culturale della città di Milano in grado di attirare artisti, iniziative e progetti in stretto contatto con il sistema dell'arte contemporanea internazionale.
Il progetto di Anselm Kiefer *I Sette Palazzi Celesti*, installazione di sette torri pensata appositamente per la navata principale, ha costituito senza dubbio l'impulso fondante nell'evoluzione dell'Hangar Bicocca, rivelandone tutte le potenzialità e concorrendo a promuovere la dimensione artistico-culturale dell'intero quartiere, in armonia con le altre attività di produzione intellettuale: dall'Università ai centri di ricerca pubblici e privati, dalle sedi di aziende multinazionali al Teatro degli Arcimboldi.

Milan's Bicocca neighborhood, which in the past accommodated the Pirelli and Ansaldo factories, has now become, due to its size and the importance of the institutions located there, a veritable urban center characterized by a diversity of functions and an acknowledged vocation for creativity, innovation, and research.
The value and potential of this "city within the city" has been enriched even further thanks to the creation of a space dedicated to contemporary art such as the Hangar Bicocca. This former industrial hangar is becoming a cultural reference point for the city of Milan that is able to attract artists, initiatives, and projects that are in step with the international contemporary art scene.
Anselm Kiefer's project *Seven Heavenly Palaces*, a site-specific installation comprised of seven towers for the main nave, undoubtedly lays the foundation for the Hangar Bicocca's evolution. It has unveiled its potential and helped to stimulate the artistic-cultural interests of the entire neighborhood in harmony with supporters of other intellectual activities: from the city's University to public and private research centers, multinational company headquarters to the Teatro degli Arcimboldi.

Carlo A. Puri Negri
CEO Pirelli RE

Sommario / Contents

Introduzione

Lia Rumma

A partire dagli anni Ottanta, in Italia come all'estero, le opere di Anselm Kiefer sono state oggetto di crescente attenzione nel mondo dell'arte e della cultura. Hanno ispirato un impressionante numero di suggestive interpretazioni, e probabilmente continueranno a ispirarne altre in futuro. Una delle ragioni di tanto fermento interpretativo va ricercata nella loro straordinaria capacità di combinare assieme i referenti della storia e il magma della materia, l'irruenza del moderno e la persistenza dell'arcaico, immagini di ascesa spirituale e indicazioni di irreprimibili spinte verso la caduta e la distruzione della specie umana. Visualizzando la presenza di agenti eterogenei che pervadono eventi storici, tempi messianici e processi naturali, alludendo alla ricorrenza di conflitti che frustrano la ricerca di soluzioni univoche, le opere di Kiefer costituiscono un incessante stimolo per l'esegesi: provocano a raccontare le verità, non sempre traducibili in parole, delle immagini dell'arte visiva.

Sono fiduciosa che un simile destino di fibrillazione interpretativa toccherà anche alla monumentale opera installata al capannone industriale dell'Hangar Bicocca. Favorita dal felice concorso di forze di più persone – specialmente da Anselm Kiefer, Renate Graf, Franca Sozzani, Gianluca Winkler, Paola Potena, Fabrizio Tramontano – la realizzazione de *I Sette Palazzi Celesti* o delle sette "torri" (come mi viene più facile chiamarle) ha segnato l'inizio di un importante ciclo di mostre patrocinate dalla Pirelli RE all'Hangar. E c'è da augurarsi che questo ciclo si riveli presto come il preludio di un'ancora più stabile impresa di attività artistico-culturali, un'impresa che sarebbe di grande utilità qui a Milano dove la promozione e la conoscenza dell'arte contemporanea è un impegno ahimé di pochi e difficilmente riesce a soddisfare le domande di informazione e approfondimento del pubblico in una città tanto ricca di fermenti e contraddizioni.

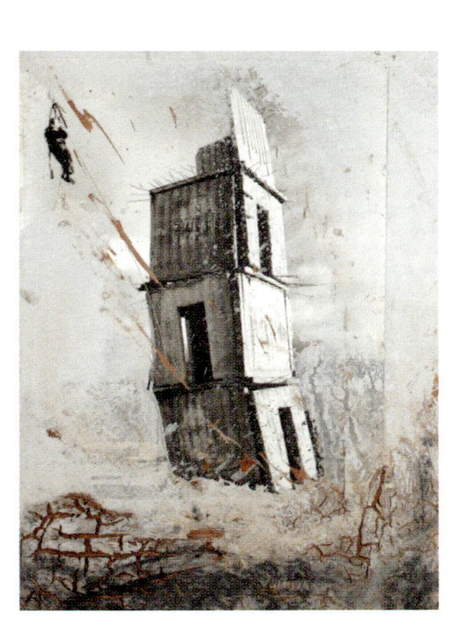

Turm Bicocca, 2004
Carta fotografica, argilla e acrilico su tavola / Photographic paper, clay and acrylic on wood
100 x 75 cm
Collezione privata / Private Collection
Courtesy Lia Rumma

Per Anselm Kiefer, l'invito di mostrare all'Hangar Bicocca ha rappresentato la possibilità di ripensare e portare a compimento una serie di opere che, nel suo studio a Barjac nel sud della Francia, avevano da qualche tempo iniziato ad annunciarsi in disegni e costruzioni di prototipi tridimensionali. Quel che ora vediamo all'Hangar sono le stupefacenti forme di un'architettura che appare nel contempo così maestosa e imponente, eppure tanto vulnerabile e instabile. Nel confrontarsi con il senso di "accumulo claustrofobico di lavoro" (sono parole dell'artista) avvertito durante la sua prima visita a quel capannone di 15000 mq, Kiefer è riuscito a esprimere con le sette torri il paradosso e la tragicità di una condizione umana che non tollera arresti tra i contrari e che, anzi, li rimescola e ridefinisce nella continua ricerca di un equilibrio tra l'elevazione al cielo e la discesa agli inferi della terra, la trasfigurazione della materia e la disgregazione dei corpi e delle cose.

Ispirate alla mistica della Merkava ebraica, alla storia di un viaggio iniziatico che prevede l'attraversamento di sette palazzi, le sette torri di Kiefer alludono alle occulte interconnessioni tra il dominio fisico e quello psichico: evocano le tappe, i pericoli e le prove del viaggio che non è mai esclusivamente uno spostamento avanti nel tempo e nello spazio, ma semmai un'avventura con esiti assai incerti e spesso dolorosi: un processo di ripetuti progressi e regressi nonché di interminabile autoanalisi e conoscenza di sé. Di questa avventura, ciascuna torre esibisce alcuni aspetti come, per esempio, la nave che rimanda all'arca del diluvio; il poliedro düreriano che testifica la melanconia della conoscenza; o i vetri delle stelle cadenti che sfatano l'illusione di un cosmo immobile. L'insieme – le sette torri o palazzi celesti – trattiene così i momenti di una storia che non è mai svolgibile al presente, bensì muove verso il passato e il futuro: è fatta di vacillamenti e aneliti evocati dalla precarietà gloriosa delle torri inclinate, dalla loro immagine di monumentale transitorietà. Ma a differenza di quello dei critici e degli storici dell'arte, il mio legame con le opere di Kiefer ha poco o nulla a che fare con la scrittura e l'esegesi. È soprattutto di natura intuitiva, anche se tiene conto di quelle componenti di lucidità e concretezza indispensabili nel mio lavoro di mercante d'arte. Non pretendo, quindi, di schierarmi nel campo delle interpretazioni o di avanzarne di nuove. Altri lo hanno fatto e lo faranno molto meglio di me.

Vorrei discutere, tuttavia, un'associazione di emozioni e pensieri che molto spesso scatta quando mi trovo innanzi a una o più opere di Kiefer e che è scattata anche nel caso delle torri. Al contatto con le sue opere, cioè, mi è difficile non evocare con la fantasia la casa-atelier di Barjac, dove Anselm Kiefer vive e lavora per buona parte dell'anno assieme alla moglie Renate, ai figli Virgil ed Elektra, nonché a un gruppo di assistenti e collaboratori che lo aiutano, vuoi nella produzione delle opere d'arte vuoi nella continua trasformazione della casa e del paesaggio circostante. Mi capita così non solo di ricordare la prima volta che ho visto un'opera nello studio dell'artista, o semplicemente di figurarmela in quel contesto, ma anche di rivedere edifici e paesaggio, di risentire voci e impressioni. Tutto ciò mi si (ri)presenta in frammenti, senza che lo voglia. Irrompe in situazioni diverse – mentre guardo un'opera in silenzio o ne parlo con qualcuno – creando strane sovrapposizioni di passato e presente, vissuto e memoria.

Il fenomeno potrebbe spiegarsi in modo consequenziale. Avendo mostrato e sostenuto il lavoro di Anselm Kiefer da anni, mi sono recata più volte a Barjac e, dunque, rivedendo le sue opere fuori dal quel contesto, scoprendone di nuove, evidentemente le connetto al luogo dove il suo lavoro e il suo privato procedono in

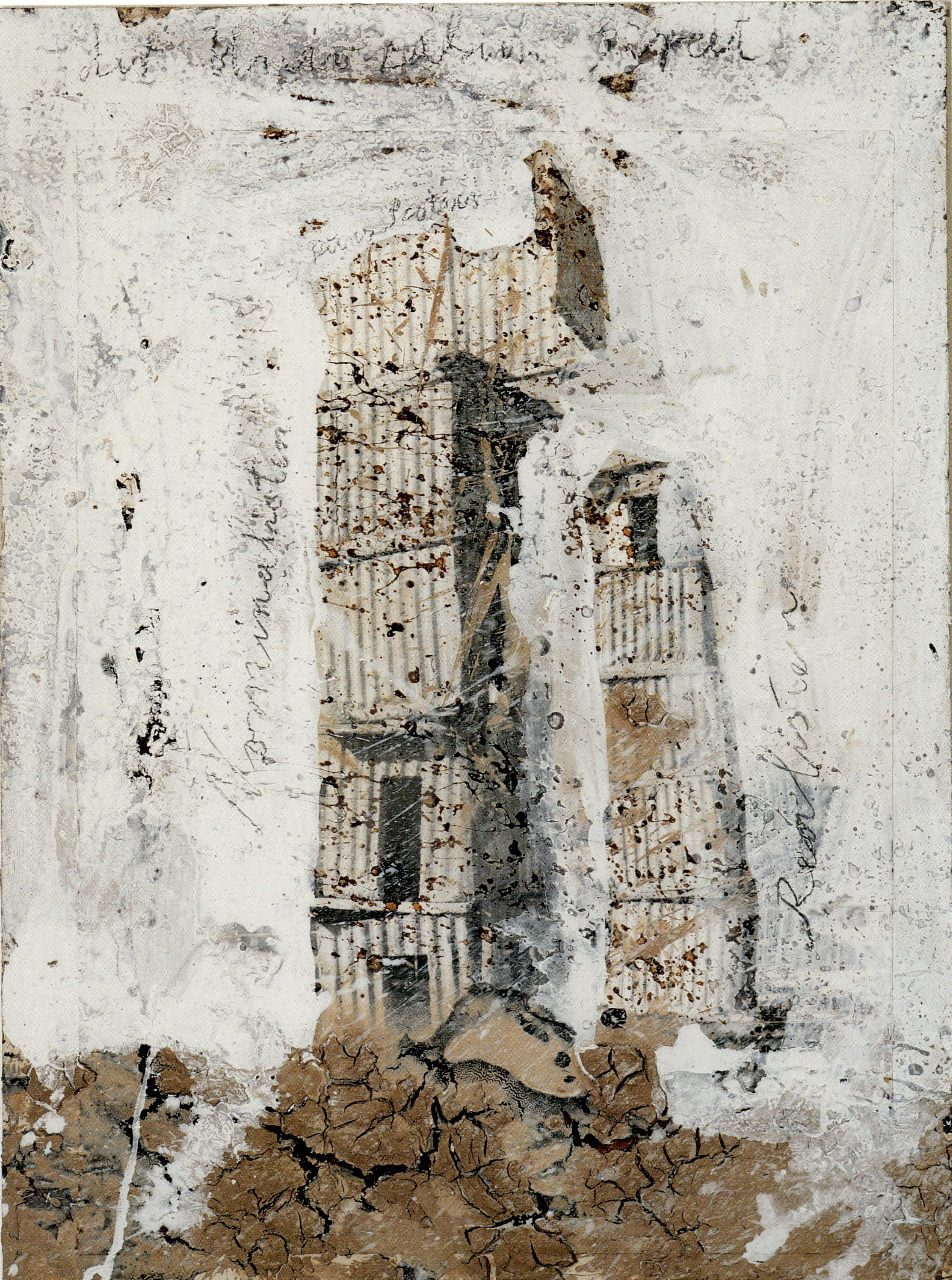

Der Universalien-Streit, 2004
Carta fotografica, argilla e acrilico su tavola / Photographic paper, clay and acrylic on wood
100 x 75 cm
Collezione Privata / Private Collection
Courtesy Lia Rumma

parallelo, se non in una completa simbiosi. Ma la spiegazione è insufficiente. Credo ci sia dell'altro: che questa interferenza di sensazioni che confondono tempi e luoghi diversi sia l'indizio di un senso che, seppure inavvertitamente, vorrei attribuire all'opera di Kiefer. È come se, interagendo tra loro, le immagini della casa-atelier di Barjac e le immagini delle opere potessero paradossalmente chiarirsi a vicenda. Forse quel che non riesco a dirmi o a definire in concetti innanzi alle opere si manifesta nei frammenti di una Barjac trasfigurata.

Infatti, la casa-atelier di Barjac mi appare non tanto come il luogo remoto della creazione delle opere dal quale esse si sarebbero poi distaccate, bensì come una sorta di origine infinitamente presente in esse. Quel che è a Barjac è nelle opere e quel che è nelle opere è a Barjac. Ma di cosa si tratta? A Barjac, riadattando gli edifici di una vecchia fabbrica dismessa, Kiefer ha ricavato abitazione per sé e la moglie, biblioteca, studio, stanze per i bambini, e annessi per assistenti e ospiti. Parti del territorio, dal bosco alla collina, sono state inoltre trasformate in accordo con il tipo di vita e di lavoro che si svolge nella casa-atelier. Sono stati costruiti, per esempio, una serra, un lago artificiale, un enorme anfiteatro, padiglioni di vetro e strutture in cemento che contengono statue e installazioni di opere. E ancora. Passaggi sotterranei scavati nella terra rossa, dove trovi acqua, interventi di piombo, luci improvvise, collegano gli edifici sovrastanti in un percorso di discese e risalite.

Sarebbe azzardato parlare di "opera d'arte totale". Di sicuro, però, la casa-atelier di Kiefer è in continua metamorfosi e rivela affinità inedite tra i ritmi del quotidiano, i cicli della natura, l'inoperosità e l'attività creativa. La mia impressione – quando sono a Barjac o quando ci ritorno con la fantasia – è che sia una dimora nel contempo reale e ideale. Ad animarla è la fiducia che le dinamiche naturali e artificiali, la vita delle piante e quella degli umani, possano confluire e rigenerarsi a vicenda. Dal bosco ai padiglioni di vetro, dal lago ai sotterranei, ogni elemento sembra connesso al fare creativo al quale offre esempi, motivi ispirazionali, e materiali d'uso e dal quale riceve in cambio un'altra forma o ragione d'essere. La dimora di Barjac instaura e riflette una gamma pressoché inesauribile di relazioni bipolari tra individuo e cosmo. È per me l'emblema della possibilità di sentirsi partecipi di una condizione bioestetica animata da forze immanenti alla natura, come pure alla natura dell'umano nel tempo, la storia e l'arte.

Non è quindi una dipendenza di causa ed effetto tra le opere e la casa-atelier di Kiefer, ma piuttosto l'intuizione di una loro comune rivendicazione dell'abitabilità di quella condizione bioestetica a suscitare emozioni e pensieri che mi rimandano dalle une all'altra e viceversa. Proprio come a Barjac, scopro l'incommensurabilità delle forze biologiche, geofisiche e spirituali che le opere vorrebbero evocare e attualizzare, così ogni opera porta con sé le tracce di un'aspirazione all'infinito che accolgo e comprendo trasfigurando la casa-atelier

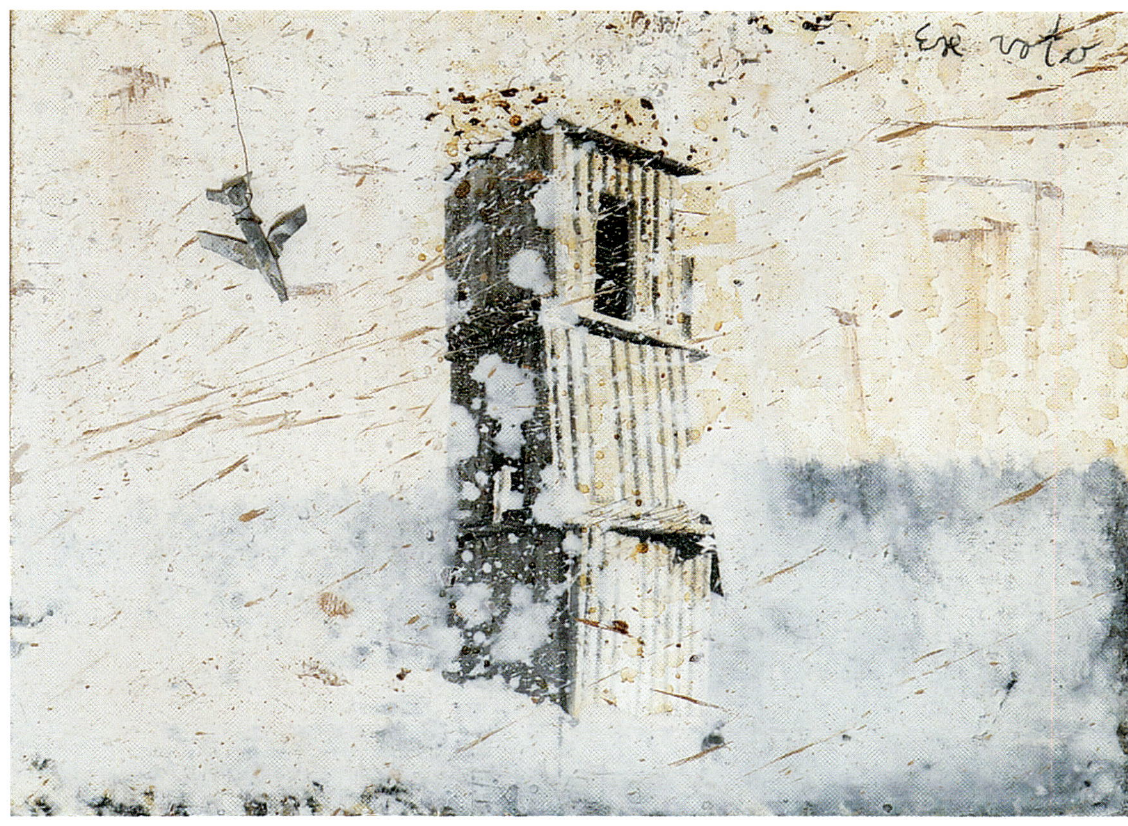

Ex Voto, 2004
Carta fotografica, argilla, piombo e acrilico su tavola / Photographic paper, clay, lead and acrylic on wood
63 x 88 cm
Collezione Privata / Private Collection
Courtesy Lia Rumma

dell'artista. L'idea di una sfera bioestetica, insomma, determina e lega i due poli dell'analogia tra la dimora e le opere. Suggerisce il bisogno di nuovi modi dell'intimità, dove la coappartenenza tra l'umano e il naturale si realizza oltre le abituali distinzioni tra l'aria e i corpi, il respiro e il pensiero, l'anima e le cose. Le opere di Kiefer inaugurano nuovi modi dell'intimità non solo in virtù dei loro ricorrenti richiami alla coesistenza di tempi e spazi di maggiore civiltà sul pianeta, ma anche perché proiettano le immagini di splendori e barbarie della storia nei flussi del divenire organico mediante il costante impiego di materiali quali paglia, arbusti, fiori, capelli e semi di girasole. In particolare, le torri all'Hangar Bicocca esibiscono stratificazioni di significati e materia. Ci invitano sia a decifrare e riattivare i codici trasmessi da antiche tradizioni sapienziali, sia a meditare sugli equilibri segreti e rischiosi che l'architettura stabilisce tra caos e cosmo. Forse la forte impressione di transitorietà provata innanzi alle torri è dovuta proprio ai pezzi di container cementificati che costituiscono le loro basilari componenti edificatrici. I container, a pensarci bene, sono gli involucri comunemente usati nel trasporto di cose materiali per mare, terra e cielo. Le torri-container divengono allora, allegoricamente e letteralmente, dei solidi inclinati e destinati a significare la transizione.

Mi viene, infine, da osservare che quella di Kiefer è un'arte pubblica, seppure in un senso alquanto singolare. Non si tratta, evidentemente, di un'arte ambientale, né di una pratica che sconfina nel contesto sociale relativizzando forme e contenuti dell'opera d'arte. Al contrario, la pregnanza oggettiva dell'opera viene in essa valorizzata se non esaltata. Eppure, se per "pubblico" intendiamo quel che è condiviso e caratterizza uno stare assieme, allora le opere di Kiefer accettano e reinventano l'idea di comunità. Lo fanno liberandosi dal peso di nozioni astratte – come quelle di stato, periodi storici, società, popolo, o classe – per mezzo delle quali possiamo identificarci, sentirci rappresentati, ma difatti non viviamo interamente. Dalle donne-arboriscenti dell'antichità alle donne-fiore della rivoluzione francese, dalle città ricoperte di erba e sabbia alla segreta alleanza tra la vita delle stelle e delle piante, le immagini proposte da Kiefer non sono qualcosa di esterno o altro da noi. La scelta dei temi e dei materiali naturalizza l'umano e umanizza la natura. Fa sì che un'opera d'arte smetta di apparire un derivato, una negazione, o un surrogato per presentarsi come l'oggettivazione visiva di un habitat che è o potrebbe essere il nostro, perché in esso (re)incontriamo i nostri geni e le nostre culture nei loro inarrestabili moti di amore e morte, accrescimento e dissipazione. Alla Grande Bicocca, in un quartiere dove è in atto una ridefinizione del lavoro e del vivere assieme, le torri di Anselm Kiefer non si limitano a tematizzare la minaccia del crollo e lo slancio di elevazione caratteristici dell'avventura umana. Introducono delle altre consapevolezze di comunanza. Ce le segnalano senza porsi in antagonismo verso le scoperte di scienza e tecnica, ma accogliendo, anzi, le verità del cemento assieme a quelle della mistica e della ricerca spaziale. In questo modo, le torri rivelano intrecci e convivenze tra i molteplici "adesso" e orientamenti dell'umanità. Si potrebbe dire che sono i container di ciò che passa. Aprendo transiti avanti e indietro nella storia e nella conoscenza, sfatano la pretesa di un loro andamento unidirezionale. Ci inducono a riflettere sul fatto che il desiderio di globalità non si realizza esclusivamente in termini di progresso, transazioni astratte e processi di omologazione. Punta anche e soprattutto a dei bisogni bioestetici: all'abitabilità di dimensioni dove è finalmente possibile stipulare delle sempre nuove alleanze tra individui e cosmo, e dove forse già viviamo e abbiamo vissuto anche se aggirandoci ripetutamente in esse senza riconoscerci. Le torri-container sono la testimonianza, fragile e transiente, di questo aggirarsi, ma anche un omen affinchè il riconoscimento avvenga e se ne conservi le tracce e accresca la consapevolezza.

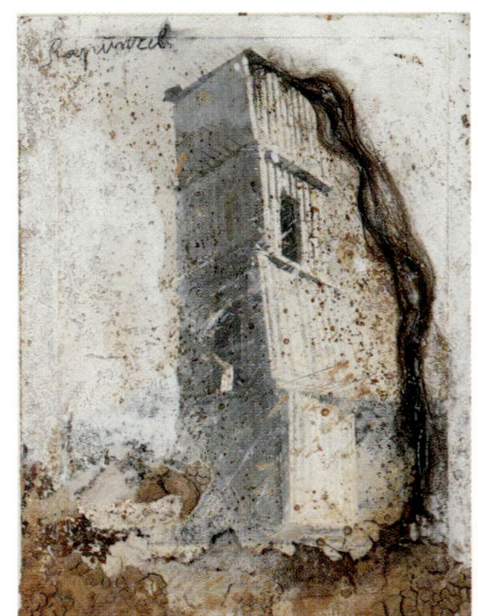

Rapunzel, 2004
Carta fotografica, argilla, capelli e acrilico su tavola / Photographic paper, clay, hair and acrylic on wood
63 x 88 cm
Collezione Privata / Private Collection
Courtesy Lia Rumma

La Belle au Bois Dormant, 2004
Carta fotografica, argilla, e acrilico su tavola / Photographic paper, clay, and acrylic on wood
100 x 75 cm
Collezione Privata / Private Collection
Courtesy Lia Rumma

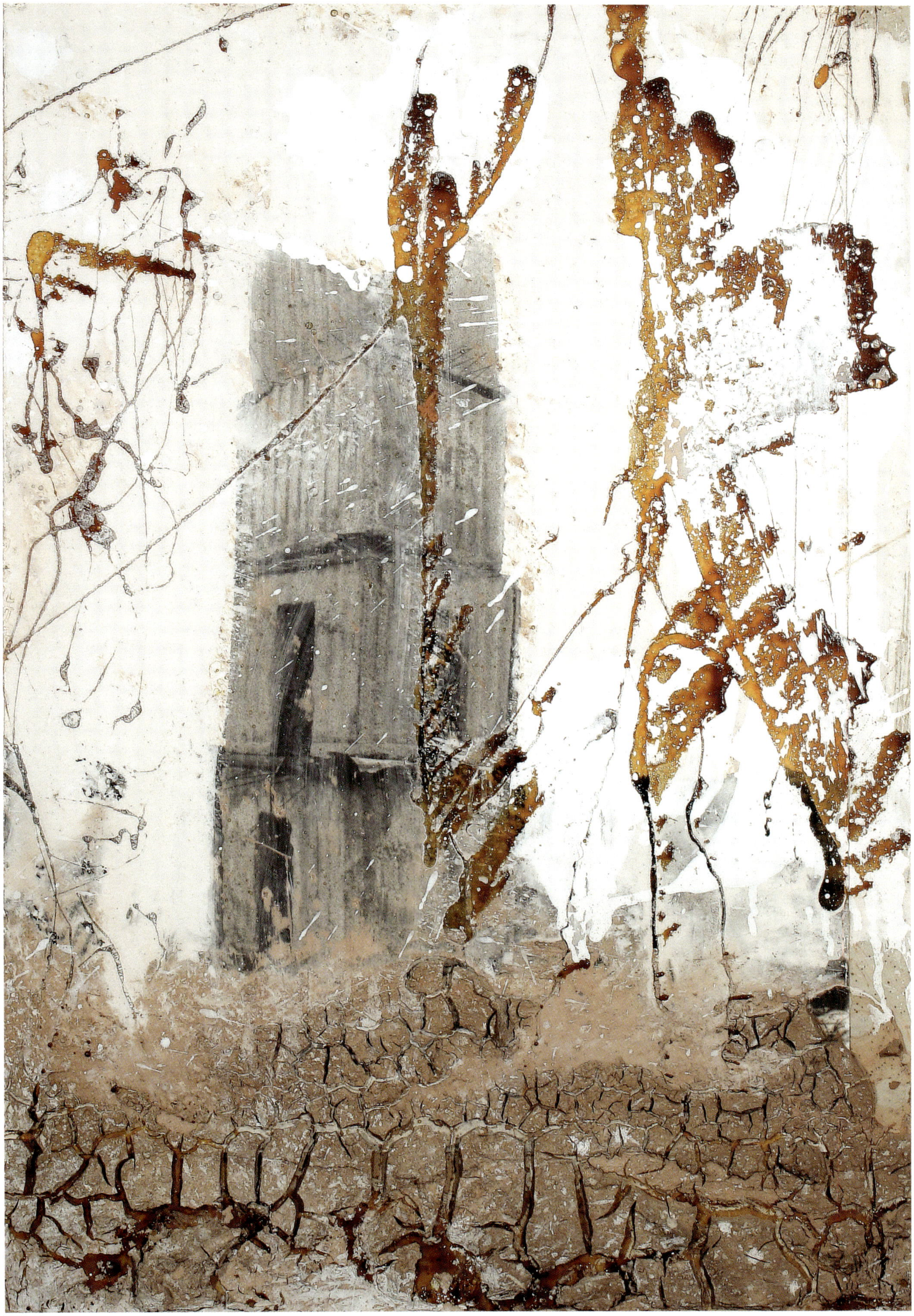

14

Foreword

Lia Rumma

Ever since the eighties, Anselm Kiefer's works have been at the centre of increasing attention in the world of art and culture in Italy and abroad. They have inspired a staggering number of stimulating interpretations, and will probably continue to inspire as many again in future. One of the reasons for this interpretative turmoil can be found in his extraordinary ability to combine references from history with a jumble of matter, the impetuousness of modernity and the persistence of the archaic, images of spiritual ascesis, and indications of a headlong rush towards the downfall and destruction of the human species. Visualising the presence of diverse agents that pervade historic events, eons of waiting and natural processes, alluding to the recurrence of conflicts that thwart the search for unequivocal solutions, Kiefer's works provide a constant inducement for exegesis: they encourage the telling of the truth, which cannot always be converted into words, about the images of the visual arts.

I am confident that a similar destiny of interpretational fibrillation will also be applied to the monumental work installed in the factory building of the Hangar Bicocca. Facilitated by a fortunate combination of forces involving a number of people – Anselm Kiefer, Renate Graf, Franca Sozzani, Gianluca Winkler, Paola Potena, and Fabrizio Tramontano, in particular – the "Seven Celestial Buildings" or "towers" (as I find it easier to call them) marked the beginning of an important cycle of exhibitions sponsored by Pirelli RE at the Hangar. It is to be hoped that this cycle will soon prove to be the prelude for a more permanent series of artistic and cultural activities – an enterprise that would be extremely useful here in Milan, where promoting and improving knowledge of contemporary art is undertaken by very few. What there is can hardly satisfy public demand for information and studies in a city that is a place of such turmoil and contradictions.

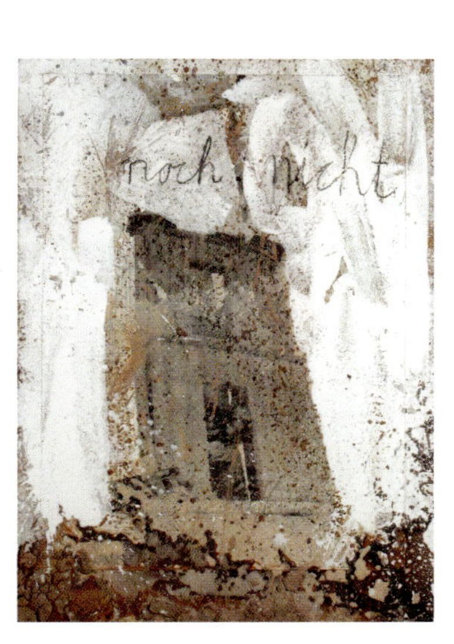

Noch nicht, 2004
Carta fotografica, argilla e acrilico su tavola / Photographic paper, clay and acrylic on wood
100 x 75 cm
Collezione Privata / Private Collection
Courtesy Lia Rumma

For Anselm Kiefer, the invitation to exhibit at the Hangar Bicocca made it possible to rethink and complete a series of works that, in his studio in Barjac in the South of France, had some time previously begun to appear in drawings and in the construction of three-dimensional prototypes. What we now see at the Hangar are the stunning architectural shapes that appear so majestic and prodigious and yet, at the same time, so vulnerable and unstable. In dealing with the sense of "claustrophobic accumulation of work" (as the artist puts it) which he felt during his first visit to the 15,000 square-metre building, Kiefer managed to express – by means of the seven towers – the paradox and the tragedy of a human destiny that tolerates no breaks between opposites and that, on the contrary, mixes them up and redefines them in a never-ending search for balance between a raising up to heaven and a casting down to the netherworld of earth, the transfiguration of matter and the disintegration of bodies and things.

Inspired by the mystics of Jewish Merkava and the story of an initiatory journey involving the crossing of seven buildings, Kiefer's seven towers allude to the occult interconnections between the physical and the psychic domain: they conjure up the milestones, the dangers and the trials of a journey that is never simply a shift forwards in time and space, but rather an adventure with clear, often painful outcomes. A journey of repeated advances and retreats, as well as interminable self-analyses and consciousness of self. Each tower reveal some aspects of this adventure, such as the ship that recalls the Ark of the Flood, the Dürer-style polyhedron that testifies to the melancholy of knowledge, or the glasses of the shooting stars that debunk any illusion of a static cosmos. The ensemble – the seven towers or celestial buildings – thus embodies the phases of a story that can never take place in the present, but which moves towards the past and future: it is made of vacillations and yearnings conjured up by the glorious precariousness of the leaning towers, and by the monumental transience of their image.

But unlike that of critics and art historians, my link to Kiefer's works has little or nothing to do with writing or exegesis. More than anything it is intuitive, even though it takes into consideration those elements of level-headedness and pragmatism that are indispensable for my work as an art dealer. So I do not claim to take sides in the field of interpretations, nor shall I suggest new ones. Others have done so, and will continue to do so much better than me.

Even so, I would still like to mention an association of emotions and thoughts that is very often triggered by one or more of Kiefer's works. An association that was again sparked off when I was faced with his "towers. What I mean is that when I am in contact with his works, I find it hard not to picture Anselm Kiefer's studio-home near Barjac, where he lives and works for most of the year, together with his wife Renate and his children Virgil and Elektra, and with a group of assistants and co-workers who help him both with the construction of his works of art and with the continual transformation of the house and surrounding land. I find I don't just remember the first time I saw a work in the artist's studio, or simply imagine how it might have been there, but I also see the buildings and the landscape, and once again hear the voices and feel the impressions. It all comes (back) to me in fragments, whether I like it or not. It bursts into my mind in different situations – while I'm silently looking at a work or talking about it with someone – overlapping past and present, experience and memory.

This phenomenon might be explained as a consequential effect. Having exhibited and promoted Anselm Kiefer's work for years, I have been to Barjac a number of times, so when I see his works removed from that context and discovering new ones, I evidently connect them to the place where his work and his private life run parallel, if not in complete symbiosis. But this explanation is not entirely satisfactory. I think there is more to it than that: I believe this mingling of sensations that confuses times and places is an indication of a significance that, however unintentionally, I would like to attribute to Kiefer's work. It is as though, through their interaction, the images of his studio-home in Barjac and those of his works might mutually clarify each other in some paradoxical manner. Perhaps what I cannot explain to myself, or define when looking at his works, actually takes shape in the fragments of a transfigured Barjac.

Actually, the studio-home appears to me to be not so much some distant place where the works are created and from which they are then detached, as a sort of source that is forever part of them. What is in Barjac is in the works and what is in the works is in Barjac. But what is it exactly? In Barjac, Kiefer has adapted the buildings of an old disused factory to make a home for himself and his wife, with a library, a studio, rooms for the children, and annexes for assistants and guests. Part of the surrounding land, from the wood to the hill, have also been transformed to suit the type of life and work that goes on in the studio-home. He has built a greenhouse, for example, an artificial lake, a huge amphitheatre, glass pavilions and concrete constructions that contain statues and installations. And more besides. Underground passageways dug into the red earth, where you find water, plumbing works and unexpected lights, linking the buildings above in a series of ups and downs.

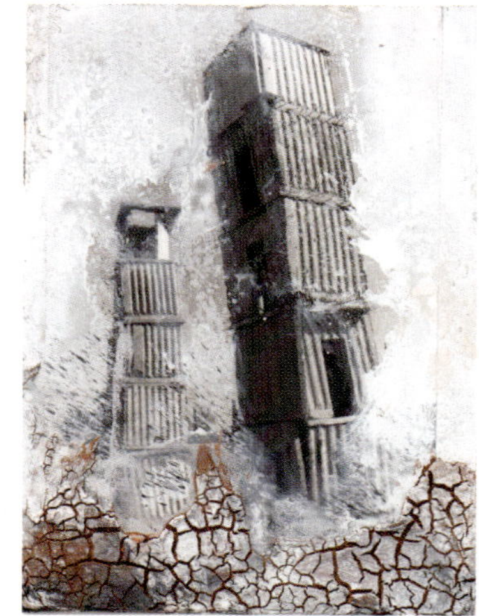

Turm Bicocca, 2004
Carta fotografica, argilla e acrilico su tavola / Photographic paper, clay and acrylic on wood
100 x 75 cm
Collezione privata / Private Collection
Courtesy Kiefer Studio

It would be incautious to talk of the "total work of art". For sure, though, Kiefer's studio-home is in a state of constant metamorphosis and it reveals singular affinities with the rhythms of everyday life, and with the cycles of nature, of inactivity and creative activities. My impression when I am in Barjac – or when I return there in my mind – is that it is a residence at once real and ideal. It is given life by confidence in the fact that natural and artificial dynamics, the life of plants and of human beings, can converge and regenerate each other. From the wood to the glass pavilion, to the lake and the underground chambers, each element seems linked to the creative spirit to which it offers examples, inspirational motifs and materials, and from which it receives another form or *raison d'être* in exchange. The Barjac dwelling introduces and reflects an almost infinite range of two-way relationships between the individual and the cosmos. I see it as emblematic of our ability to feel ourselves part of a bioesthetic condition consisting of forces brought to life by nature, as well as in the nature of humanity in time, history and art.

So there is no linear cause-and-effect dependency between the works and Kiefer's studio-home. Rather, it is an intuition of their joint claim to the habitability of the bioesthetic condition that arouses emotions and thoughts which refer me from one to the other and vice versa. Just as in Barjac I discovered the incommensurability of the biological, geophysical and spiritual forces that the works intend to evoke and make relevant in today's world, so each work bears the traces of an aspiration to infinity that I can comprehend and accept by transfiguring the artist's studio-home. The fact is that the idea of a bioesthetic sphere establishes and connects the two poles in the analogy between the dwelling and the works. It suggests a need for new forms of intimacy, in which the mutual belonging of human and natural goes beyond the habitual distinctions between air and body, breathing and thought, spirit and object. Kiefer's works introduce new forms of intimacy, and not only by virtue of their recurrent allusions to the coexistence of the times and spaces of a number of civilisations around the planet. Using materials such as straw, bushes, flowers, hair, and sunflower seeds, they also do so by projecting images of both the splendour and the barbarity of history into the stream of transformation into organic. In particular, the Hangar Bicocca towers display stratifications of meaning and matter. They invite us both to decipher and reactivate the codes transmitted by the wisdom of ancient traditions, and to meditate on the secret and perilous balances that architecture establishes between chaos and cosmos. Perhaps the strong impression of transiency one feels when faced with the towers is brought about precisely by the pieces of cemented containers that constitute their basic building blocks. When one comes to think about it, the containers are the casings normally used for the transport of material goods by sea, land and air. This means that both allegorically and literally the tower-containers become tilted solids signifying transition.

Tikkum, 2004
Carta fotografica, argilla e acrilico su tavola / Photographic paper, clay and acrylic on wood
100 x 75 cm
Collezione Privata / Private Collection
Courtesy Lia Rumma

Finally, I am led to observe that Kiefer's art is indeed public, even though in a rather singular sense. It is quite clearly not an environmental art, nor one that strays into the social context by relativising the form and content of the work of art. On the contrary, the objective meaningfulness of the work is highlighted, and indeed

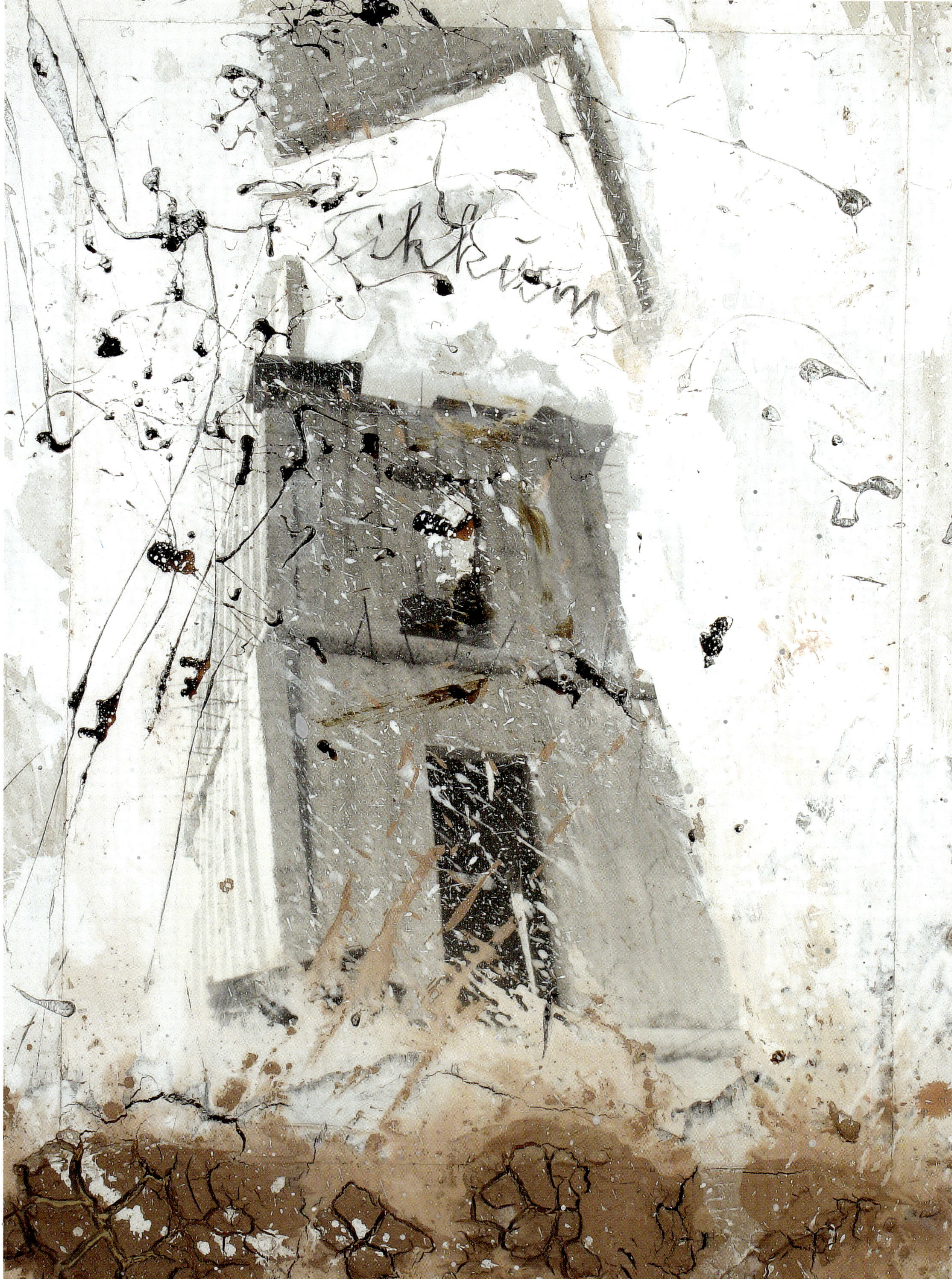

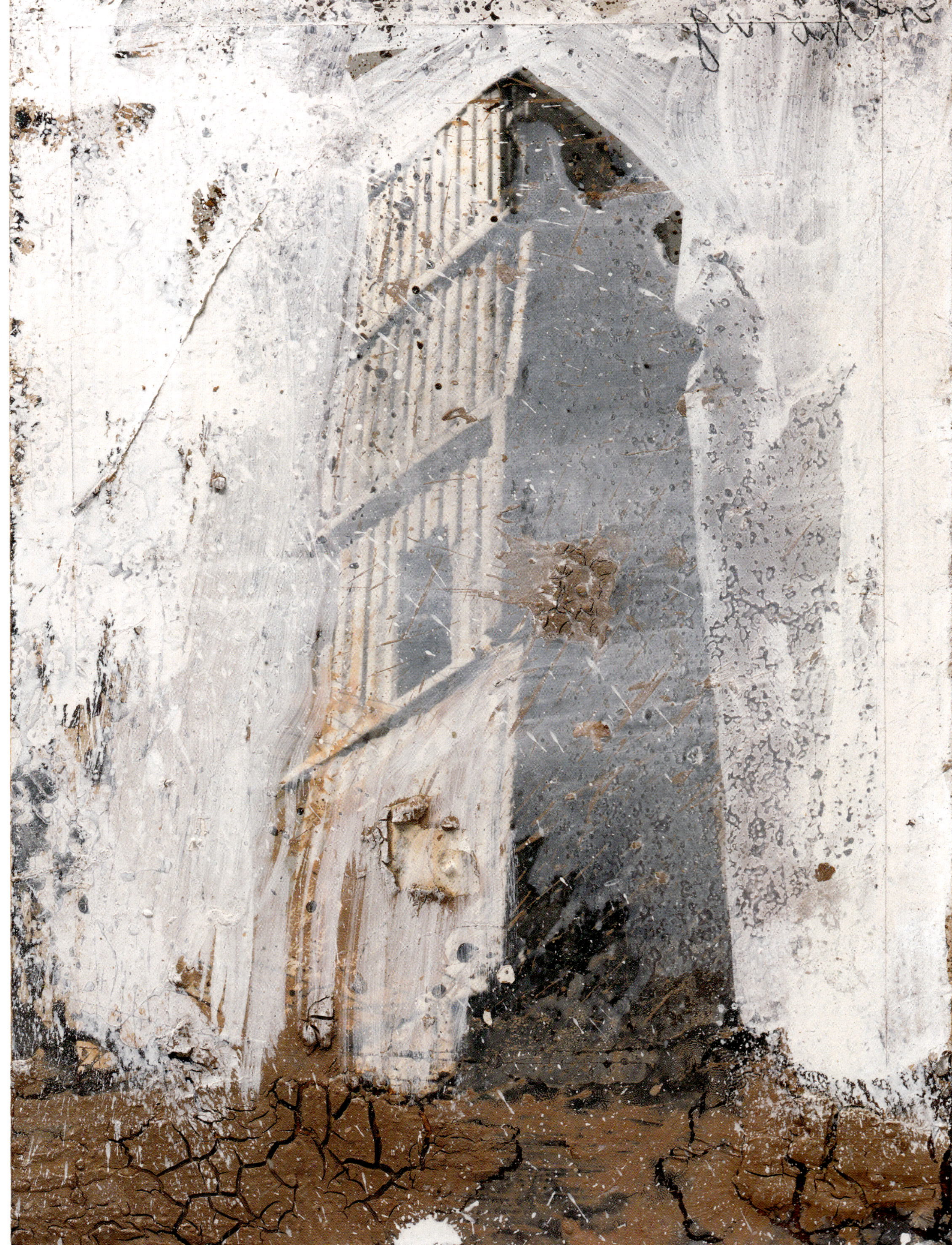

exalted by it. And yet, if by "public" we mean what is common to and what characterises our togetherness, then Kiefer's works accept and reinvent the idea of community. They do so by freeing themselves from the weight of abstract notions – like those of status, historical periods, society, peoples or classes – by means of which we can identify ourselves and feel ourselves represented, but which in actual fact we do not live in their entirety. From the arborescence-women of antiquity to the flower-women of the French revolution, to the cities decked in sand and grass and the secret alliance between the life of stars and plants, Kiefer's images are neither exterior nor foreign to us. The choice of themes and materials naturalises humanity and humanises nature. It makes a work of art stop looking like a derivative, a negation, or a surrogate, and stand as the visual objectification of a habitat that is or might be ours, because within it we (re)encounter our genes and cultures in their inexorable outbursts of love and death, accretion and dissipation.

At the Grande Bicocca, in a district where work and community are currently being redefined, Anselm Kiefer's "towers" do more than relate the threat of collapse and the momentum of uplifting that are characteristic of the human adventure. They introduce other forms of awareness of our commonality. And they point them out to us without competing with the discoveries of science and technology. On the contrary, they welcome the truths of that binding force together with those of mysticism and the exploration of space. The "towers" reveal networking and cohabitation between the manifold forms of "now" and the inclinations of humanity. One could say they are the containers of what passes by. Opening passageways forward and back through history and knowledge, they explode any idea that their movement is unidirectional. They induce us to reflect on the fact that the desire for globality cannot be achieved solely in terms of progress, abstract transactions, and standardisation. More than anything it aims at bioesthetic needs: at the habitability of dimensions where it is at last possible to stipulate new alliances between individuals and the cosmos, and where we are possibly living and have already lived. Even though we may wander around repeatedly without cognition. The tower-containers bear fragile and transient witness to this moving around, but they are also an omen signalling recognition, preserving its traces and increasing awareness of it.

Turm Bicocca, 2004
Carta fotografica, argilla e acrilico su tavola / Photographic paper, clay and acrylic on wood
100 x 75 cm
Collezione privata / Private Collection
Courtesy Kiefer Studio

20 # Memoria dell'oblio

Marco Belpoliti

Sotto il Cielo

Il cielo è caduto in terra? Entrando nell'Hangar Bicocca ci si sente smarriti e si prova un senso di piccolezza. *Homo minor*: minuscoli dinanzi allo spazio immenso del capannone. Tutto sembra perdersi nel buio di questo luogo: sopra, ma anche intorno, un cielo nero da cui calano, come saette di luce, i raggi che illuminano le Torri.

Eccole, slanciate, bianche, di un bianco grigiastro, sporco, perfette nella loro imperfezione. La divinità – suggeriscono – si mostra non attraverso la compiutezza, bensì mediante il suo contrario: la grandezza dell'imperfezione. Il mondo è stato creato imperfetto, affinché il divino, perfetto, potesse mondarlo. I sette palazzi celesti sono architetture che fanno parte del mondo, e sono mondi essi stessi. Appartengono allo spazio della mente umana; ma quale spazio? Sono materia generante.

Quello che è dentro è anche fuori: il cosmo siamo noi, minuscoli esserini, insetti, formiche o termiti, che si muovono intorno alle Torri di Anselm Kiefer. Le Torri si scalano solo con lo sguardo, eppure anche lo sguardo si ritrae subito, confuso di fronte alla loro rastremata e periclitante bellezza. Di che materia sono composti questi monumenti intorno a cui si muovono gli invisibili angeli custodi che sbarrano il nostro cammino verso il divino? Del più piccolo e mobile dei materiali: il cemento.

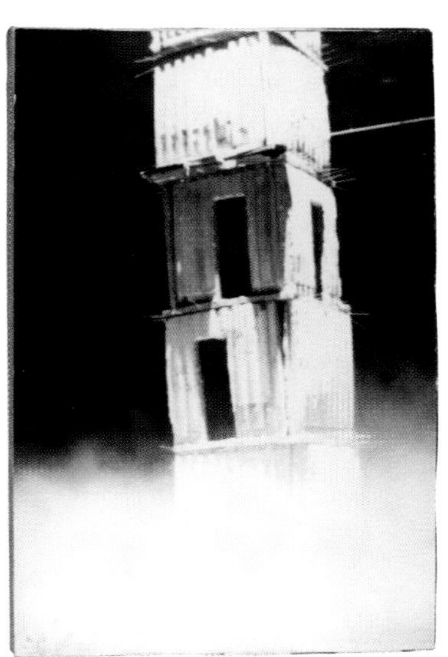

p. 21-26
I Sette Palazzi Celesti, 2005
Carta e cartoncino per fotografie
(libro rilegato costituito da 21 fogli)
Photographic paper and cardboard
(bound book consisting of 21 sheets)
64 x 44 x 3 cm
Courtesy Lia Rumma

Sono composti di polvere, materia sottile; il cemento è infatti un accumulo di punti invisibili, con cui sono fabbricati case ed edifici, palazzi e monumenti, ma anche bunker, piste di aeroporti e spartitraffico di autostrade. Il cemento è l'argilla del Ventesimo secolo, la sostanza di fabbricazione del nuovo mondo artificiale, una materia assolutamente disponibile ad assumere ogni forma, nobile o vile, raffinata o grezza.

Ogni torre pesa novanta tonnellate. Per modellare le piccole case, rifugi, casematte, baracche o depositi, di cui si compone il mastio, sono occorsi dei container blu e rossi deposti all'interno dell'hangar, casseforme inusuali. Le Torri sono rovine che esplorano il cielo, che tendono verso l'alto in un equilibrio instabile, eppure saldo. Tentano, come giganti, la forma stessa del divino: squarci di luce dentro il buio della conoscenza.

Ogni torre, dice l'artista che ne ha schizzato la forma mediante uno schema magico e combinatorio, enuncia una qualità, ma anche un momento della creazione stessa. Come sulla facciata di bar e negozi, ogni torre reca scritto il proprio nome con il neon: cosmologia del misticismo. Amore, ma anche Maestà, Giustizia, e insieme Bellezza.

Le Torri sono rovine mediante cui il pensiero di chi le ha erette si è elevato verso l'alto. Sono i resti di una antica città, di un insediamento industriale o di un villaggio dai tetti di eternit? Con questi frammenti è stato eretto il monumento al Cielo: ottantacinque setti angolari di sei tonnellate l'uno, armati e compatti.

Macerie tedesche

Tra il 1942 e il 1945 la Royal Air Force sganciò sulla Germania un milione di tonnellate di bombe in circa quattrocentomila incursioni. Antiche città tedesche, Colonia, Amburgo, Dresda, furono ridotte a cumuli di macerie.

Nel luglio del 1943, lo scrittore Hans Erich Nossack, sfuggito per caso all'attacco, descrive i resti della sua città, Amburgo. Arrivato di fronte alla Katharinenkirke si ferma sconvolto. Per oltre dieci anni il campanile si era erto dritto dinanzi alla sua scrivania, oggetto primaverile e autunnale di fantasticherie, il testimone muto di un altro disastro, un incendio, a cui era sopravvissuto miracolosamente un secolo prima. Ora, racconta Nossack in uno dei pochi resoconti della distruzione inflitta dagli Alleati alla Germania nazista e alla sua popolazione inerme, della torre campanara non restava che un misero troncone, sgretolato e annerito dal fumo. Spezzata proprio sopra l'orologio, la rovina lasciava leggere la parola *Gloria* in lettere d'oro, mentre parte del tetto si era ripiegato verso l'interno: accartocciato assomigliava a un sudario.

Difficile non pensare, mentre si contemplano le sette Torri di Anselm Kiefer alle macerie della Germania, alle fotografie dei mozziconi di case e palazzi dopo il 1945, alla tabula rasa realizzata con la strategia battezzata, non certo ironicamente, *moral bombing*. In un suo libro, *Luftkrieg und Literatur*, W.G. Sebald, autore di *Austerlitz*, ha raccontato la rimozione che i tedeschi operarono nel corso del dopoguerra. Afflitti da un enorme senso di colpa per quello che essi stessi avevano condotto – il nazismo, lo sterminio ebraico, la guerra mondiale –, scrive Sebald, i tedeschi hanno compiuto una seconda rimozione: dimenticare ciò che era accaduto alle loro città.

Nelle sue opere degli anni Settanta Kiefer ha affrontato il tabù del nazismo. Con le sue tele intrise di sabbia, paglia, semi e cenere ha ricordato a una smemorata Germania, e al resto del mondo, ciò che era accaduto. Con i frantumi e i detriti ha sfidato la prima rimozione della storia tedesca. Ora con le Torri e le sue rovine sembra dare forma a un'altra simmetrica dimenticanza: poiché erano colpevoli e dovevano elaborare la loro colpa, i tedeschi hanno passato sotto silenzio la distruzione delle loro città, come ci ha raccontato Walter Kempowski in *Die deutsche Cronik*: i tabù della memoria collettiva tedesca.

Al suo ritorno ad Amburgo, qualche giorno dopo l'attacco aereo che l'aveva distrutta, Nossak vede una donna lavare con grande cura i vetri della propria casa rimasta intatta in mezzo a un deserto di macerie e rovine. Non è impazzita, ma ripete un ossessivo rituale alla stregua di tutti gli altri sopravvissuti: bambini che strappano le erbacce in un giardino, uomini e donne che siedono su un balcone sorseggiando il caffé come se nulla fosse accaduto.

Hannah Arendt, in un viaggio compiuto in Germania sette anni dopo, nota che le persone si scrivono cartoline che raffigurano chiese e piazze del mercato, ponti ed edifici pubblici che non esistono più, quasi non volessero vedere le macerie che ancora giacciono in mezzo alle strade delle loro città. L'indifferenza, aggiunge Arendt, è l'atteggiamento con cui si muovono in mezzo ai detriti della guerra, indifferenza e mancanza di emozioni: nessuno, o quasi, porta il lutto per i morti e reagisce alla presenza dei profughi che vivono in mezzo a loro.

Dopo il disastro

Anselm Kiefer vuole parlarci di questa rimozione? Le sue Torri alludono alle macerie tedesche, e a quelle della guerra che gli uomini non hanno mai cessato di combattere nel mondo dopo il 1945?

In una serie di immagini riprodotte nel catalogo si scorgono le strutture di cemento erette dall'artista a Barjac, vicino ad Avignone, dove vive. Sono scheletri di cemento, alti e desolati come certe architetture industriali: strutture per macinare la ghiaia, torri dell'acqua o altri edifici inabitabili che si scorgono nelle estreme periferie delle città occidentali, e oggi anche orientali.

Nelle istantanee si scorge una delle torri che si piega su se stessa come un gigante che abbassa il capo, flette le proprie ginocchia e termina carponi sul suolo, finendo in mille pezzi. Gli scatti restituiscono la successione rallentata degli eventi: il collasso, la morte e la tomba scomposta. La forma della torre è quella dell'ammasso, del cumulo polveroso e fratto di detriti grigiastri.

Cosa significa questo? Kiefer vuole produrre delle rovine. Marc Augé ha sostenuto che a partire dall'ultimo cinquantennio del Ventesimo secolo gli uomini hanno cessato drasticamente di produrre rovine, mentre producono quotidianamente macerie, enormi quantità di detriti e scarti che non assomigliano per nulla ai resti delle antiche città.

Nelle metropoli contemporanee il ritmo incessante di costruzione e distruzione – parossistico e nevrotico, ma mai catastrofico per non spaventare o atterrire – fa sì che i vecchi quartieri, gli edifici vetusti del centro e intere porzioni di città, vengano sventrate e ridotte in macerie. Senza che ce ne accorgiamo, scrive l'antropologo francese, stiamo vivendo dentro una "guerra civile planetaria", mai dichiarata, ma che ci conduce verso un universo sempre più simile e omogeneo, composto di grandi edifici specchianti, torri di vetro e cemento, agglomerati urbani stereotipati, a Pechino come a Mosca, ad Algeri come a Amsterdam.

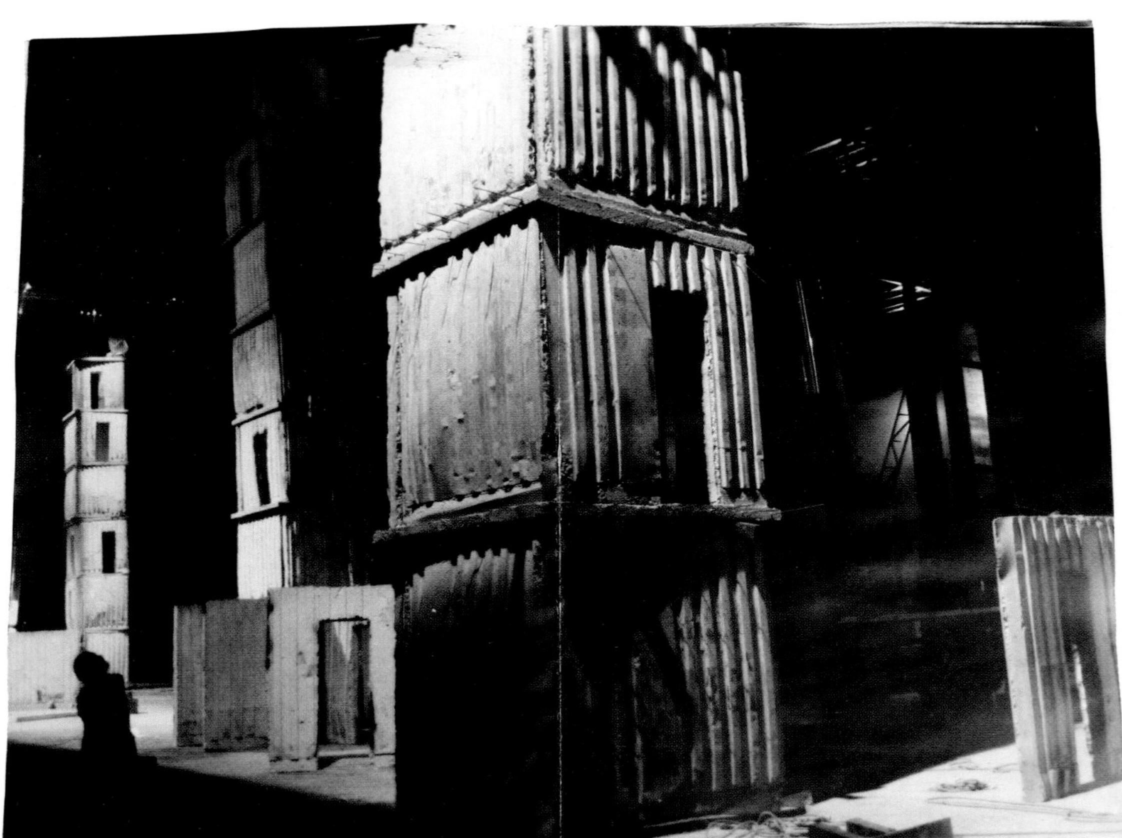

Nel momento del massimo annientamento delle nostre città, le rovine tendono a scomparire, ci ricorda Augé, sia "come realtà sia come concetto". In un mondo dominato dalla rapida circolazione di uomini e merci le rovine non ci saranno più perché non c'è più il tempo di produrle. Contemplare le rovine, scrive, non significa compiere un viaggio nella storia ma "fare esperienza del tempo, del tempo puro". È con questo tempo puro che lavora Anselm Kiefer?

Rispondendo alla domanda di un critico, l'artista ha parlato delle sue rovine come di qualcosa di instabile, non fisso, qualcosa che non resta identico a se stesso: "non eterno". Ha affermato: accorcio il tempo in senso alchemico (letteralmente: "l'accorciamento del tempo"). Le sue rovine sono un'immagine del futuro, non del passato; non suscitano nostalgia, esprimono piuttosto il sentimento di un'attesa ("proietto qualcosa verso il futuro").

Ma che cos'è esattamente una rovina? Nient'altro che un'utopia, un'immagine del tempo che abbiamo perduto e al quale l'arte non rinuncia; è "il tempo che sfugge alla Storia" (Augé). Le rovine, ce lo ha indicato Piranesi, sono un segno di vita e non di morte. Esse possiedono, come le sette Torri dell'hangar, una esacerbata bellezza: ci mostrano il futuro, gli innumerevoli futuri possibili. La rovina rappresenta nell'arte contemporanea non più il rapporto con il passato, bensì quello con il tempo che ci attende.

Nelle nostre città i nuovi edifici non hanno più lo scopo di creare identità, di offrire a chi li abita un'anima – il *genius loci* –, ma servono a far circolare in modo sempre più rapido oggetti e persone, immagini e informazioni. Per questo le macerie sono oggetti maledetti nella contemporaneità: devono scomparire rapidamente ed essere depositate in vecchie cave, in depositi marginali, in lontani siti periferici, eliminate e possibilmente riciclate. Città con macerie e senza rovine.

Kiefer ha cominciato a produrre rovine composte di inquietanti cumuli di cemento: detriti, rottami, frantumi, avanzi. Una rovina di macerie.

Lete

Piranesi, artista delle rovine, nella presentazione delle sue *Antichità romane* (1756) ricorda come la Città eterna, benché fosse stata spogliata dei suoi marmi, delle colonne, delle decorazioni, continuasse a produrre l'effetto di una meraviglia continua: la sorpresa ottenuta mediante l'assenza. Kiefer persegue un'estetica del degrado attraverso l'accumulo dei detriti, ma anche la loro ricostruzione in forma di torri. Vuole sostituirsi al tempo, comprimerlo e manipolarlo. Deforma la materia, la polverizza, la fa esplodere e poi la ricompatta. La sua arte ricostruttiva sposta l'attenzione dall'atto distruttivo alla memoria.

La divinità che presiede a questa distruzione-costruzione è Lete, dea dell'Oblio. L'attività di Kiefer assomiglia alla tecnica dell'intarsio e del traforo, al paziente lavoro del "levare", che con il "cava e metti" possiede "qualcosa di sorprendente e di stucchevole insieme, ma forse di nobilmente inutile, come ogni cosa diabolica" (M. Brusatin). C'è qualcosa di diabolico, non solo di divino, nelle Torri. Non è forse demoniaco l'anelito alla perfezione che si intravede in quest'opera che tenta il cielo?

Le Torri ci ignorano. La notte, quando anche le luci sono spente, esse si risvegliano. Girando intorno all'hangar, accostando l'orecchio ai muri, le si sente bisbigliare. Parlano di sé con sé medesime. S'interrogano sul loro destino. Discorrono di chi le ha fatte, di chi le guarda. Sono lontane e indifferenti, ma anche vicine e timorose di sé. Temono di dover durare. E per questo attendono un gesto risolutore che pure non verrà. La notte non è mai una notte per le torri che non hanno occhi per vedere né bocca per parlare od orecchie per ascoltare. Il loro dialogo è muto. Eppure le si ascolta facilmente. Discorrono della vita e dell'abbandono, della forma e dell'informe, della costruzione e della distruzione.

Gli angeli se ne sono andati e per questo anche le Torri temono di trasformarsi in fantasmi, di essere dimenticate. Il cielo, complice il buio, scende sino a terra dentro l'hangar, mentre le sette Torri, vorrebbero trasformarsi negli abitanti della città futura, mutare alchemicamente la loro natura in qualcosa d'altro, qualcosa di più divino o forse di più umano. Tuttavia non possono.

Esse sono il monumento alla continua perdita di sé, torri della memoria e insieme dell'oblio. Il loro segno, lo stigma impresso loro dal costruttore, è di essere la memoria dell'oblio. Questo è il difficile compito che l'arte di Anselm Kiefer reca oggi con sé.

Memory of Oblivion

Marco Belpoliti

Under the Sky

Has the sky fallen down? Upon entering the Hangar Bicocca, you feel lost and small. *Homo minor*: tiny before the immense space of the hangar. Everything seems to lose itself in the darkness of this place: above, but also all around, a dark sky from which the rays that light up the towers fall like lightening bolts.

There they are—slender, white, a grayish-off-white, perfect in their imperfection. The divine—so they say—manifests itself not through fulfillment, but by means of its opposite: the greatness of imperfection. The world was created with flaws so that the divine, perfect, could cleanse it. The seven heavenly palaces are architectures that are part of this world, and they are worlds of their own. They belong to the space of the human mind. But which space? They are generating matter.

What is inside is also outside: we are the cosmos, tiny pieces of a puzzle, insects, ants, or termites that move around the towers of Anselm Kiefer. The towers can be climbed only with our eyes, and yet even our gaze immediately retracts, confused by their tapering and dangerous beauty. What materials make up these monuments around which the invisible guardian angels block our journey towards the divine? The smallest and most mobile of materials: cement.

They are composed of dust, a subtle material. In fact, cement is an accumulation of invisible points, with which we make houses and buildings, palaces and monuments, but also bunkers, airport runways, and traffic dividers. Cement is the clay of the twenty-first century, the substance of fabrication of this new artificial world—a material that is absolutely inclined to take on any form, be it noble or base, refined or vulgar.

Each tower weighs ninety tons. In order to mold the tiny houses, shelters, casemates, tenements, or warehouses, of which the keep is composed, blue and red containers were deposited inside the hangar, unusual forms for casting. The towers are ruins that explore the sky, that stretch to the heavens in an unstable, though sturdy, balancing act. They try on, like giants, the very form of the divine: a patch of light within the darkness of awareness. Each tower, says the artist who sketched the form by means of a magical and combinative pattern, enunciates a quality, but also a moment of creation itself. Like the façades of cafés and stores, each tower bears its name in neon: cosmology of mysticism. Love, but also Majesty, Justice, and Beauty.

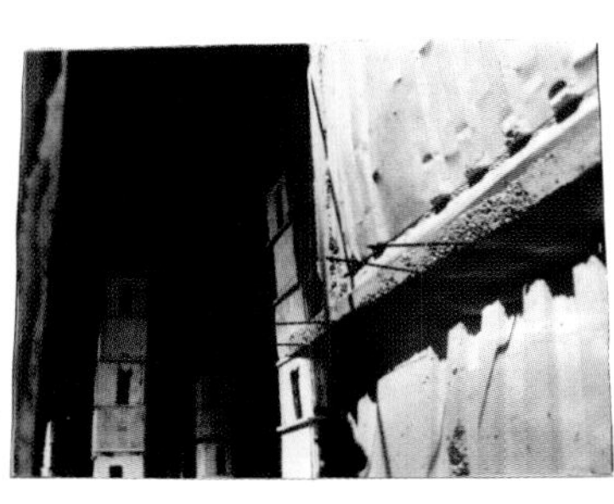

The towers are ruins through which the thoughts of he who erected them have stretched up to the heavens. Are they the remains of an ancient city, an industrial settlement, or a village with asbestos rooftops? With these fragments, a monument to the heavens was erected: eighty-five angular sections each weighing six tons, armed and compact.

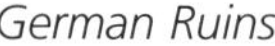

German Ruins

Between 1942 and 1945 the Royal Air Force dropped one million tons of bombs in roughly 400,000 raids over Nazi Germany. Ancient German cities, Cologne, Hamburg, Dresden, became heaps of rubble.

In July 1943, the writer Hans Erich Nossack, who had narrowly escaped the attack, describes the remains of his city, Hamburg. When he arrives in front of the Katharinenkirke he stops in his tracks. For over ten years, the bell tower that stood in front of his desk, an object of spring and fall reveries, a silent witness of another disaster, a fire, which it had miraculously survived a century earlier. Nossack narrates, in one of the few accounts of the destruction inflicted by the Allied forces on Nazi Germany and its defenseless population, that nothing remained of the bell tower except a pathetic piece, crumbled and blackened by the smoke. Clipped right above the clock, on the ruins, the word *Gloria* in gold letters could still be read, whereas a part of the roof had caved in: all crumbled up, it resembled a death shroud.

While contemplating the seven towers of Anselm Kiefer, it's hard not to think of Germany's ruins, the photographs of stubs of houses and buildings after 1945, the *tabula rasa* created by a strategy, certainly not ironic, christened *moral bombing*. In one of his books, *Luftkrieg und Literatur*, W.G. Sebald, the author of *Austerlitz*, narrates how the Germans repressed all memory of the war. Afflicted by an enormous sense of guilt for the things they themselves had committed—Nazism, the Shoah, the world war—Sebald writes that the Germans carried out a second repression: to forget what had happened to their cities.

In his works during the seventies, Kiefer dealt with the taboo of Nazism. With his canvases imbued with sand, straw, seeds, and ashes, he reminded an oblivious Germany, and the rest of the world, what had taken place. With rubble and debris he challenged the first repression of German history. Now with the towers and the ruins he seems to have given shape to another symmetrical omission: since they were guilty and had to work out their guilt, the Germans repressed the destruction of their cities, as is narrated by Walter Kempowski in *Die deutsche Cronik*—the taboos of German collective memory.

Upon returning to Hamburg, a few days after the air raid that had razed it to the ground, Nossak saw a woman

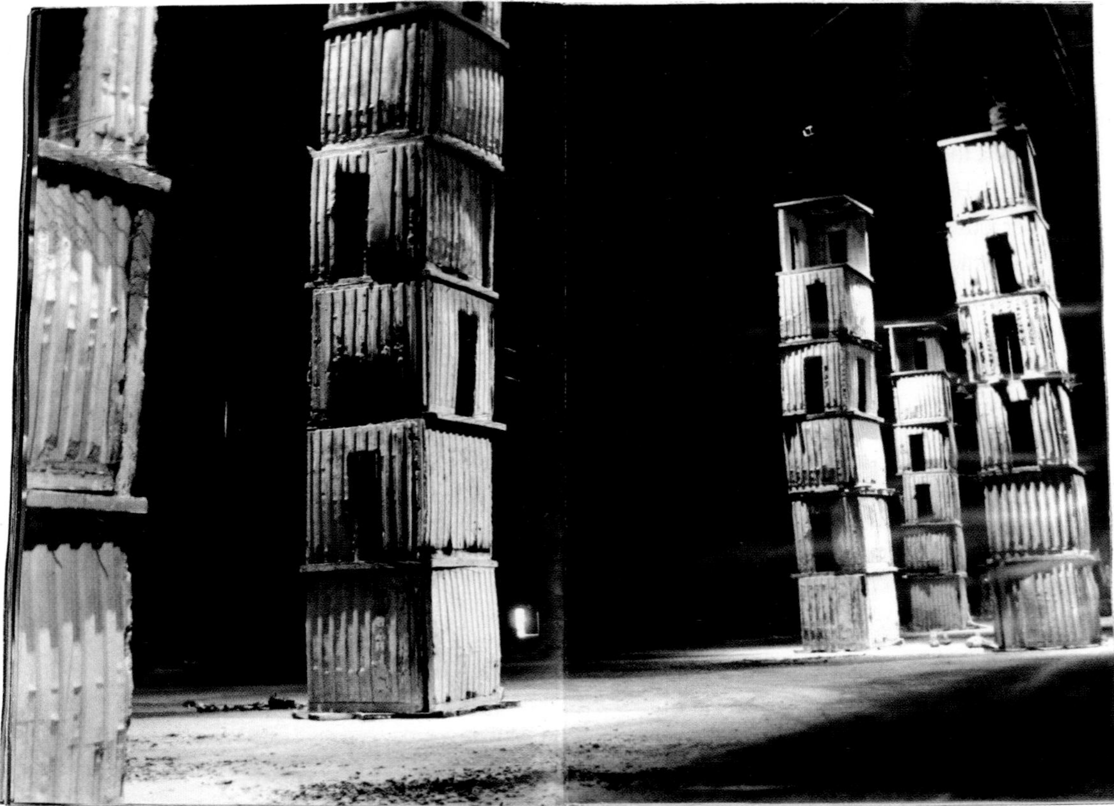

carefully washing the windows of her home that had remained intact amidst a desert of rubble and ruins. She's not mad, but she repeats an obsessive ritual like all the other survivors: children rip out weeds from a garden, men and women sit on a balcony sipping coffee as if nothing had ever happened.

Hannah Arendt, in a trip to Germany seven years later, noted that the people wrote postcards to each other that depicted churches and market squares, bridges and public buildings that no longer existed, almost as if they didn't want to see the rubble that still lay in the streets of their cities. Indifference, Arendt adds, is the attitude with which they move among the war debris. Indifference and lack of emotion: no one, or almost no one, wears black for the dead or reacts to the presence of refugees that live among them.

After the Disaster

Does Anselm Kiefer want to speak to us of this repression? Do his towers allude to the German ruins, and to those of the war that men have never stopped fighting in the world since 1945?

In a series of images reproduced in the catalogue, we catch a glimpse of the cement structures the artist erected at Barjac, near Avignon, where he lives. They are cement skeletons, tall and desolate like certain industrial architecture: structures to grind gravel, water towers, or other uninhabitable buildings that we catch a glimpse of in the distant outskirts of metropolises in the East and West.

In the snapshots, we catch sight of one of the towers that folds over upon itself, like a giant that lowers its head, bends its knees, and ends up on all fours, shattering into a million pieces. The frames give back the slowed-down succession of events: collapse, death, disheveled tomb. The form of the tower is that of a heap, a dusty pile of grayish rubble.

What does this mean? Kiefer wants to produce ruins. Marc Augé maintains that beginning in the fifties men suddenly stopped making ruins, whereas everyday they produce rubble, enormous quantities of debris and waste that in no way resemble the ruins of ancient cities.

In modern-day metropolises, the incessant pace of building and destroying—feverish and neurotic, but never catastrophic so as not to frighten or terrorize—allows old neighborhoods, old buildings in city centers, entire city sections, to be gutted and razed to the ground. Without our noticing it, as the French anthropologist writes, we are living inside a "planetary civil war" that was never declared, but which leads us towards an increasingly similar and standardized universe, composed of great mirroring buildings, glass and cement towers, stereotyped urban agglomerations—from Beijing to Moscow, Algiers to Amsterdam.

In the moment of the greatest annihilation of our cities, ruins tend to disappear, Augé reminds us, "as a reality, as a concept." In a world dominated by the rapid circulation of men and goods, ruins will cease to exist because there isn't any time to make them. Contemplating ruins, he writes, does not mean going on a journey through history, but rather "experiencing time, pure time." Does Anselm Kiefer work with this pure time?

In answering a critic's question, the artist spoke about his ruins like something unstable, not fixed, something that never remains the same: "not eternal." He stated: I shorten time in an alchemical sense (literally: "the shortening of time"). His ruins are an image of the future, not of the past. They do not awaken feelings of nostalgia whatsoever, but instead express a sense of waiting ("I project something towards the future").

But what exactly is a ruin? Nothing more than a utopia, an image of time that we have lost and one which art will not give up. It is "time eluding History" (Augé). Ruins, according to Piranesi, are a sign of life and not of death. They possess, like the seven towers in the hangar, exasperated beauty: they show us the future, countless possible futures. In contemporary art, ruins no longer represent a relationship with the past, but rather a rapport with a time that awaits us.

In our cities, new buildings no longer have the goal of creating identities, of offering a soul—the *genius loci*—to those who inhabit them, but rather serve to circulate objects and persons, images and information faster and faster. That is why ruins are cursed objects in the contemporary world: they must rapidly disappear and be left in old caves, in distant warehouses, in far-off suburbs, eliminated and possibly recycled. Cities with rubble and without ruins.

Kiefer has begun to produce ruins composed of unsettling heaps of cement: debris, wrecks, fragments, leftovers. A ruin of rubble.

Lethe

Piranesi, the artist of ruins, in the introduction of his *Roman Antiquities* (1756), recalls how the Eternal City, though stripped of its marble, its columns, its decorations, continued to create the effect of continuous wonder: surprise obtained through absence. Kiefer follows an aesthetics of decay by means of the accumulation of debris, but also reconstruction in the shape of towers. He wants to take the place of time, compress it and manipulate it. He deforms matter, he pulverizes it, makes it explode, and then pieces it back together. His reconstructive art shifts our attention from the act of destroying to remembering.

The divinity that presides over this destruction-construction is Lethe, the goddess of Oblivion. Kiefer's work resembles the technique of inlay, a patient "taking away" that through "removing and adding" possesses "something surprising and sickening at the same time, though perhaps nobly united, like all diabolical things" (M. Brusatin). There is something diabolical, and not only divine, in the towers. Isn't there perhaps something diabolic in the yearning for perfection that can be glimpsed in this work that strives for the heavens?

The towers ignore us. At night, when even the lights are turned off, they awaken. Walking around the hangar, and drawing your ear to the walls, you hear them whisper. They talk about themselves with themselves. They wonder about their destiny. They discuss who made them, who looks at them. They are distant and indifferent, but also close and fearful of themselves. They fear they must last. And that is why they await a final gesture that will never come. The night is never a night for the towers that do not have eyes to see with, or mouths to speak with, or ears to listen with. Their dialogue is silent, and yet we can hear it easily. They discuss life and abandonment, form and the formless, building and destroying.

The angels have gone, and that is why the towers fear being transformed into ghosts, being forgotten. The sky, along with darkness, falls to Earth inside the hangar, while the seven towers would like to change into the inhabitants of a future city, alchemically change their nature into something else, something more divine or perhaps more human. In any event, they cannot.

They are the monument to the continual loss of self, towers of memory and oblivion. Their sign, the stigma the builder has given them, is that of being the memory of oblivion. This is the most difficult task that the art of Anselm Kiefer bears today.

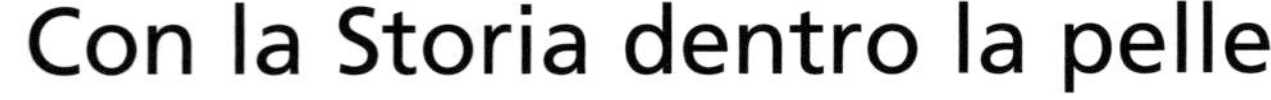

Con la Storia dentro la pelle

Roberto Andreotti e Federico De Melis

Di persona e nel discorso, Anselm Kiefer non contravviene più di tanto all'immagine che se ne fa chi abbia familiarità con le sue opere; tedesco profondamente, e in due sensi: per un certo *habitus* mentale, che lo porta preferibilmente a decodificare la relazione tra l'arte e la realtà – anzi, la storia – utilizzando le categorie del pensiero filosofico; e poi per il piglio "luterano" (sebbene stemperato da una certa scioltezza di portamento) con cui spiega la necessità, per l'artista, di non distogliere mai gli occhi da la Medusa, che nel caso specifico ha le fattezze del nazismo. Sin dalla fine degli anni Sessanta, quando comincia, Kiefer intende affrontare la "colpa tedesca" – e la sua altrettanto tremenda rimozione – iniettandola a dosi omeopatiche nelle proprie opere: esse assumono così persino le più magniloquenti e imbarazzanti simbologie del Terzo Reich, però spaesandone e ribaltandone i significati, con un effetto di straniamento capace di risucchiare sin dentro i crimini della Storia.

I termini di questo impegno, che implica sempre una relazione biunivoca fra ideologia (o morte dell'ideologia) e ricerca formale, risultano particolarmente appropriati a sondare con Kiefer il rapporto tra arte e democrazia, sul discrimine tra modernità e suoi contrari.

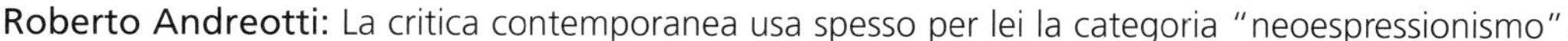

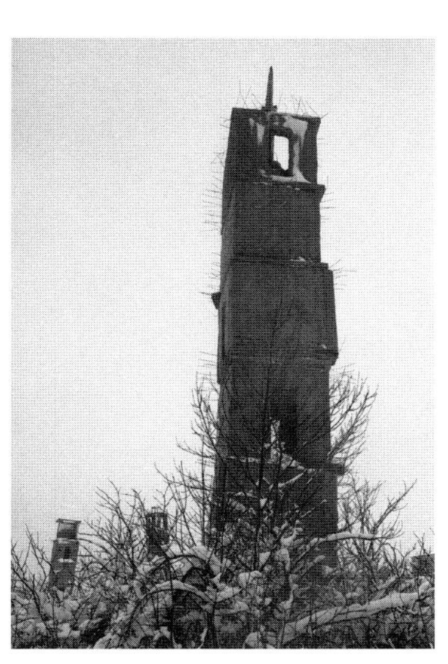

pp. 29-53
Barjac (Francia / France), 2003-2004
Courtesy Kiefer Studio

Roberto Andreotti: La critica contemporanea usa spesso per lei la categoria "neoespressionismo".

Anselm Kiefer: Può darsi... non lo so, non m'interessa. Sono sempre stato contrario a prescrivere un'interpretazione. Non la prescrivo. Qualsiasi tipo di interpretazione è possibile. Chi mi vede come un neoespressionista, vede solo un piccolo aspetto della mia pittura. Ma è meglio di niente. E poi l'espressionismo è stato un periodo molto breve...

R.A.: L'espressionismo storico.

A.K.: Certo. Specialmente in Germania... l'espressionismo è un movimento prevalentemente tedesco, ma, ripeto, rappresenta un'epoca molto breve e, per quanto mi riguarda, non eccessivamente significativa. Per me è stato un periodo unilaterale e questo perché quello che viene definito "espressionismo" non è altro che l'*espressione* dei sentimenti. Un capolavoro però non è determinato solo da ciò che esprimono i sentimenti. Un capolavoro si compone di tre elementi: la volontà, i sentimenti e l'intelletto. Tutti e tre gli elementi.

R.A.: Una visione platonica?

A.K.: No, è la mia esperienza personale. Io non sono un platonico, e neanche un neoplatonico.

R.A.: Assolutamente?

A.K.: No, non dico di essere *assolutamente* un non platonico. Non respingo del tutto il platonismo. È solo che io ho un'altra *Anschauung*. Il platonismo suddivide il mondo in due: da una parte abbiamo l'Idea, dall'altra l'impronta dell'Idea che corrisponde all'Idea... questa concezione si è poi evoluta, dando luogo alla diatriba sugli Universali con la Scolastica. Esistevano i nominalisti e i realisti, che si facevano la guerra: gli uni credevano che venisse prima il concetto, l'Idea, mentre tutto il resto fosse accidente; gli altri partivano dal reale e costruivano su di esso una "campana", un'Idea. Un ulteriore sviluppo del platonismo ha portato allo gnosticismo, che suddivideva il mondo in modo ancora più netto nel Bene e nel Male. Questo, a sua volta, si è tramutato in manicheismo. Il bene e il male che stiamo vedendo oggi in America deriva dal manicheismo. Il male, il bene... no, solitamente sono mischiati. Non esiste un regno solo del bene o del male. Non ha senso.

Federico De Melis: Da questo avvio di conversazione mi sembra che non ci si sbagli: Kiefer è un pittore-filosofo, e un filosofo in senso proprio.

A.K.: La pittura è filosofia!

R.A.: Però noi vogliamo arrivare presto alla pittura. Come ha iniziato? Quali sono gli stimoli? Esiste un *Vorbild*, una scena primaria?

F.D.M.: Cioè, c'è stato *un* momento in cui ha sentito che il suo supporto era figurativo?

A.K.: Vogliamo ripercorrere la mia carriera o il mio lavoro?

R.A.: Lavoro, lavoro.

A.K.: Ah, il mio lavoro. Ho iniziato a disegnare quando ero ancora molto giovane, già da bambino, come tutti i bambini del resto. E questa creatività si è sviluppata, senza interruzioni. Ho studiato giurisprudenza, ma non per diventare un avvocato, più per studiare diritto pubblico: Hobbes, Montesquieu. Ero interessato alla 'convivenza'. Ripeto, non ho mai visto la giurisprudenza come un lavoro per guadagnarmi il pane.

R.A.: E da artista, si rifaceva a dei modelli?

A.K.: Nel senso di modelli da emulare, certo. Quando ero ancora nel periodo della pubertà mi ispiravo a Van Gogh. A sedici anni ho scritto una tesina su di lui, e quando sono diventato famoso "Spiegel" me l'ha pubblicata.

F.D.M.: E la Storia, l'indagine storica, entra da subito nella sua espressione figurativa? Che peso ha nella scelta di questa espressione?

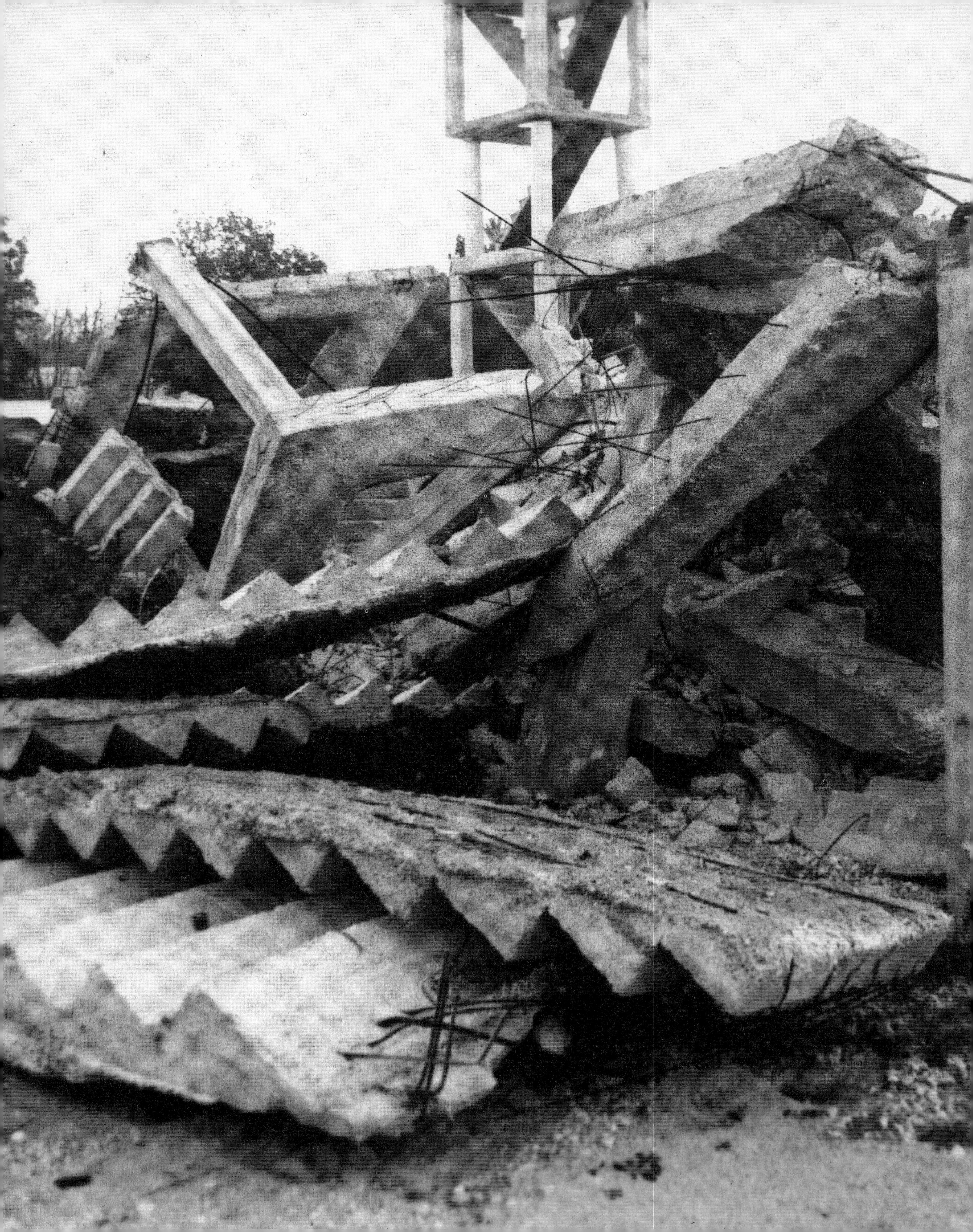

A.K.: Ovviamente la Storia è arrivata dopo, perché a sedici-diciassette anni non pensi ancora alla Storia. Tantopiù che la *mia* Storia, ossia la storia del Terzo Reich, non veniva praticamente mai affrontata a scuola. Veniva trattata come le spedizioni militari di Alessandro, o come Cicerone. Magari se ne parlava per un mese... insomma, per un periodo limitato. Questo all'inizio degli anni Sessanta. Proprio perché sentivo questa mancanza, ho iniziato a interessarmi alla Storia, innanzitutto tedesca: prima quella più recente, poi sempre più indietro. Tutto quello che mi raccontavano i grandi era come avvolto in un alone, senza contorni ben definiti.

F.D.M.: E questa Storia, allora... quando ha preso contatto?

A.K.: Il primo contatto "a fior di pelle" con la Storia l'ho avuto ascoltando un disco, quando ero ancora a scuola, a diciassette anni. Il disco era stato pubblicato dagli americani per la "rieducazione": conteneva i discorsi originali di Hitler, Göhring, Göbbels. Ne rimasi profondamente scosso: quelli di Hitler, in modo particolare.

R.A.: Specialmente l'intonazione, immagino.

A.K.: Tutto mi colpiva: la brutalità, la sua abilità nello sfruttare la Storia, l'utilizzo dei media. Hitler fu il primo a fare un uso artistico dei *media*, e Göbbels in particolare. Questo è stato il mio approccio diretto con la Storia. In Germania si dice che la lingua *geht unter die Haut* [letteralmente: «ti va sotto la pelle»]: ti tocca da vicino. Dischi come quelli ti toccano direttamente, la pelle prima che le idee. Per questo è importante avere un rapporto diretto con la Storia, per esempio *ascoltandola*: chi le si avvicina solo attraverso i libri incorre in errori. Durante la rivoluzione culturale di Mao, io mi sono mantenuto molto scettico. A differenza dei miei compagni d'università che si dichiaravano maoisti, io avevo un accesso molto più diretto.

R.A.: In fondo se ne sentiva troppo lontano.

A.K.: No, non troppo lontano, troppo vicino... poi in Cina ci sono stato, ci ho trascorso un lungo periodo e ho letto molto su Mao. Nei libri ho trovato la conferma che la rivoluzione culturale non era stata altro che un crimine.

F.D.M.: Quest'esigenza di sprofondarsi con il corpo nella Storia richiama subito alla mente la serie fotografica *Besetzungen* (*Occupazioni*), mi sembra del 1975, dove lei si mette in scena nei luoghi-topos della cultura europea, contrassegnandoli con il saluto nazista come in un rituale apotropaico.

A.K.: Le *Besetzungen* però non sono del 1975, ma del 1968-1969. Nel 1975 non le avrei più potute realizzare, non ce n'era più bisogno. A partire dal 1975, infatti, iniziarono a circolare tante informazioni sul Terzo Reich.

F.D.M. Ma nel 1975 furono pubblicate.

A.K.: Si, si. Sono state pubblicate più tardi perché prima non interessavano a nessuno. Ancora non ero diventato famoso. Ma le ho realizzate nel 1968-1969. Nel 1975 non sarebbe stato più possibile.

F.D.M.: Dunque che valore avevano nel 1968?

A.K.: *Apprendere* la Storia attraverso il mio corpo e fungere anche da parafulmine, essere un parafulmine: esse attirano l'attenzione. Attirano l'attenzione e stimolano le discussioni. Avevo presentato quelle opere all'esame – così ne ho discusso in modo anche violento con i miei professori – all'Accademia di Karlsruhe... tutti erano contro, tranne uno. Si chiamava Küchenmeister, non è molto conosciuto, ed era sopravvissuto a un campo di concentramento. Lui le capiva. È stato particolarmente difficile per me, tutti i professori trovavano le mie opere inaccettabili.

R.A.: Si può dire che c'è un legame cogente tra questa idea della Storia "a pelle" e la matericità della sua pittura?

F.D.M.: Cioè la Storia *orienta* i materiali?

A.K.: Utilizzo solo dei materiali che mi dicono qualcosa. Qui ritorniamo al platonismo. Non credo che l'Idea si trovi ovunque – l'Idea nel senso di spirito è già insita nel materiale. Per esempio il piombo: è la materia della melanconia, del fiele nero. Una volta, in una vecchia casa, ho visto un tubo di scarico di piombo e quella materia, il piombo, mi ha letteralmente affascinato. Solo dopo sono venuto a sapere che aveva tutte quelle connotazioni.

R.A.: È un materiale düreriano. Lei col piombo ci ha fatto anche degli aerei...

A.K.: E tanto altro: aerei, barche... anche dei libri. Va bene fare degli aerei di piombo, perché si ha la certezza che non voleranno mai. È come quando *alzi il braccio* dopo la fine della guerra: non funziona più. Non funziona più come ordine per una determinata azione. Posso stare certo che nessuno mi seguirà.

R.A. Le *Besetzungen*, allora, come esempio di straniamento?

A.K.: Sì, certamente...

R.A.: Lei è uno di quegli artisti che definiremmo "polimaterici"?

A.K.: Un artista che utilizza tanti materiali? Sicuramente non sono un artista che segue un unico binario. Non voglio creare uno stile. Molti artisti s'inventano qualcosa e lo portano avanti per tutta la vita. A me non interessa lo stile. Io riesco a lavorare solo quando subisco uno choc, come la prima volta che ho visto del piombo, o quando ho ascoltato i dischi del Terzo Reich. Di tanto in tanto subisco uno choc.

F.D.M. Choc conoscitivi?

A.K.: Sì, si può dire anche così. Si può dire che gli occhi provocano uno choc visivo o cognitivo. Anzi, per la precisione, devo aggiungere che immediatamente non si tratta di uno choc cognitivo. Si arriva alla cognizione solo più tardi, lavorando.

R.A.: Bisogna lavorare...

A.K.: Sì, lavorare tanto.

R.A.: Adesso su quali tipi di materiale sta lavorando?

A.K.: Io utilizzo sempre tutti i materiali, non seguo una cronologia. Ho una cronologia delle scoperte, degli choc, ma poi i materiali li utilizzo sempre tutti quanti. Non esistono delle interruzioni radicali. Esistono delle interruzioni, ma un materiale non lo escludo mai totalmente: questo perché i materiali si trasformano, così come si trasformano le immagini.

F.D.M.: Quando lei comincia, signor Kiefer, c'è l'affermarsi della corrente concettuale che mette in crisi lo statuto dell'arte: lei si è mai posto il problema dello statuto dell'arte?

A.K.: Concettuale o no, l'arte è sempre in discussione. Altrimenti non sarebbe arte. Per esempio, Adorno diceva che «un'opera d'arte annulla un'altra opera d'arte». Altrimenti parliamo di *décor*, o di design.

R.A. Vorrei fare una parentesi di storia antica: una serie di sue opere (*Varus*, *Hermannsschlacht* ecc.) ruota intorno alla selva di Teutoburgo, quel capitolo "tacitiano" della storia germanica dove si esalta la resistenza eroica di Arminio all'invasore romano: «Varo, rendimi le mie legioni!».

A.K.: Teutoburgo non rappresenta mica l'antichità: siamo già nell'anno 9 d.C.

R.A.: L'età augustea...

A.K.: E questa è antichità?... Comunque, *Varus* e la selva di Teutoburgo sono stati molto importanti per la Germania, e a me interessano perché i nazisti hanno manipolato questo mito.

R.A.: Lì, nella Selva, c'è anche un monumento nazionalista, anti-latino.

A.K.: Sì, infatti non solo i nazisti hanno ampiamente sfruttato l'episodio di Teutoburgo, ma anche prima, durante l'epoca dei Kaiser... a partire dal 1870-1871 i tedeschi hanno iniziato a vedere nella Selva la nascita del nazionalismo tedesco. Mentre il Sacro Romano Impero di nazione tedesca era stata un'idea del tutto progressista, perché sopranazionale, loro invece vedevano nella selva di Teutoburgo la nascita della nazione tedesca. Io naturalmente non volevo rappresentare il mito tedesco, ma l'abuso di questo mito.

R.A.: E la saga dei Nibelunghi? Anche qui le interessa la manipolazione moderna del mito?

A.K.: Esiste un discorso di Göhring pronunciato dopo la sconfitta, quando furono fatti prigionieri dai russi e portati a Stalingrado oltre novantamila soldati tedeschi: lui paragona l'episodio con il nibelungico König Etzelsburg, e usa un linguaggio molto arcaico. Non si può mai recepire un mito come un ordine ad agire. Dal mito non può scaturire un'azione. Un mito è un procedimento cognitivo, non un'azione.

R.A.: Perché *Malen = Verbrennen*, "dipingere" uguale "bruciare"? È una formula alchemica o iconoclasta?

A.K.: L'equazione "dipingere" uguale "bruciare" è composta da vari livelli. Innanzitutto c'è quello per cui un'opera d'arte annulla un'altra opera d'arte, una forma artistica ne annulla un'altra...

F.D.M.: Quindi anche ogni sua opera nuova distrugge quelle precedenti?

A.K.: Sì, molto probabilmente sì. Almeno lo spero. Per me "bruciare" un'opera d'arte significa esporla in un museo. Perché in quel momento non è più arte, ma diventa cultura. Era quello che volevano fare i futuristi e loro, come si sa, volevano bruciare *veramente* le opere d'arte. Questo è un primo aspetto di "dipingere uguale bruciare". Poi esiste naturalmente l'aspetto storico: quando i guerrieri si ritirano, bruciano tutto. Per esempio, i russi, all'arrivo di Napoleone, hanno dato fuoco a Mosca; Hitler volle bruciare tutta la Germania quando si accorse che non avrebbe mai vinto. Questo livello, però, è solo l'involucro esterno che ricopre il tutto. Poi, ancora, esiste l'aspetto iconoclasta. Durante il periodo iconoclasta i quadri venivano presi talmente sul serio che la gente si faceva addirittura la guerra, per due-trecento anni, proprio per via dei quadri. E poi...

R.A.: E per lei, per lei che cos'è il vero bruciare?

A.K.: Tutto insieme, tutto insieme. Quando un quadro è un buon quadro significa che è apparentemente semplice, ma se andiamo a indagare, presenta tanti legami: un'apparenza semplice dietro la quale, però, si cela una costruzione complessa, ricca.

F.D.M.: Lei ha mostrato grande interesse per l'architettura monumentale nazista: Albert Speer, Wilhelm Kries. In che modo questa dimensione architettonica entra nella sua elaborazione espressiva?

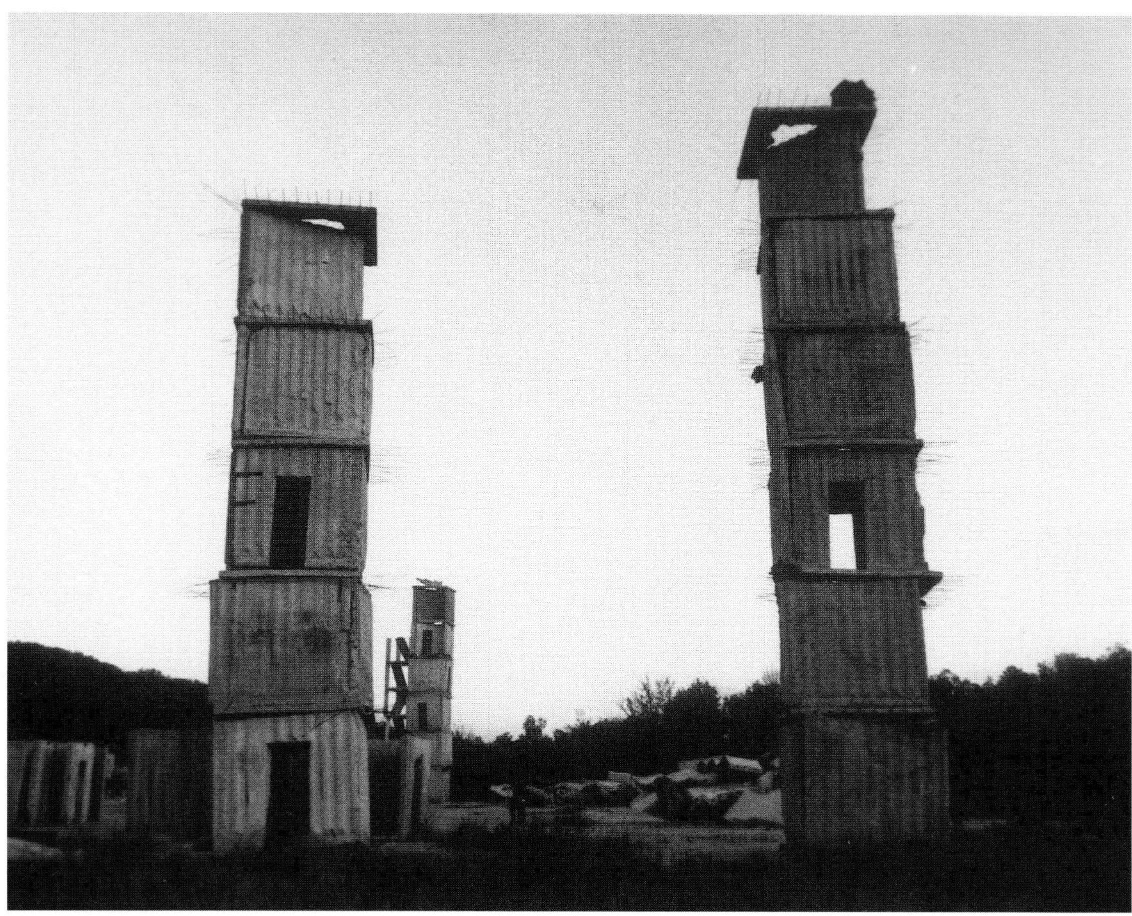

A.K.: Ho studiato attentamente l'arte del Terzo Reich. Avevo tutti i libri. Non esiste un elemento dell'arte figurativa di quel periodo – non un solo quadro, non una sola scultura – che presenti qualche interesse. Per l'architettura è diverso. Speer era un architetto tradizionale, si è cibato dell'architettura rivoluzionaria di Boullée, Ledoux ecc., e della Bauhaus. Alcuni edifici – la maggior parte è stata distrutta, non c'è più –, come il Ministero dell'Aeronautica militare a Berlino, sono semplici e belli, dalle proporzioni esatte. Le gigantesche cattedrali di Speer non sono mai state costruite, perché erano totalmente assurde: troppo grandi, non aveva senso.

F.D.M.: E questa folle grandiosità di Speer, che scala assume dentro le sue tele?

A.K.: Io trasformo completamente l'architettura. L'architettura che uso nei miei quadri è già a pezzi, completamente distrutta.

F.D.M.: Diventano come delle quinte della Storia.

A.K.: No, non delle quinte, perché nelle mie opere scorre il sangue della storia. Sulle tele si è svolta una vera e propria battaglia. Per ritornare a Speer, il padiglione tedesco a Venezia è un edificio bellissimo, non c'è che dire. Quando Speer rispetta le proporzioni e, soprattutto, la tradizione, crea dell'ottima architettura. I quadri d'epoca nazista, invece, riflettono sempre un'ideologia, quella delle "piccole unità": la famiglia nucleare, la fattoria... e riflettono soprattutto una menzogna. Grandi menzogne, perché si voleva mostrare al popolo che il mondo sarebbe rimasto per sempre così com'era. L'utilizzo della forza da parte dei nazisti, invece, era qualcosa di moderno: i *media*... Avevano innanzitutto iniziato a utilizzare i *media*. E poi la creazione di simboli. Oggi sono i simboli a funzionare. Se non esistessero foto di Abu Ghraib, i racconti avrebbero solo il dieci per cento dell'effetto che hanno avuto.

F.D.M.: Questa natura simbolica della dittatura nazista, però, lei non la rigetta, anzi, la assume... ovvero non c'è una desistenza rispetto al simbolo.

A.K.: Là dove i simboli usati dal Terzo Reich sono manifesti, io li rendo sempre ambigui, contraddittori. Per esempio, ho dipinto un edificio e sulla tela ho scritto «Monumento al pittore sconosciuto». Ovviamente è un'allusione al milite ignoto dell'Arco di Trionfo. Però, al contempo, rappresenta qualcosa di ambiguo e assurdo, perché normalmente i pittori sono conosciuti. È solo un esempio, per mostrarvi che non utilizzo mai i simboli in modo autoevidente: sono sempre "spezzati".

R.A.: Quelle grandi tavolozze nel cielo dei suoi quadri... qual è la loro funzione?

A.K.: Ho usato a lungo le tavolozze.
R.A.: Sono uno di questi suoi simboli "aperti".
A.K.: Sì, un segno fra il cielo e la terra.
R.A.: Come la serie degli angeli.
A.K.: Però l'angelo è una figura prettamente letteraria, mentre la tavolozza è un segno. È un segno fra cielo e terra, oppure fra due carri armati. Difficilmente è una costruzione massiccia. Il più delle volte è una linea fragile.
R.A.: Ancora sull'architettura nella sua pittura: l'ossessione delle piramidi precolombiane.
A.K.: Anche qui tutto nasce da un'esperienza personale. Ho passato due-tre mesi in Messico, perché le piramidi mi avevano sempre affascinato. Quelle meno turistiche sono immerse nella natura, in tutto il loro decadimento: ce ne sono ancora molte, perché non hanno i fondi per curarle tutte così bene – per fortuna. Mi ha sempre interessato la compenetrazione fra le diverse epoche: esiste la nostra epoca, ma anche la geologica e poi ancora quella astronomica. Sono tre in tutto.
R.A.: Ora capisco perché prima ha detto che Augusto non fa parte dell'antichità...
A.K.: Le piramidi azteche erano costruzioni astronomiche; le pietre rappresentavano l'epoca geologica, mentre le piante che le avvolgono possiamo dire che appartengano alla nostra epoca, alla nostra vita.
F.D.M.: Lei storicizza le piante!
A.K.: No, le ho solo associate a un'epoca determinata. Io salto sempre da un'epoca all'altra. Per esempio, se volgete lo sguardo alle stelle, vi ritrovate automaticamente in un'altra epoca.
F.D.M.: La natura, cioè, è un po' un modo per accedere alla storia millenaria: non esiste la natura *in quanto* natura.
A.K.: Non si può attraversare un campo senza pensare alla storia umana: dopo Walter Benjamin non esiste più il concetto di *Naturschöne*.
F.D.M.: Parlare di natura in quanto Storia, ci conduce direttamente a Joseph Beuys. In lui c'era l'idea tardoromantica di poter rigenerare la natura in sé, fuori dalle connotazioni culturali. Lei, che di Beuys è stato anche allievo, sembra invece pensare l'esatto opposto.
A.K.: La natura non è in sé *storica*, ma noi possiamo vederla esclusivamente da un punto di vista storico: solamente la nostra intelligenza è storica. Il Beuys di cui lei parla rispecchia in realtà solo la sua ideologia "verde". E poi, vorrei relativizzare il concetto di allievo: io ero sì allievo di Beuys, ma non ero mai presente in classe. Stavo sempre nel bosco e lavoravo.

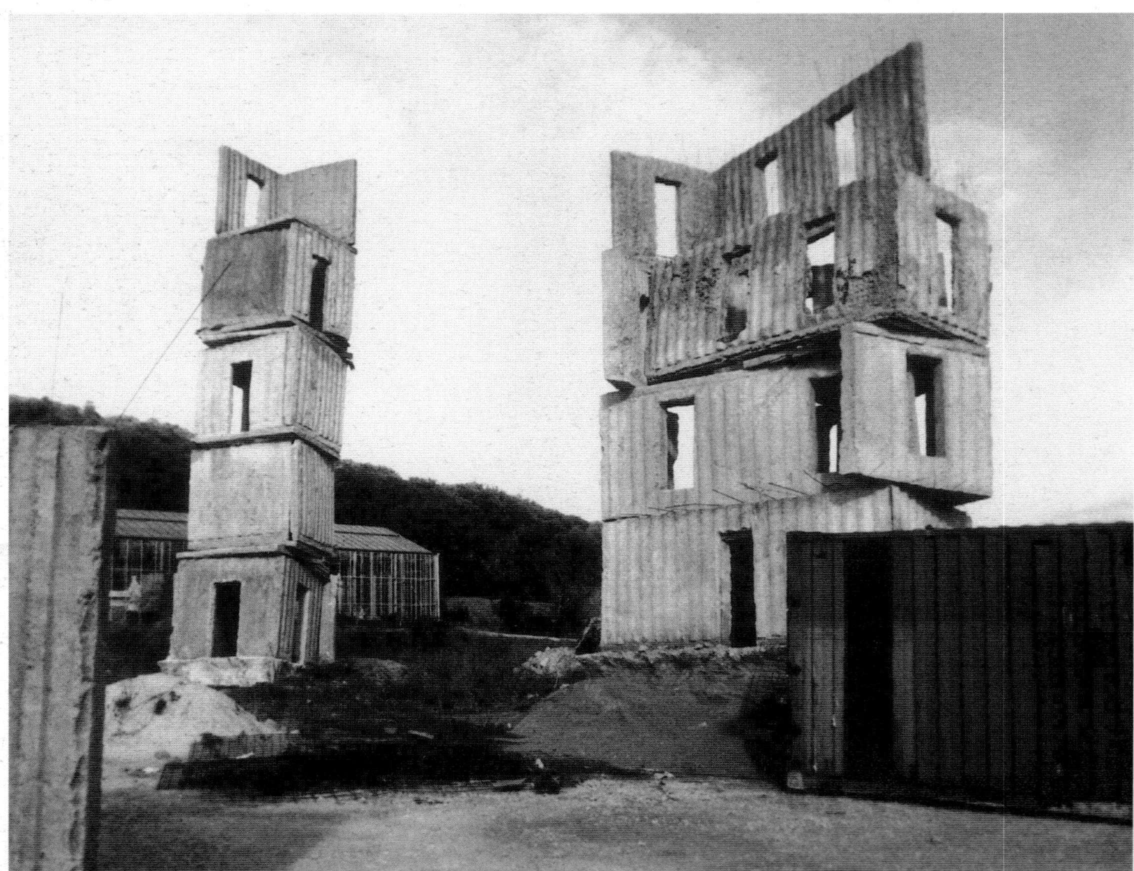

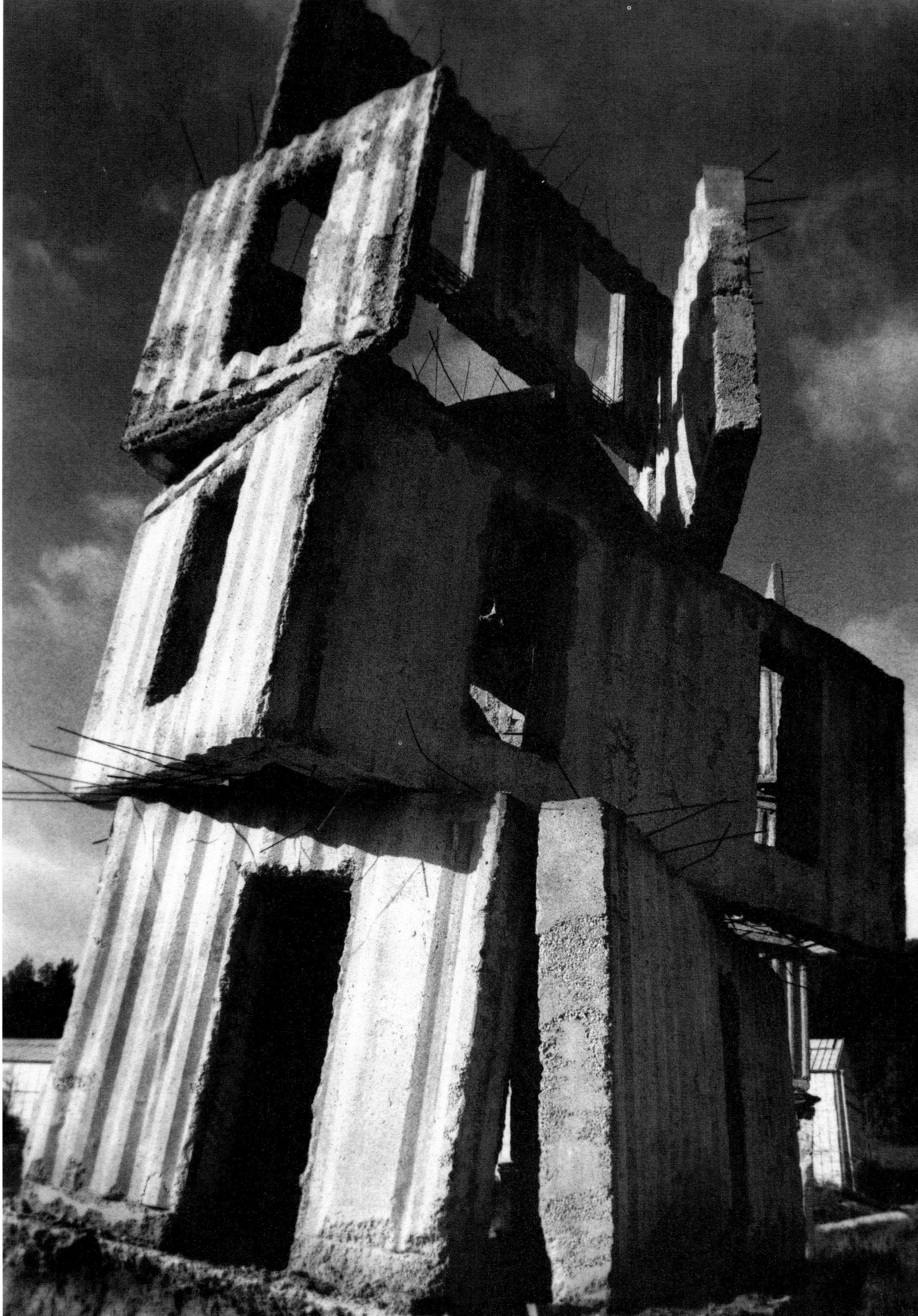

R.A.: A Düsseldorf... non andava mai in Accademia?
A.K.: No, solo due-tre volte all'anno. Caricavo i miei lavori sul tetto della macchina, andavo in Accademia e li presentavo.
F.D.M.: Dunque per lei in Beuys non ci sarebbe l'utopia naturalistica, quella tabula rasa della Storia che ne fa l'interprete, tedesco per eccellenza, di una "rinascita"...
A.K.: Beuys credeva, come un marxista o un cattolico, all'escatologia: uno sviluppo verso l'alto della storia e del mondo. Ne era profondamente convinto, come i marxisti...
R.A.: E invece lei non ci crede affatto.
A.K.: No, non ci credo a questo sviluppo verso l'alto della Storia... e che poi, raggiunto il paradiso – rappresentato dal giudizio universale o dal comunismo – la Storia smetta di esistere.
R.A.: In ogni caso, lei è materialista?
A.K.: No, assolutamente no. Io ho detto che, al contrario di un platonico, vedo un'anima nelle cose. Non significa che sono materialista. Non sono un sostenitore del *Diamat*, del materialismo dialettico.
R.A.: Lo spirito nella materia: questo allora è una specie di panteismo, no?
A.K.: Un tipo di animismo più che panteismo. Il panteismo è limitato a un determinato tempo storico, mentre l'animismo è una *Stammesreligion*, una "religione delle origini".
F.D.M.: È noto il suo debito nei confronti di Heidegger: vorrei capire in che senso questo animismo di cui lei ci parla, questa sorta di immanenza non escatologica, ha a che fare con l'"ascendente" Heidegger.
A.K.: Direi che sono stato più allievo di Heidegger che di Beuys, anche se non l'ho mai visto: ma sono nato a trenta chilometri da dove viveva.
R.A.: Donaueschingen, Foresta Nera.
A.K.: Sì.
R.A.: Ma lui insegnava a Friburgo.
A.K.: Sì, ma la sua "capanna" era vicino a Donaueschingen.
F.D.M.: Kiefer come pittore dell'*Esserci* di Heidegger: si può dire così?
A.K.: Esiste un intero volume dedicato al rapporto Heidegger-Kiefer. Non sono uno specialista, ma mi ha sempre affascinato vedere come la sua filosofia abbia origine nelle esperienze e nei sentimenti quotidiani. Mi ricordo in particolare il concetto di "noia". Heidegger racconta di quando la sera esce per andare a cena. La situazione è noiosa, ma non ripugnante. In quel momento gli viene in mente di "sentire" l'intera esistenza. La filosofia di Heidegger è difficilissima da capire, ma se si leggono gli appunti degli studenti durante le sue lezioni, si riesce facilmente a seguire lo sviluppo del suo pensiero, perché lì questo pensiero veniva presentato in modo meno concentrato.
R.A.: Signor Kiefer, c'è un altro grande artista tedesco che nel dopoguerra ha lavorato a interpretare il male storico della Germania: Gerhard Richter. Sente qualche corrispondenza con lui?
A.K.: No, no, perché lui non dipingeva dei quadri che rielaborassero la Storia: aveva tutto un altro approccio.
R.A.: Ancora a proposito di "dipingere uguale bruciare", Kiefer è anche l'autore dei celebri "libri bruciati"...
A.K.: ...Il pittore della terra bruciata... Avevo preso dei miei quadri, li avevo bruciati e da essi avevo ricavato delle pagine bruciate per realizzare un libro. Non li avevo proprio bruciati: di più, carbonizzati. Non faccio tanto per fare, fingendo l'effetto del bruciato, ma brucio i miei quadri sul serio, carbonizzo i paesaggi.
R.A.: Il suo interesse primario rimane comunque lavorare con la materia, giusto?
A.K.: No, non si può dire così. Sono interessato a un tipo di materiale solo quando è "carico", quando, cioè, racchiude in sé lo spirito. Come dicevamo prima...
R.A.: Allora non le interesserà di certo la plastica.
A.K.: Non la uso. Ma forse un giorno anche la plastica mi dirà qualcosa: non voglio escluderla. La plastica è qualcosa di fossile: è un fossile. Mi avvicinerei troppo all'ideologia dei Verdi se escludessi di usare la plastica.
F.D.M.: Kiefer è anche il pittore della Shoah, con quadri tragici come quelli della serie *Siegfried vergißt Brünhilde*, coi loro campi di neve solcati in direzione del lager: per lei la Shoà resta un male assoluto?
A.K.: Sì, per me lo è... sono stati praticati anche altri genocidi – pensiamo solo all'Armenia –, ma per me quello tedesco è il massimo, è la più grande assurdità, e mi ha colpito direttamente. Di notte, da piccolo, pensavo spesso che gli ufficiali della Gestapo venissero a casa mia a prelevarmi. E poi la sola idea che siano state bruciate masse di uomini... qualcosa di mai visto prima... abbinato, fra l'altro, allo sviluppo delle tecnologie, che hanno permesso che tutto ciò accadesse. Anche in Italia sono stati perseguitati gli ebrei, ma la cosa che impressiona di più in Germania è l'efficienza e la fattualità del tutto. Purtroppo, però, un male assoluto come questo non esclude altri mali assoluti. Non credo, ho già detto, in uno sviluppo della Storia verso l'alto, verso il

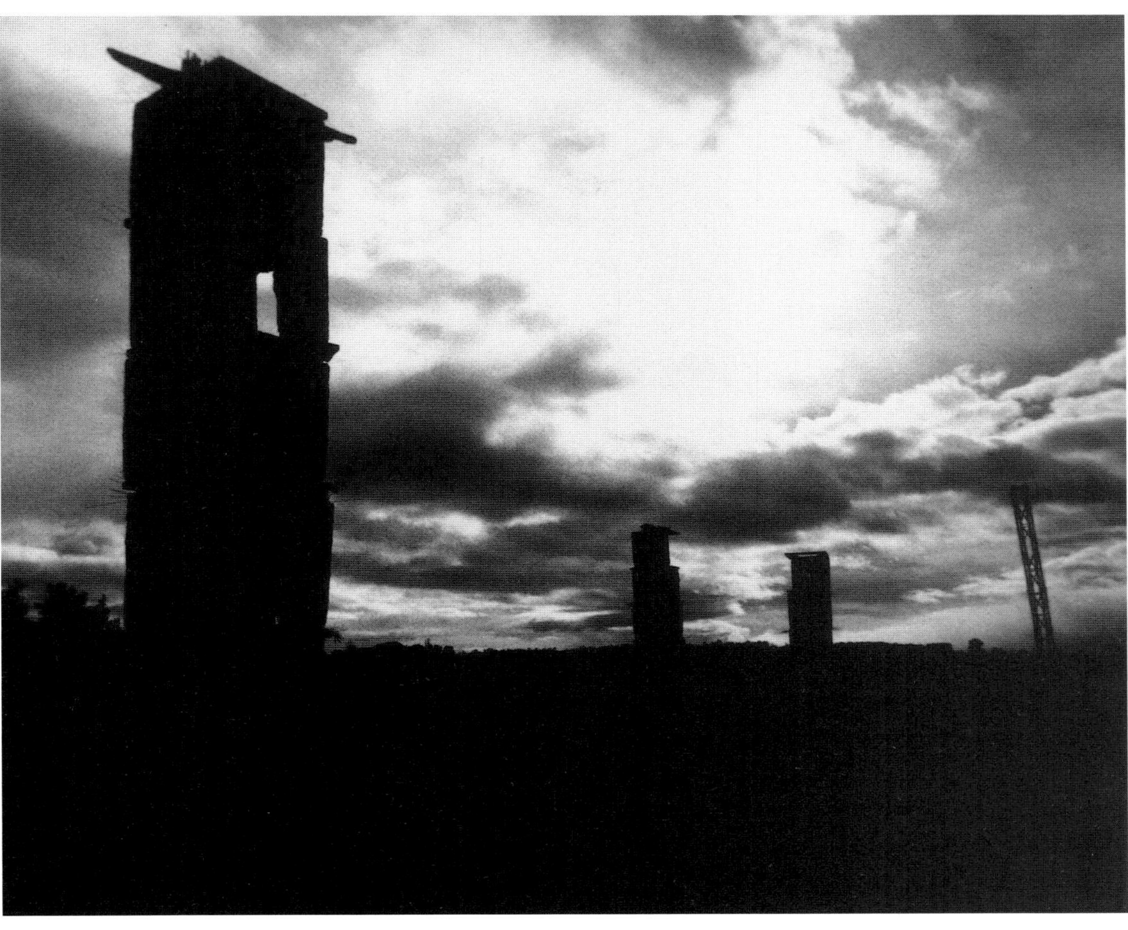

paradiso. Non avrei mai creduto possibile la follia della politica americana in Iraq, e la stupidità... non sono altro che ripetizioni. Auschwitz, purtroppo, non esclude altre Auschwitz.

F.D.M.: In che misura la sua opera affronta il problema della colpa tedesca?

A.K.: È presente. È un dato di fatto, la colpa. Non posso liberarmi dei miei predecessori.

F.D.M.: Dalle note biografiche, sempre molto parche, non è chiaro se la sua famiglia sia stata toccata direttamente dall'Olocausto.

A.K.: A casa mia si parlava poco della Shoah. Lei mi chiede se qualcuno della mia famiglia sia stato deportato? Non ne parlavano. So che mio nonno, socialdemocratico, stava per essere prelevato dalla Gestapo – gli avevano detto di fare le valigie –, ma poi fu salvato da un nazista, il sindaco del nostro paese. Ci sono sicuramente stati dei "punti di contatto", ma non ne parlavano quasi mai. Non si parlava mai degli ebrei che venivano deportati e uccisi. Inoltre, si faceva sempre una distinzione netta fra le forze armate (la Wehrmacht), le SS e Auschwitz. Era una partizione artificiosa, perché oggi si sa che anche i soldati parteciparono al genocidio: non tutti, ma anche loro.

R.A.: Immaginiamo un giovane tedesco di oggi di fronte a quella sua serie dei primi anni Ottanta, dove lei rielabora le infernali architetture del Terzo Reich: una generazione che non ha vissuto il tabù del nazismo, può fare esperienza di questo dramma – e del processo di "espiazione" – davanti a una sua tela?

A.K.: Deve volerlo, se vuole può farla. Dalla metà degli anni Settanta sono iniziate a circolare tantissime informazioni sull'Olocausto, ma spero che non sia necessario conoscere la Storia per capire i miei quadri. Le mie opere devono avere un effetto choc anche senza queste nozioni storiche.

R.A.: Questa sua rappresentazione indiretta, e matericamente così drammatica...

A.K.: Sì, non sono delle illustrazioni.

F.D.M.: Torniamo alla scena tedesca dei tardi anni Sessanta, quando lei esordisce. La sensazione, anche parlando, è che Kiefer intenda sempre rappresentarsi come un artista isolato, senza tanti punti di contatto con il fare collettivo di quel momento.

A.K.: Io non ho fatto nient'altro che quello che si faceva allora: ricordare. In Germania i movimenti studenteschi erano "movimenti del ricordo". Non solo del ricordo, è ovvio: al tempo stesso era anche il periodo delle domande ai padri, per esempio quando Schleier fu fatto prigioniero e interrogato dalla RAF. Nonostante all'epoca fosse molto giovane, quell'industriale era stato membro delle SS, e aveva lavorato durante il Terzo Reich.

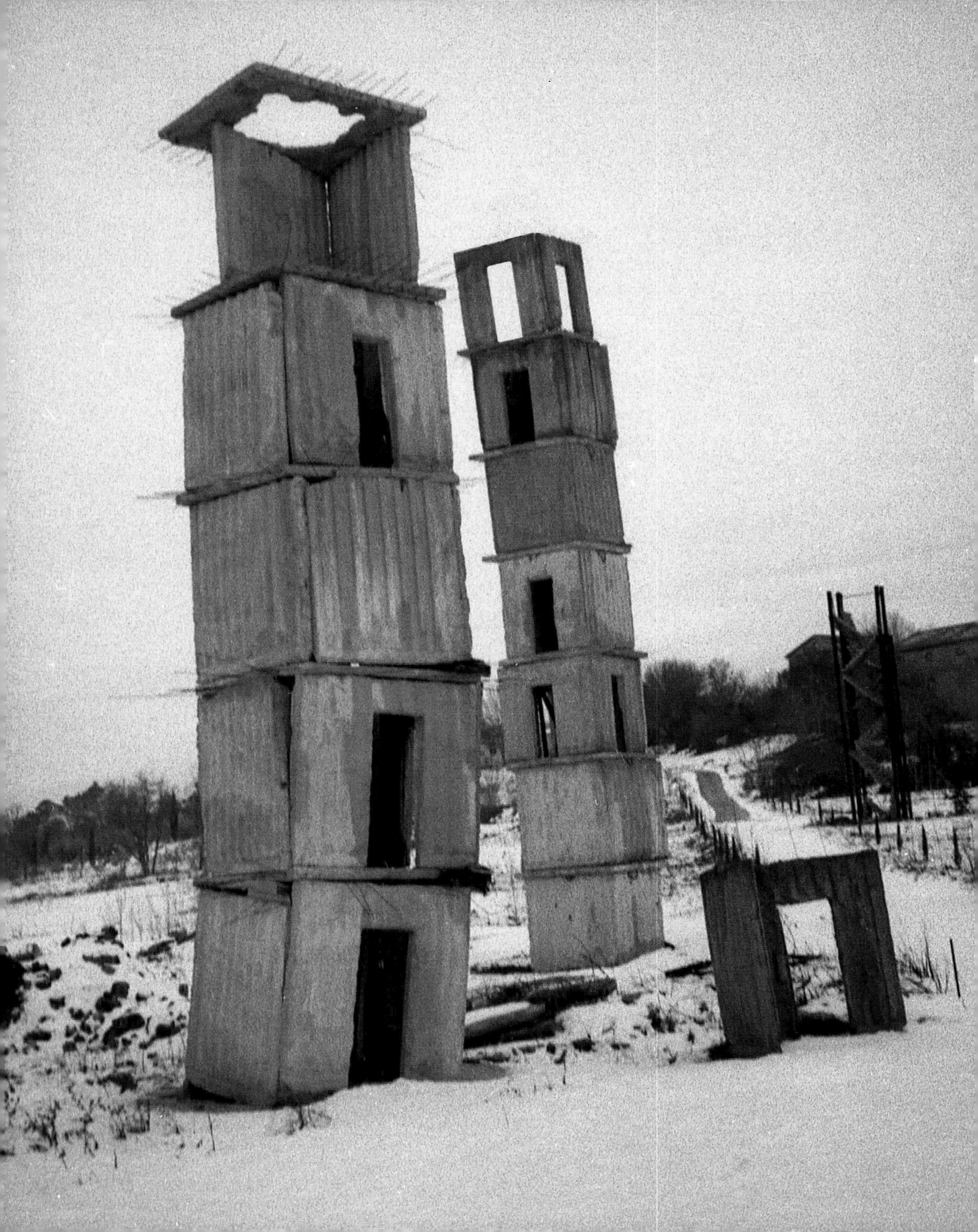

Per questo la RAF lo aveva scelto come vittima. Era un esempio della continuità fra dittatura e repubblica. I processi di Norimberga sono stati interrotti perché gli americani avevano bisogno dei tedeschi per combattere il "regno del male", che è un'espressione, ancora oggi, degli americani. Per questo non ci sono state né condanne né rielaborazioni. Nessun giudice che durante il nazismo avesse condannato, o inflitto la pena di morte, fu a sua volta condannato o comunque giudicato: non ce n'è uno. Per non parlare dei capi d'industria... il miracolo economico non sarebbe stato possibile se Adenauer non avesse prelevato dalle carceri i vertici dell'economia tedesca. È la contraddizione di ogni rivoluzione: se metti tutti in prigione, crolla l'economia e nascono i problemi.

F.D.M.: Torniamo alla pittura. Nelle conversazioni con David Sylvester, Francis Bacon descrive a un certo punto l'*arrivo* dell'immagine... l'immagine arriva, giunge.

A.K.: Da me l'immagine non arriva, non giunge. Io ho uno choc, seguito da una conoscenza che si sviluppa man mano attraverso il lavoro. Francis Bacon si rifà all'*intuizione*, nella concezione classica del termine. Per me, invece, da un fatto, da un evento storico nasce l'esperienza e in quel momento si mette in moto qualcosa. Ma non la definirei intuizione: perché l'intuizione è una qualità dell'arte borghese, quella del diciannovesimo secolo, quando si forma l'idea di genio. E così la intende appunto Bacon...

R.A. Trova?

A.K.: ...Perché la borghesia ottocentesca, con la statalizzazione e la capitalizzazione, aveva bisogni di geni.

F.D.M. La ricezione dell'opera di Kiefer in Germania, soprattutto negli anni Settanta-Ottanta, è diventata una vera controversia politica.

A.K.: È stata molto negativa. È cambiata solo dopo il successo negli Stati Uniti. Credo che a quel punto fosse passato così tanto tempo in Germania, che la mia arte non poteva più essere "pericolosa". All'inizio venivo considerato uno "che sporca il proprio nido".

R.A. Invece ora, dopo il decennale trasloco in Provenza, quale nido sta facendo? Un nuovo nido?

A.K.: Lo spero.

Questa conversazione è stata realizzata a Villa Medici a Roma nel giugno 2004, dunque prima che Anselm Kiefer installasse *I palazzi celesti* alla Bicocca di Milano. È uscita su "Alias", supplemento culturale del "Manifesto", il 12 giugno 2004.

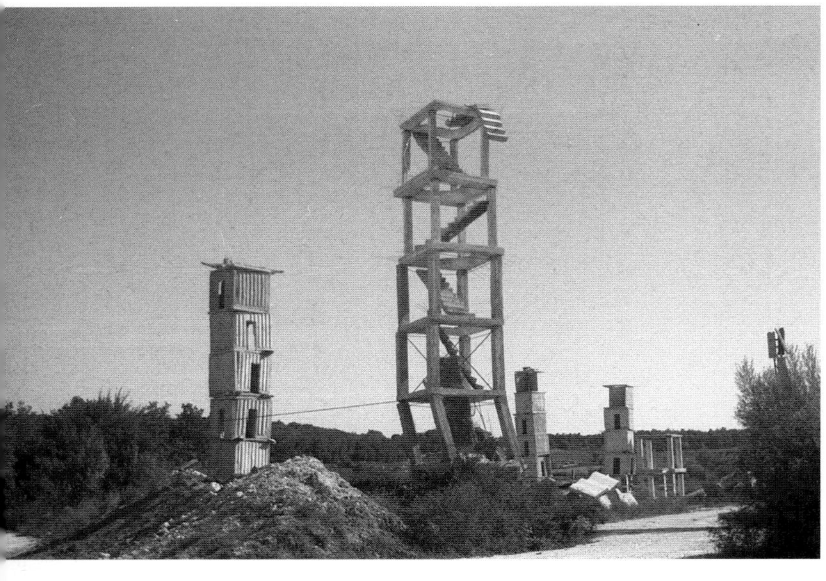
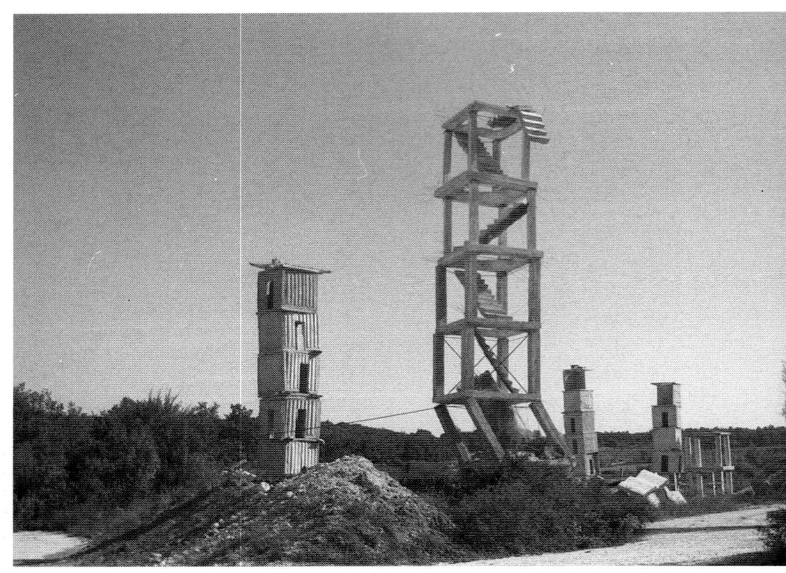

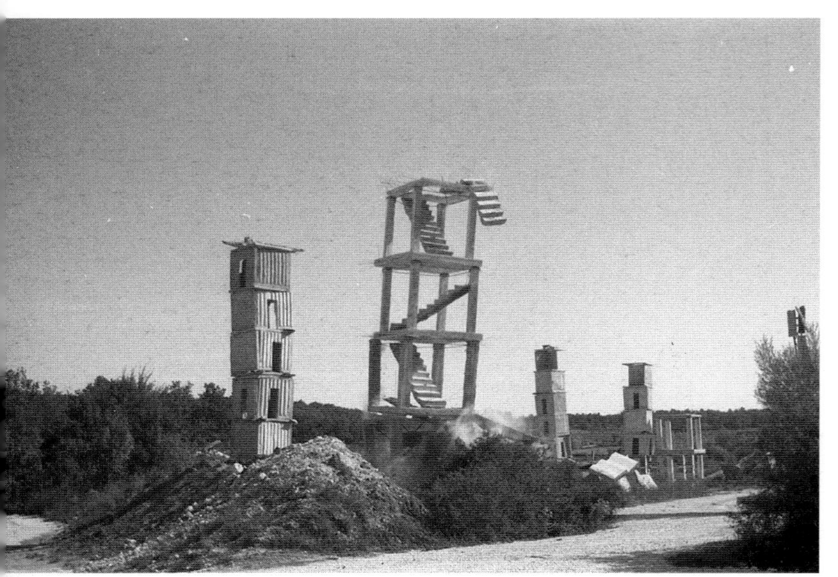
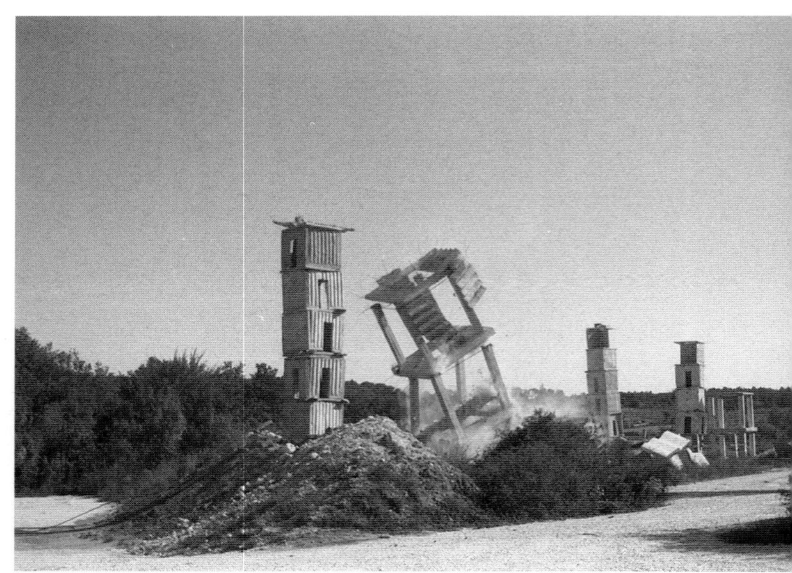

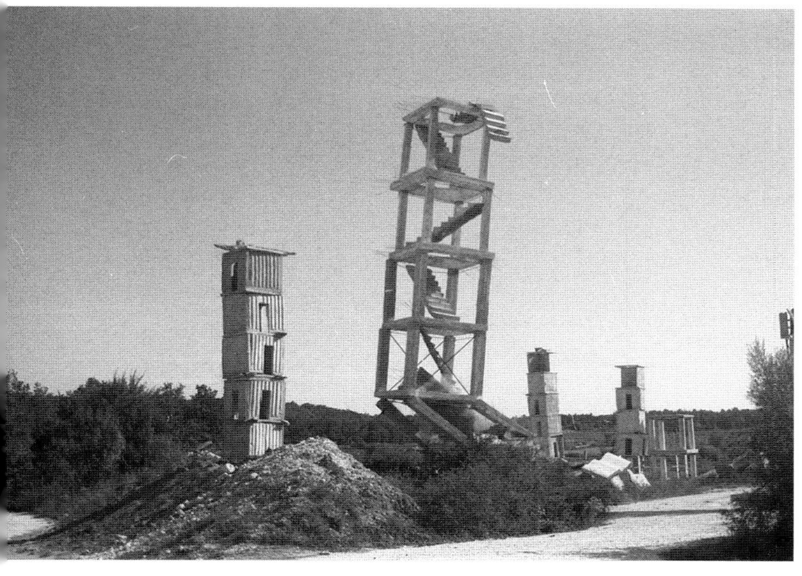
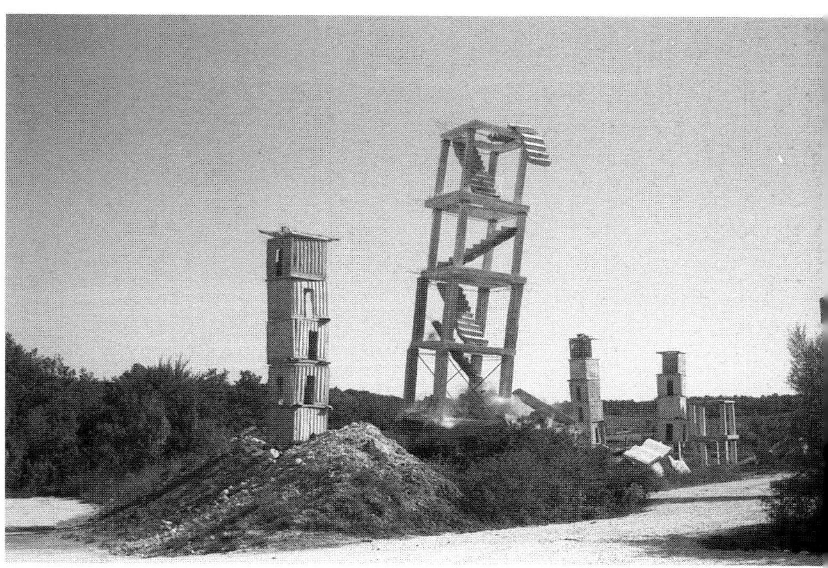

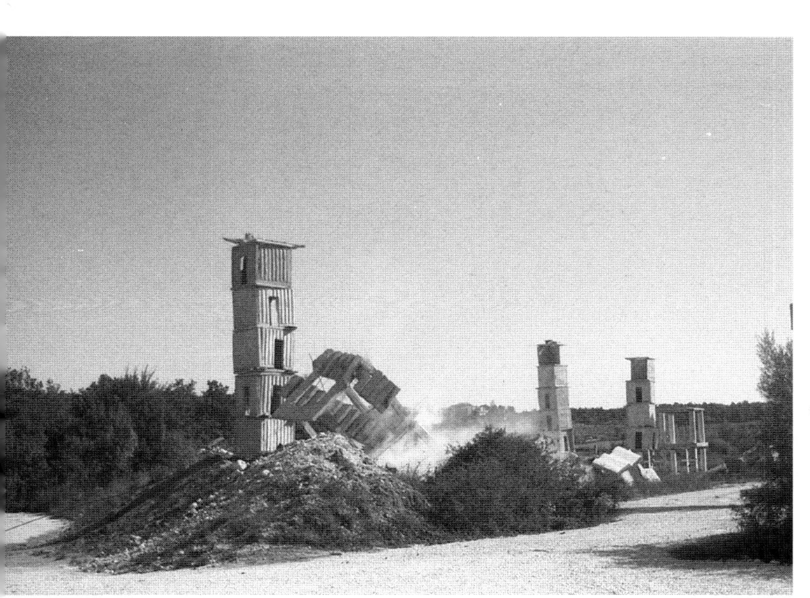
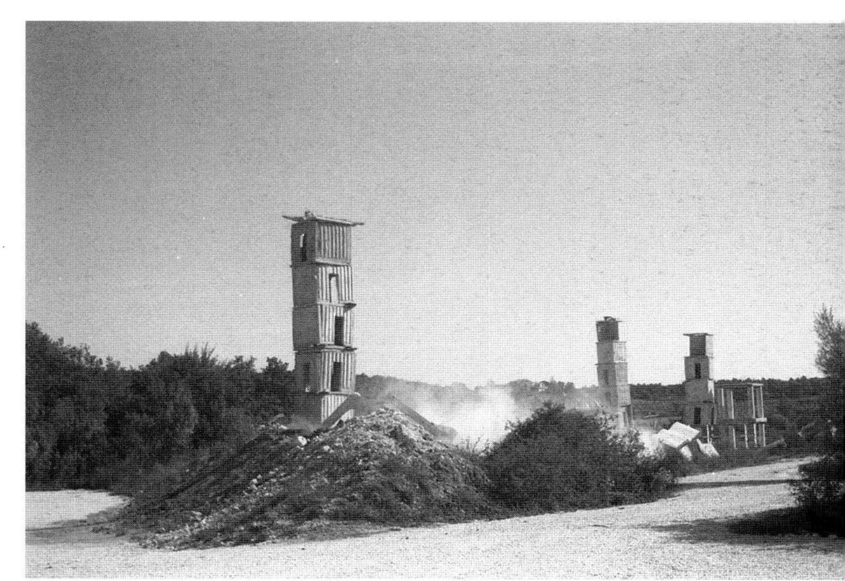

42 # With History under His Skin

Roberto Andreotti and Federico De Melis

In person and when he speaks, Anselm Kiefer does not really violate the way in which a person who is familiar with his work pictures him. Profoundly German—in two ways: for a certain mental *habitus* that preferably leads him to decode the relationship between art and reality—History, actually—by using the categories of philosophy. And for his "Lutheran" attitude (though softened by a certain nonchalance in manner) with which he explains the need, for an artist, to never take his eyes off the Medusa, which in this case bears the features of Nazism. Ever since the late sixties, when he began, Kiefer has intended to face "German guilt"—as well as the equally terrible repression of it—by injecting it, in homeopathic doses, into his works. In fact, these take on even the most bombastic and embarrassing symbology of the Third Reich, though disorienting and overturning its meanings with an estranging effect able to whirlpool us even into the crimes of History. The terms of this effort, which always entails a one-to-one relationship between ideology (or the death of ideology) and formal research, result particularly appropriate for probing into the relationship between art and democracy, the discrimination between modernity and its opposites.

Roberto Andreotti: Contemporary criticism often uses, for you, the 'neo-expressionism' category.
Anselm Kiefer: Perhaps . . . I don't know. I'm not interested. I've always been contrary to prescribing an interpretation: I don't prescribe one. Any kind of interpretation is possible. Who sees me as a neo-expressionist only sees a small aspect of my painting. But it's better than nothing. What's more, expressionism was a very short period . . .
R.A.: Historic expressionism.
A.K.: Of course. Especially in Germany . . . Expressionism is mainly a German movement, but, I repeat, it represents a very brief period and one, for me, that is not excessively significant. In my opinion, it was a unilateral period. That's because what is defined as 'expressionism' is nothing but the *expression* of feelings. A masterpiece, however, is not determined only by what feelings it expresses. A masterpiece is composed of three elements: willingness, feelings, and intellect. All three.
R.A.: A Platonic outlook.
A.K.: No, it's my own experience. I'm not a Platonist, and not even a neo-Platonist.
R.A.: Absolutely?
A.K.: No, I'm not saying that I'm *absolutely* not a Platonist. I don't completely reject Platonism. It's only that I have another *Anschauung*. Platonism divides the world in two: on the one side we have the Idea and on the other, the stamp of the Idea that corresponds to the Idea . . . This notion later evolved, giving rise to a diatribe on Universals, with Scholasticism. Nominalists and realists existed, and battled against one another: the former believed that the concept, the Idea, came first and that everything else was accidental; the latter

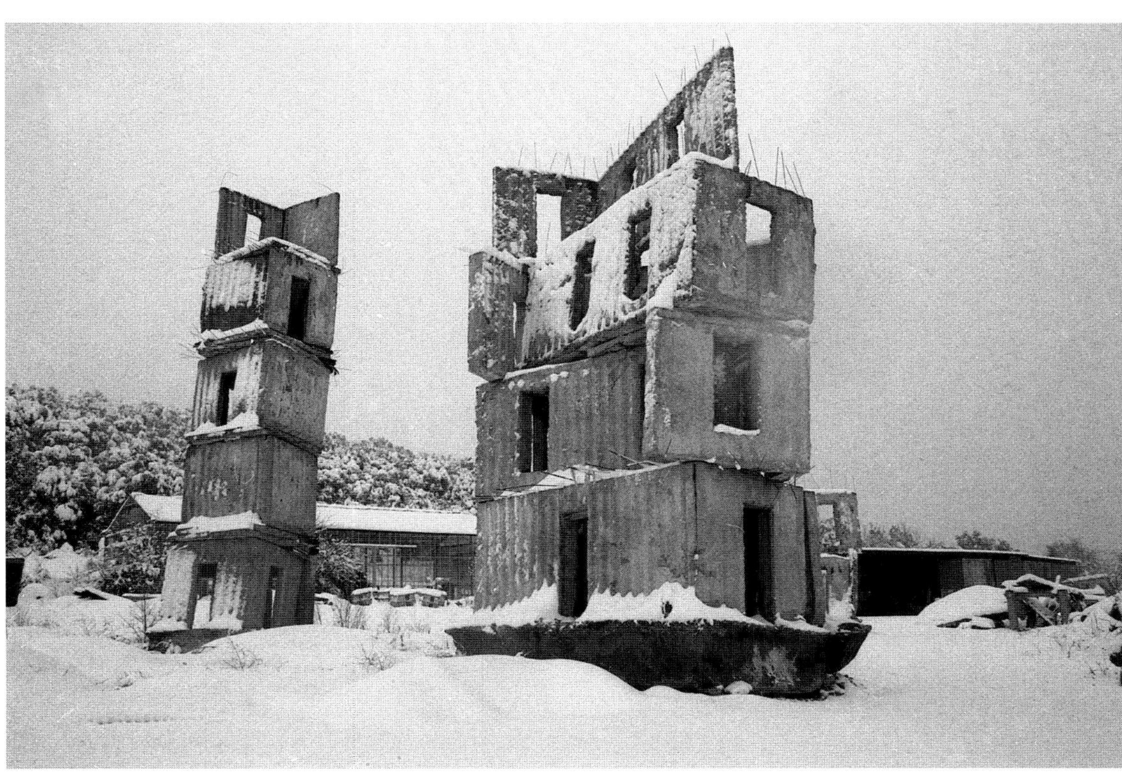

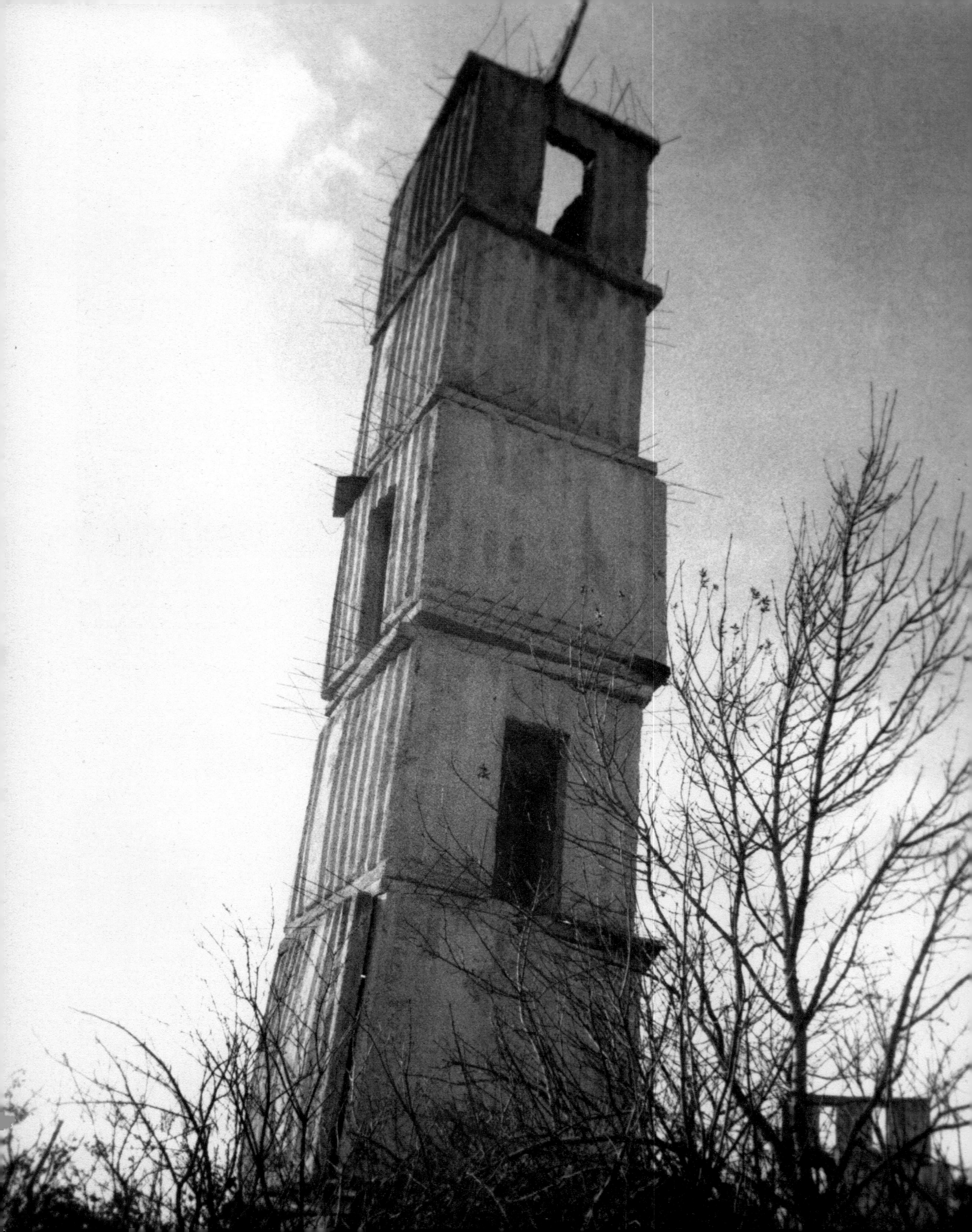

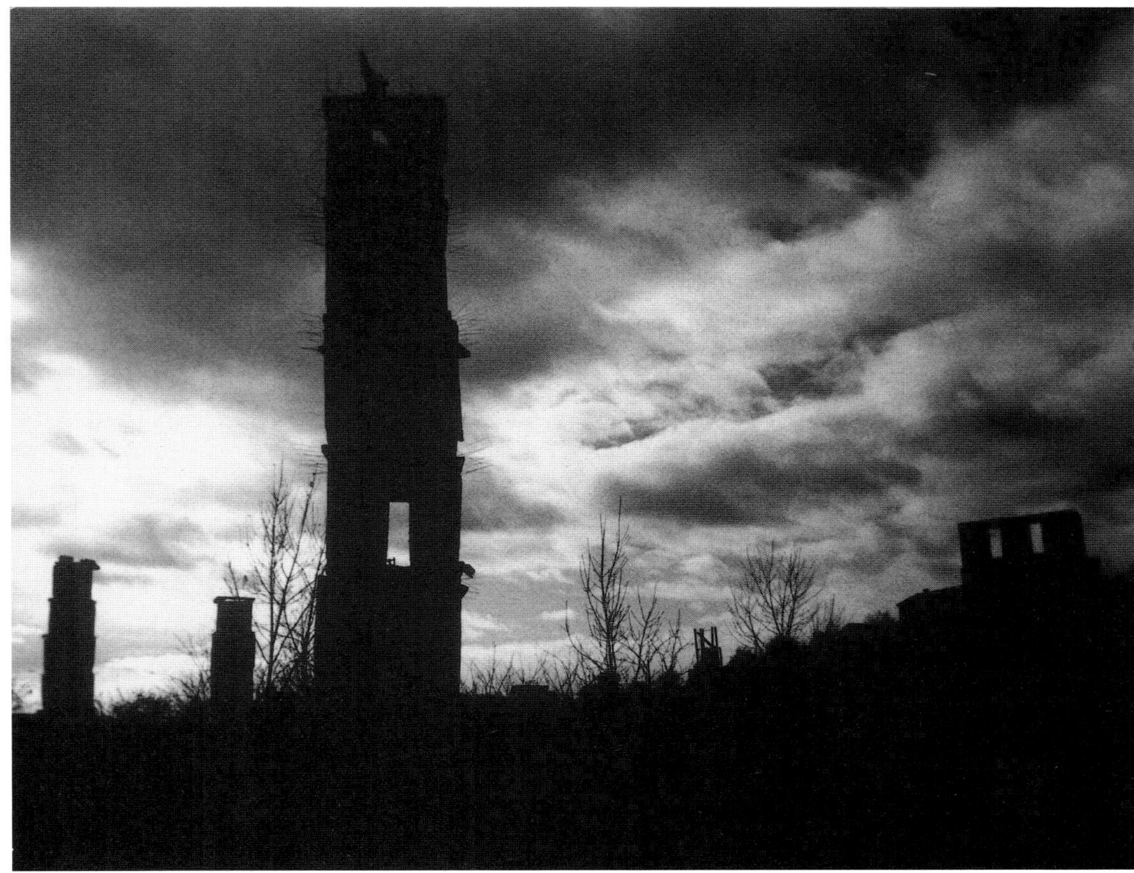

began with reality and built a 'bell,' an Idea, upon it. Further development in Platonism led to Gnosticism, which divided the world, in an even more clear-cut way, into Good and Evil. This, in turn, was transformed in Manichaeism. Evil, Good . . . No, they are usually mixed. There doesn't exist a kingdom with just good or evil. It makes no sense.

Federico De Melis: From the way this conversation has started, it seems to me there can be no mistake: Kiefer is a painter-philosopher, literally.

A.K.: Painting *is* philosophy!

R.A.: But we want to talk about painting now. How did it begin for you? What are the stimuli? Is there a *Vorbild*, a primary scene?

F.D.M.: That is, was there *a* moment when you felt that your support was figurative?

A.K.: Do you want to run through my career or my work?

R.A.: Work, work.

A.K.: Ah, my work. I began drawing when I was still very young, a child, like all children. This creativity developed, uninterrupted. I studied law, later on, but not to become a lawyer. Instead, I wanted to study public law: Hobbes, Montesquieu. I was interested in 'co-habitation.' I repeat, I never intended law as a job that I could earn a living from.

R.A.: And as an artist, did you have models?

A.K.: In the sense of models to emulate—of course. When I was still an adolescent I was inspired by Van Gogh. At sixteen, I wrote a composition on him, and when I became famous *Spiegel* published it for me.

F.D.M.: And did History, historical investigation, immediately enter your figurative expression? How much did it matter in choosing this expression?

A.K.: Obviously History came later because when you're sixteen–seventeen you don't think of History yet. What's more, *my* History, or rather the history of the Third Reich, was practically never dealt with at school. It was treated like the military expeditions of Alexander, or like Cicero. Maybe we'd speak about it for a month . . . in short, for a limited period. This was in the early sixties. I became interested in History, especially German History, precisely because I felt this lack: at first, recent History, and then always further back in time. Everything adults would tell me was like enshrouded in something without any clear-cut contours.

F.D.M.: So, this History . . . when did you come into contact with it?

A.K.: I had my first 'close encounter' with History while I was listening to an album. I was still at school. I was seventeen. The album had been issued by the Americans for 're-education' purposes. It contained original speeches by Hitler, Göhring, Göbbels. I was deeply unsettled, especially by Hitler's speeches.

R.A.: Especially by the intonation, I imagine.

A.K.: I was struck by everything: the brutality, his ability to exploit History, the use of the *media*. Hitler was the first to use *media* artistically—Göbbels in particular. This was my direct approach with History. In Germany, we say that the language *geht unter die Haut* (literally 'gets under your skin'). It affects you first hand. Albums like those touch you directly—your skin before your ideas. That's why it's important to have a direct relationship with History, for example, by *listening to it*. Whoever approaches it only by means of books, runs into mistakes. During Mao's cultural revolution I remained very skeptical, unlike my university friends, who declared themselves Maoists . . . I had a much more direct access.

R.A.: All in all, you felt very distant.

A.K.: No, not too distant—too close . . . Plus, I went to China. I spent a long time there and I read a lot about Mao. In books, I found a confirmation that the cultural revolution had been nothing but a crime.

F.D.M.: This need to lose oneself in History immediately calls to mind the photo series *Besetzungen* (*Occupations*), I believe from 1975, where you stage yourself in the topos-sites of European culture, marking them with the Nazi salute like in an apotropaic ritual.

A.K.: The *Besetzungen* aren't from 1975, but from 1968–1969. In 1975, I wouldn't have been able to make them anymore, I didn't feel the need anymore. In fact, starting in 1975 a lot of information on the Third Reich began circulating.

F.D.M.: But they were published in 1975.

A.K.: Yes, yes. They were published later because no one was interested in them before that time. I wasn't famous yet. But I made them in 1968–1969. It wouldn't have been possible anymore in 1975.

F.D.M.: So what value did they have in 1968?

A.K.: *Understanding* History through my body and acting as a lightning rod, being a lightning rod: these attract attention. They attract attention and stimulate debate. I had presented those works at an exam, and I discussed them even in a violent manner with my professors at the Academy of Karlsruhe . . . Everyone was against me—except one person. His name was Küchenmeister, he isn't very well-known—he had survived a concentration camp. He understood them. It was particularly difficult for me—all the professors found my work unacceptable.

R.A.: Could you say that there's a coactive bond between this idea of History and the materiality of your painting?

F.D.M.: That is, does History *direct* the materials?

A.K.: I only use materials that speak to me. Now we're getting back to Platonism. I don't believe that the Idea can be found everywhere—the Idea in the sense of spirit is already present in the material. For example, lead: it's the material of melancholy, of black rancor. Once, in an old house, I saw a lead drainpipe, and that material—lead—literally fascinated me. I found out only afterwards that it possessed all those connotations.

R.A.: It is a Düreresque material. You also made airplanes with some lead . . .

A.K.: And much more: airplanes, boats . . . Even books. It's alright to make lead airplanes because you know they'll never fly. It's like when you *raise your arm* after the war ends—it doesn't work anymore. It doesn't work as an order for a determined action anymore. I can be certain no one will follow me.

R.A.: The *Besetzungen*, then, as an example of estrangement?

A.K.: Yes, certainly . . .

R.A.: Are you one of those artists we could define as 'polymateric'?

A.K.: An artist that uses many materials? I'm surely not an artist who follows a single way. I don't want to create a style. Many artists invent something and carry on with it for their entire lives. I'm not interested in style. I'm able to work only when I undergo a shock, like the first time I saw some lead, or when I listened to the albums of the Third Reich. Every now and then I experience a shock.

F.D.M.: Cognitive shocks?

A.K.: Yes, you could also call them that. You could say that the eyes provoke a visual or cognitive shock. Actually, more specifically, I must add that it's not immediately a cognitive shock. Cognition comes only later, by working.

R.A.: You need to work . . .

A.K.: Yes, to work a lot.

R.A.: What kinds of materials are you working with now?

A.K.: I always use all materials—I don't follow a chronology. I have a chronology of discoveries, of shocks, but then I always use them all. There aren't any radical interruptions. There are interruptions, but I never totally exclude a material. That's because materials transform themselves, just like images transform themselves.

F.D.M.: When you start, Mr. Kiefer, there is the assertion of a conceptual current that puts into crisis the statute of art. Did you ever ask yourself about the statute of art?

A.K.: Conceptually or not, art is always in discussion. It wouldn't be art otherwise. For example, Adorno used to say that 'a work of art cancels out another work of art.' Otherwise, we speak of *décor*, or design.

R.A.: As an aside, let's talk about ancient History: a series of your works (*Varus*, *Hermannsschlacht*, etc.) revolves around the Forest of Teutoburg, that 'Tacitus' chapter in German History where the heroic resistance of Arminius in the face of the Roman invader is extolled: 'Varus, give me back my legions!'

A.K.: Teutoburg doesn't represent antiquity: it took place in 9 AD . . .

R.A.: The Age of Augustus . . .

A.K.: And that's antiquity? . . . In any event, Varus and the Forest of Teutoburg were very important for Germany: and I'm interested in it because the Nazis manipulated this Myth.

R.A.: There in the Forest, there's also a nationalist, anti-Latin monument.

A.K.: Yes, in fact, not only did the Nazis greatly exploit the Teutoburg episode, but even before, during the era of the Kaisers . . . starting in 1870–1871, Germans began seeing in the Forest the birth of German nationalism. While the German Holy Roman Empire had been a completely forward-looking idea—because it was above all nations—they instead saw in the Forest of Teutoburg the birth of the German nation. I naturally didn't want to represent the German Myth, but the abuse of this Myth.

R.A.: And the tale of the Nibelungenlied? You're also interested in the modern manipulation of the Myth?

A.K.: There is a speech by Göhring given after the defeat when over 90,000 German soldiers were captured by the Russians and brought to Stalingrad: he compares the episode to the Nibelung König Etzelsburg, and uses a very archaic language. You can never understand a myth as an order to act. A myth can't trigger an action. A myth is a cognitive procedure, not an action.

R.A.: Why does *Malen = Verbrennen*, painting equals burning? Is it an alchemic or iconoclastic formula?

A.K.: The equation *painting equals burning* is composed of various levels. First of all, there is the one for which a work of art cancels out another work of art—an artistic form nullifies another . . .

F.D.M.: Therefore, every new work of yours destroys the previous ones.

A.K.: Yes, most likely yes. At least I hope so. For me, 'burning' a work of art means displaying it in a museum. Because at that moment it isn't a work of art anymore—it becomes culture. That's what the futurists

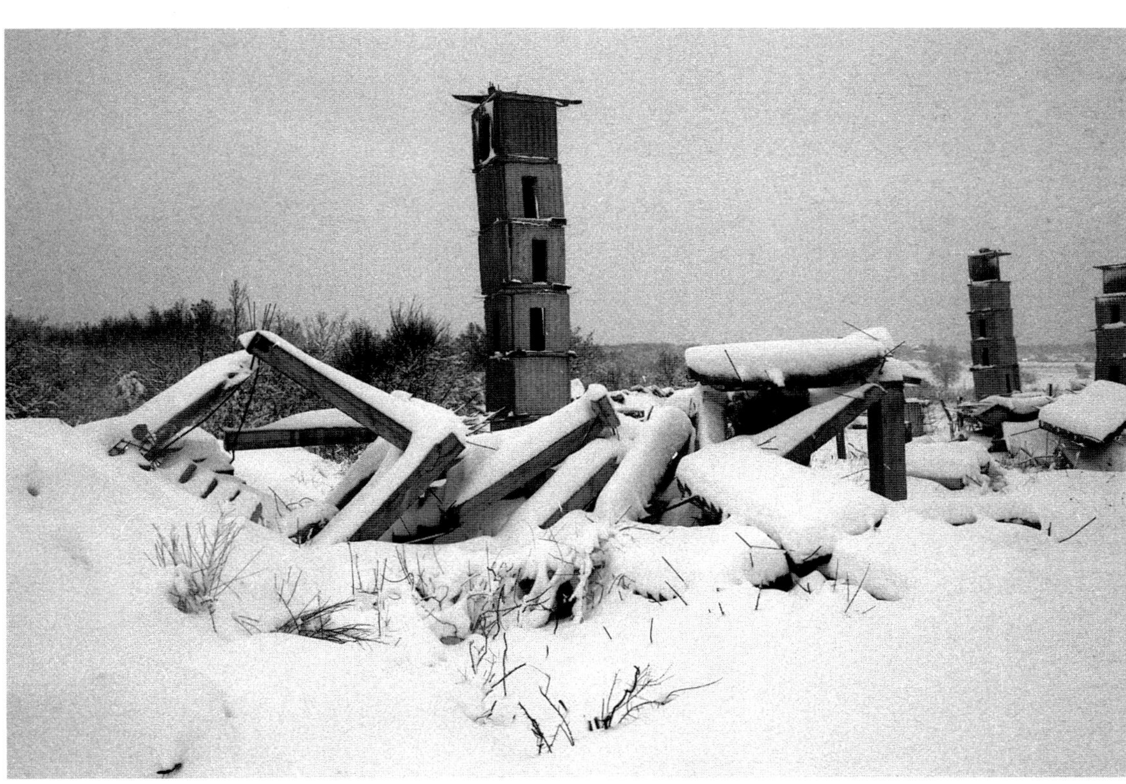

wanted to do, and the futurists, as we all know, *really* wanted to burn works of art. This is the first aspect of *painting equals burning*. Then there naturally exists the historical aspect: when warriors retreat, they burn everything in their path. For example, the Russians, upon Napoleon's arrival, burned Moscow. Hitler wanted to burn all of Germany when he realized that he was never going to win. This level, however, is only the wrapping that covers it all. Then, there's the iconoclastic aspect. During iconoclasm paintings were taken so seriously that people waged wars over them, for two–three hundred years. And then . . .

R.A.: And for you, what does it really mean to 'burn'?

A.K.: Everything all together, everything all together. When a painting is good, it means that it's seemingly simple, but if we look closer, it has many ties: an apparent simplicity behind which, however, there hides a complex, rich structure.

F.D.M.: You've shown great interest for monumental Nazi architecture: Albert Speer, Wilhelm Kries. In what way does this architectural dimension enter into your expressive elaboration?

A.K.: I carefully studied the art of the Third Reich. I had all the books. There isn't a single element of figurative art of that period—not a single painting, or a sculpture—that is interesting. It's different with architecture. Speer was a traditional architect. He thrived on the revolutionary architecture of Boullée, Ledoux, etc., and the Bauhaus. A few buildings—the majority were completely destroyed—like the Ministry of Military Aeronautics in Berlin, are simple and lovely, with their exact proportions. Speer's gigantic cathedrals were never actually built because they were completely absurd, too big—they made no sense.

F.D.M.: What scale does Speer's mad grandiosity have in your paintings?

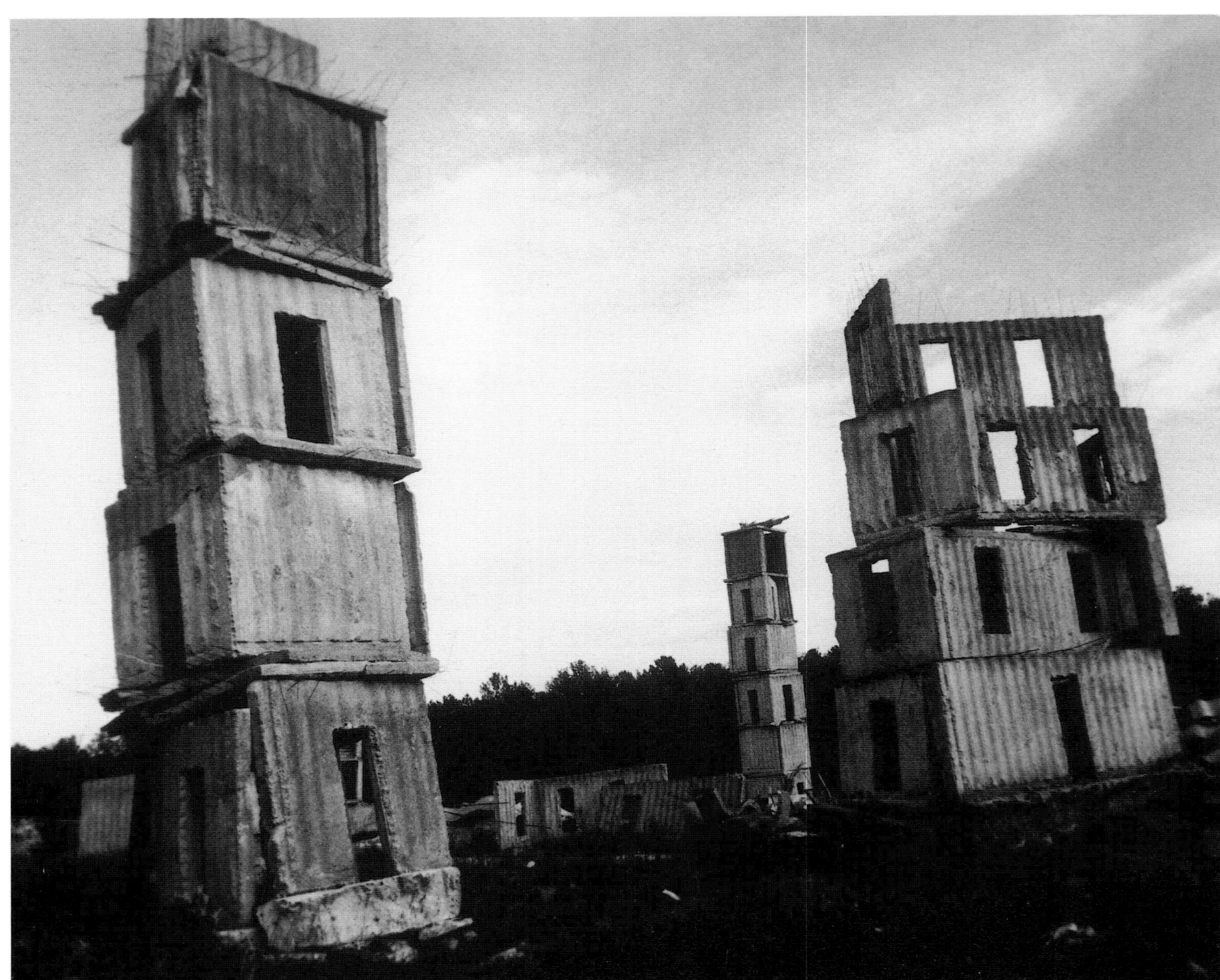

A.K.: I completely transform architecture. The architecture I use in my paintings is already in pieces, completely destroyed.

F.D.M.: They become like the behind-the-scenes of History.

A.K.: No, not the behind-the-scenes, because the blood of History runs through my work. A veritable war was fought over paintings. Getting back to Speer: the German pavilion in Venice is a beautiful building—there's no doubt about it. When Speer respects proportions and, above all, tradition, he creates some excellent architecture. Nazi era paintings, on the other hand, always reflect an ideology—the ideology of the 'small units': families, farms . . . and they reflect above all a lie. Huge lies because they wanted to show the people that the world would always stay the same. The use of force on the part of the Nazis, instead, was something modern: the *media* . . . They had started using the *media*. And then the creation of symbols. Today, symbols work. If the photos of Abu Ghraib didn't exist, the stories would have only ten percent of the effect that they really do have.

F.D.M.: However, you don't reject this symbolic nature of Nazi dictatorship—actually, you take it on. That is, you don't desist from it.

A.K.: Where the symbols used by the Third Reich are visible, I always make them ambiguous, contradictory. For example, I painted a building and on the canvas I wrote 'Monument to the unknown painter.' Obviously, it's an allusion to the unknown soldier of the Arc of Triumph. But, at the same time, it represents something ambiguous and absurd because normally the names of painters are known. It's only an example to show you that I never use symbols in a self-evident way. They are always 'in pieces.'

R.A.: Those large palettes in the sky of your paintings, what are they for?

A.K.: I used palettes for a long time.

R.A.: Are they one of your 'open' symbols?

A.K.: Yes, a sign between the heavens and the earth.

R.A.: Like the angel series.

A.K.: But the angel is mainly a literary figure, whereas the palette is a sign. It's a sign between the heavens and the earth, or between two armored cars. It's not really a noticeable construction. Most of the time it's a feeble line.

R.A.: Getting back to architecture in your paintings: your obsession with pre-Columbian pyramids.

A.K.: Here as well, everything is born from personal experience. I spent two–three months in Mexico because pyramids have always fascinated me. Those less touristy ones are nestled in nature, in all their splendid decay. There are still many because they don't have the money to take care of them so well—thank goodness. I've always been interested in the intermingling of different eras: there's our era, but also the geological era and the astronomical era. There are three in all.

R.A.: Now I understand why before you said Augustus isn't part of antiquity.

A.K.: Aztec pyramids were astronomical constructions. The stones represented the geological era, whereas the plants that envelope them could be said as belonging to our era, our lives.

F.D.M.: You historicize plants!

A.K.: No, I just associate them with a determined era. I always jump from one period to another. For example, if you look at the stars, you'll automatically find yourself in another era.

F.D.M.: Nature, that is, is a bit like a way of accessing millennial History: nature doesn't exist *in so far as* it is nature.

A.K.: You can't walk through a field without thinking of human History: after Walter Benjamin the concept of *Naturschöne* no longer exists.

F.D.M.: Talking about nature as History leads us directly to Joseph Beuys. In him, there's the late-romantic idea of being able to re-generate nature in itself, outside cultural connotations. Instead, you, who were also Beuys' student, seem to think the exact opposite.

A.K.: Nature in itself isn't *historical*, but we can see it exclusively from a historical point of view: our intelligence is only historical. The Beuys you speak about actually reflects only his 'green' ideology. Plus, I'd like to relativize the concept of 'student': yes, I was Beuys' student, but I hardly ever went to his classes. I was always in the woods working.

R.A.: In Düsseldorf . . . didn't you ever go to the Academy?

A.K.: Only two–three times a year. I'd load my works on the roof of my car, I'd go to the Academy, and I'd present them.

F.D.M.: So, for you, there isn't in Beuys the naturalistic utopia, that *tabula rasa* of History the interpreter, German par excellence, indicates as a 'rebirth'?

A.K.: Beuys believed, like a Marxist or a Catholic, in eschatology. An upwards progression of History and the world. He was deeply convinced of this, like the Marxists . . .

R.A.: But you instead don't believe it.

A.K.: No, I don't believe in History as an upwards progression . . . and that, upon reaching paradise—represented by the last judgement, or by communism—History ceases to exist.

R.A.: In any event, are you a materialist?

A.K.: No, absolutely not. I said that, unlike a Platonist, I see a soul in things. This doesn't mean I'm a materialist. I'm not a supporter of the *Diamat*—of dialectic materialism.

R.A.: The spirit in materials: this is a kind of pantheism, isn't it?

A.K.: A kind of animism, more than pantheism. Pantheism is limited to a specific period in history, whereas animism is a *Stammesreligion*, a 'religion of the origins.'

F.D.M.: Heidegger's influence in your work is well-known. I'd like to understand in what sense this animism you're talking about, this sort of non-eschatological immanence, has to do with the Heidegger 'ascendant.'

A.K.: I'd say that I was more a student of Heidegger than Beuys, even if I never actually saw him, but I was born thirty kilometers from where he lived.

R.A.: Donaueschingen, the Black Forest.

A.K.: Yes.

R.A.: But he taught in Freiburg.

A.K.: Yes, but his 'hut' was near Donaueschingen.

F.D.M.: Kiefer as a painter of Heidegger's *Being*. Right?

A.K.: There's an entire volume dedicated to the Heidegger-Kiefer relationship. I'm not a specialist, but I've always been fascinated by how his philosophy originates in everyday experience, in ordinary feelings. I especially remember his concept of boredom. Heidegger narrates when, in the evening, he goes out for dinner. This situation is tiresome, but not revolting. At that moment he thinks of 'feeling' all of existence. Heidegger's philosophy is quite difficult to understand, but if you read the notes of his students during his classes, you can easily follow how his thoughts develop because they are presented in a less concentrated way.

R.A.: Mr. Kiefer, there's another great German artist that after the war worked on interpreting the historical evil of Germany: Gerhard Richter. Can you relate to him?

A.K.: No, no, because he didn't paint works that *re-elaborated* History. He had an entirely different approach.

R.A.: Getting back to *painting equals burning*, Kiefer is also the creator of the celebrated 'burned books' . . .

A.K.: . . . the painter of the burned earth . . . I took some of my paintings, I burned them, and I made some burned pages from them to create a book. I didn't actually burn them—I charred them. I didn't want to fake that burned look—I really do burn my paintings, I char the landscapes.

R.A.: However, your main interest is working with materials, right?

A.K.: No, that's not really exact. I'm interested in a material only when it's *charged*, that is, when it holds its spirit within. Like I was saying before . . .

R.A.: So you're certainly not interested in plastic.

A.K.: I don't use it. But maybe one day plastic, too, will interest me: I don't want to exclude it. Plastic has something fossil-like to it: it is a fossil. I'd approach the ideology of the Greens if I decided not to use plastic.

F.D.M.: Kiefer is also the painter of the Shoah, with tragic paintings like ones from the *Siegfried vergißt Brünhilde* series, with their fields of snow furrowed in the direction of the lager. For you, the Shoah remains an absolute evil?

A.K.: Yes, for me it is . . . Even other genocides were practiced—just look at Armenia. But for me, the German one is the worst of all. It's the greatest absurdity, and it affected me first-hand. At night, when I was a child, I often thought of Gestapo officers coming to my house to take me away. And just the idea that tons of people were burned . . . Something never seen before . . . Joined to the progress of technology that allowed everything to happen. Even in Italy Jews were persecuted, but the thing that shocks the most in Germany is the efficiency and the reality of it all. Unfortunately, however, an absolute evil like this one doesn't exclude others from happening. I don't believe, like I've already stated, in an upwards progression of History, up to paradise. I never thought possible the American madness in Iraq, and the stupidity . . . This is nothing but History repeating itself. Auschwitz, unfortunately, doesn't exclude other Auschwitzs.

F.D.M.: To what extent does your work deal with German guilt?

A.K.: It's present. Guilt is an undeniable fact. I cannot free myself from my predecessors.
F.D.M.: From your biography it's not clear if your family was directly touched by the Shoah.
A.K.: We spoke every little about the Shoah. You ask me if someone in my family was deported? No one said anything. I know that my grandfather, a Social Democrat, was almost taken by the Gestapo, but was later saved by a Nazi—the mayor of our town. There certainly were 'points of contact,' but we almost never spoke about it. We never spoke about the Jews who were being deported and killed. Moreover, there was always a clear-cut distinction between the armed forces (the Wehrmacht), the SS, and Auschwitz. It was an artificial division because today we know that soldiers also took part in the genocide—not all, but them as well.
R.A.: We imagine a young German man of today in front of that series of yours of the early eighties where you re-elaborate the infernal architectures of the Third Reich. Can a generation that did not live with the taboo of Nazism experience this drama, this 'expiation' process when looking at your work?
A.K.: He must want it. If he wants to, he can. From the mid-seventies a lot of information on the Shoah began circulating, but I hope you don't need to know History in order to understand my paintings. My works must have a shock effect even without those historical notions.
R.A.: This indirect and so materially dramatic representation of yours . . .
A.K.: Yes, they're not just illustrations.
F.D.M. Getting back to the German scene in the late seventies, when you debuted. The feeling, even by just speaking, is that Kiefer always intends to represent himself like an isolated artist, without many points of contact with the overall artistic activity of those years.
A.K.: I did nothing else but that which we did back then: remember. In Germany, the student movements were 'movements of remembrance.' Not only of remembrance, obviously. At the same time, it was also a period of questioning our fathers, for example when Schleier was imprisoned and interrogated by the RAF. Even though he was very young, at that time, the entrepreneur had been a member of the SS, and had worked during the Third Reich. That's why the RAF chose him as a victim. He was an example of the continuity between the dictatorship and the republic. The Nuremberg trials were interrupted because the Americans needed the Germans to fight the 'kingdom of evil,' which is an expression the Americans still use today. That's why there aren't any convictions or re-elaborations. No judge who during Nazism had convicted or inflicted the death penalty was in turn convicted or judged—not even one. Not to mention the heads of industry. The economic miracle would not have been possible if Adenauer had not taken the heads of the

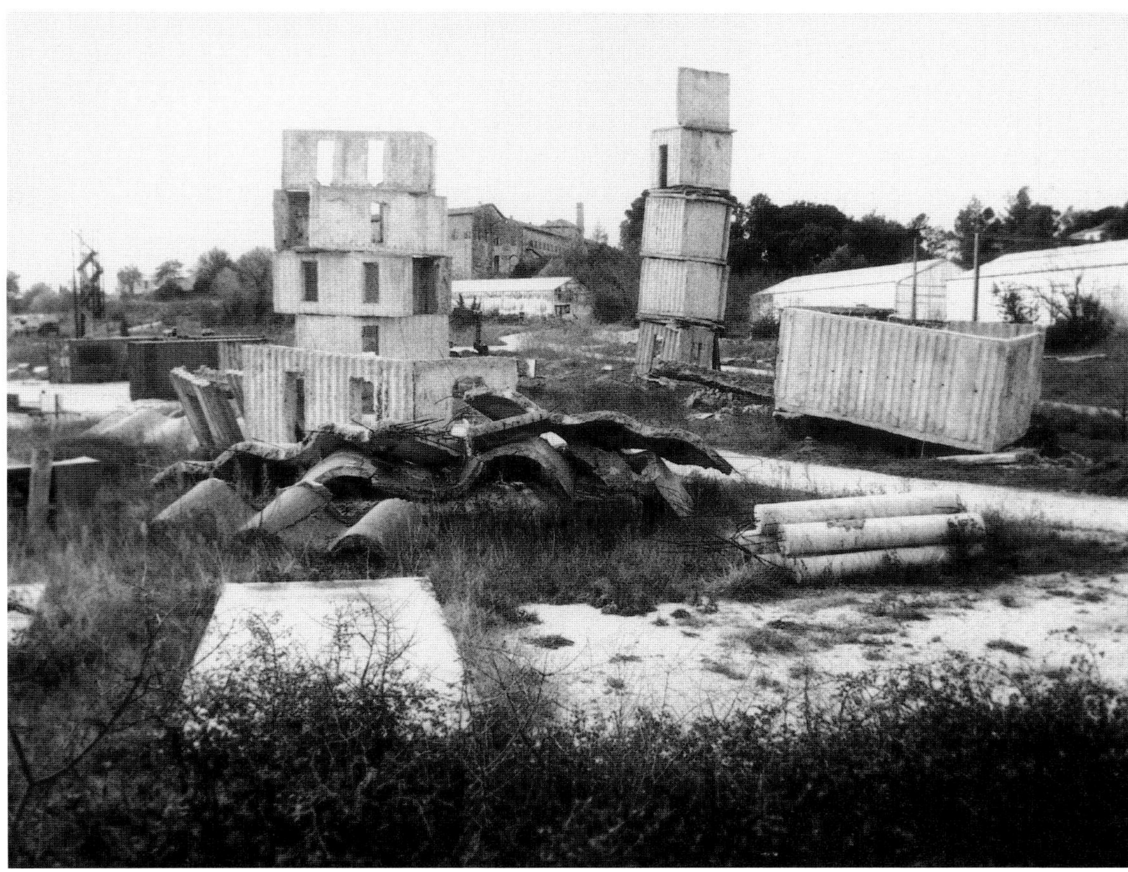

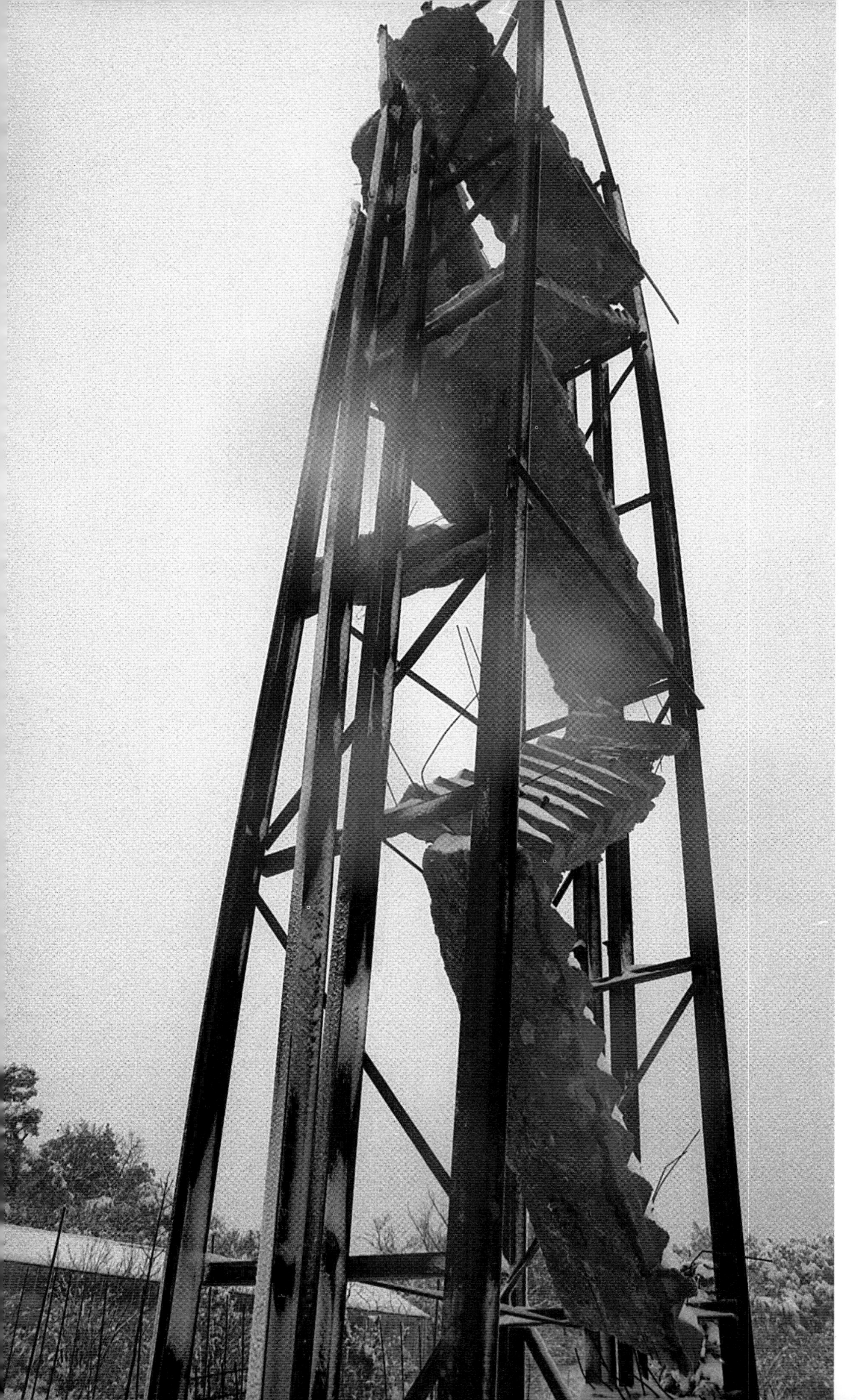

German economy out from prison. It's the contradiction of any revolution: if you put everyone in prison, the economy crashes and problems start.

F.D.M.: Let's get back to painting. In conversations with David Sylvester, Francis Bacon describes at a certain point the *arrival* of the image . . . the image arrives, it reaches the artist.

A.K.: The image doesn't arrive to me, it doesn't reach me. I have a shock, followed by an understanding that gradually develops through my work. Francis Bacon refers to *intuition*, in the classic notion of the term. Instead, for me, an experience is born from a fact, from a historical event. And at that moment something gets going. But I wouldn't call it intuition because intuition is a quality of bourgeois art, nineteenth-century art, when the idea of genius takes shape. That's how Bacon intends it . . .

R.A.: You think so?

A.K.: . . . because the nineteenth-century middle class, with the state and the economy, needed geniuses.

F.D.M.: The way in which your work was received in Germany, especially in the seventies–eighties, became an outright political controversy.

A.K.: It was very negative. It changed only after my success in the United States. I believe that at that moment so much time had passed in Germany that my art couldn't be considered 'dangerous' anymore. At the beginning, I was considered a person who 'soils his own nest.'

R.A.: Instead now, after your move to Provence, what nest are you building? A new nest?

A.K.: I hope so.

This conversation was held at Villa Medici in Rome in June 2004, therefore before Anselm Kiefer installed *I palazzi celesti* at the Bicocca in Milan. It was published in *Alias*, a cultural supplement for the newspaper *Manifesto*, June 12, 2004.

I Sette Palazzi Celesti
The Seven Heavenly Palaces

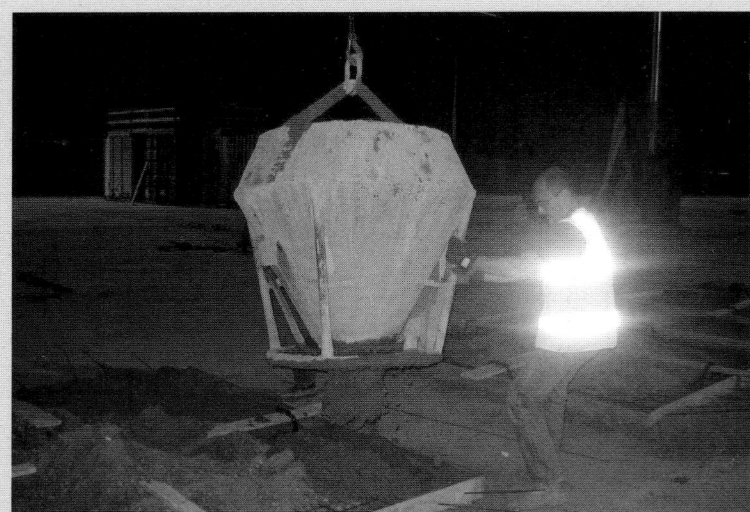

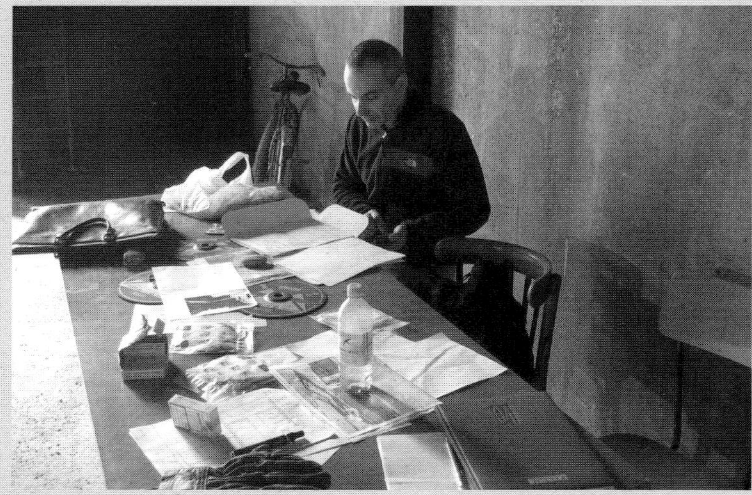

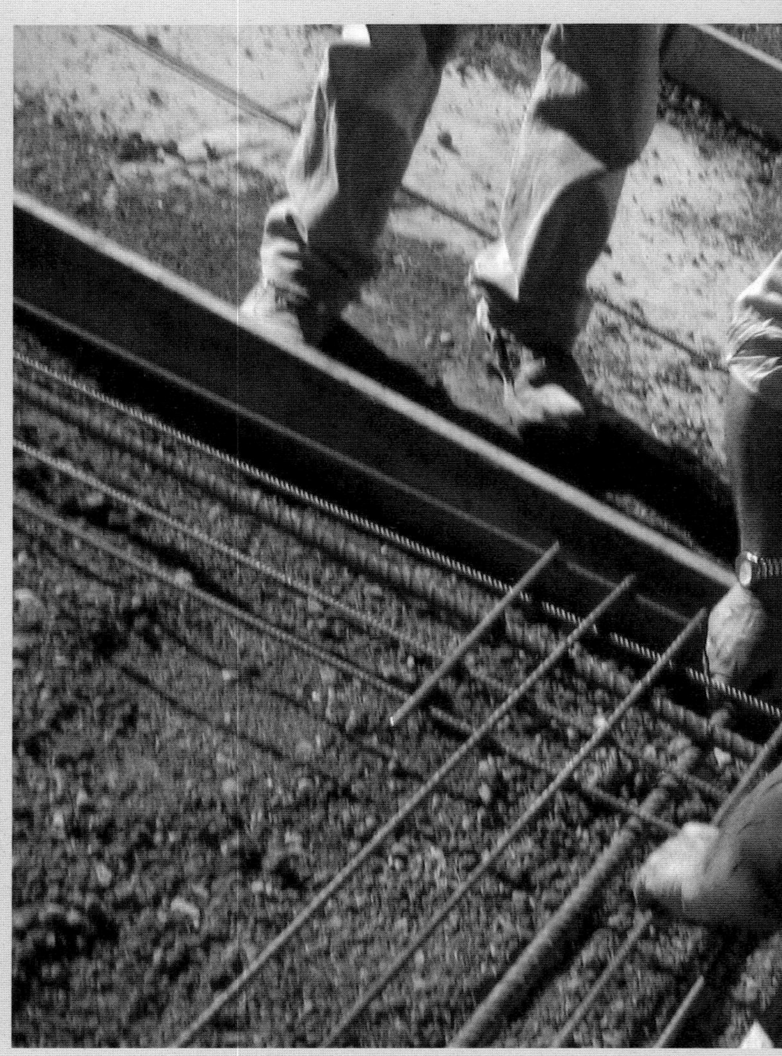

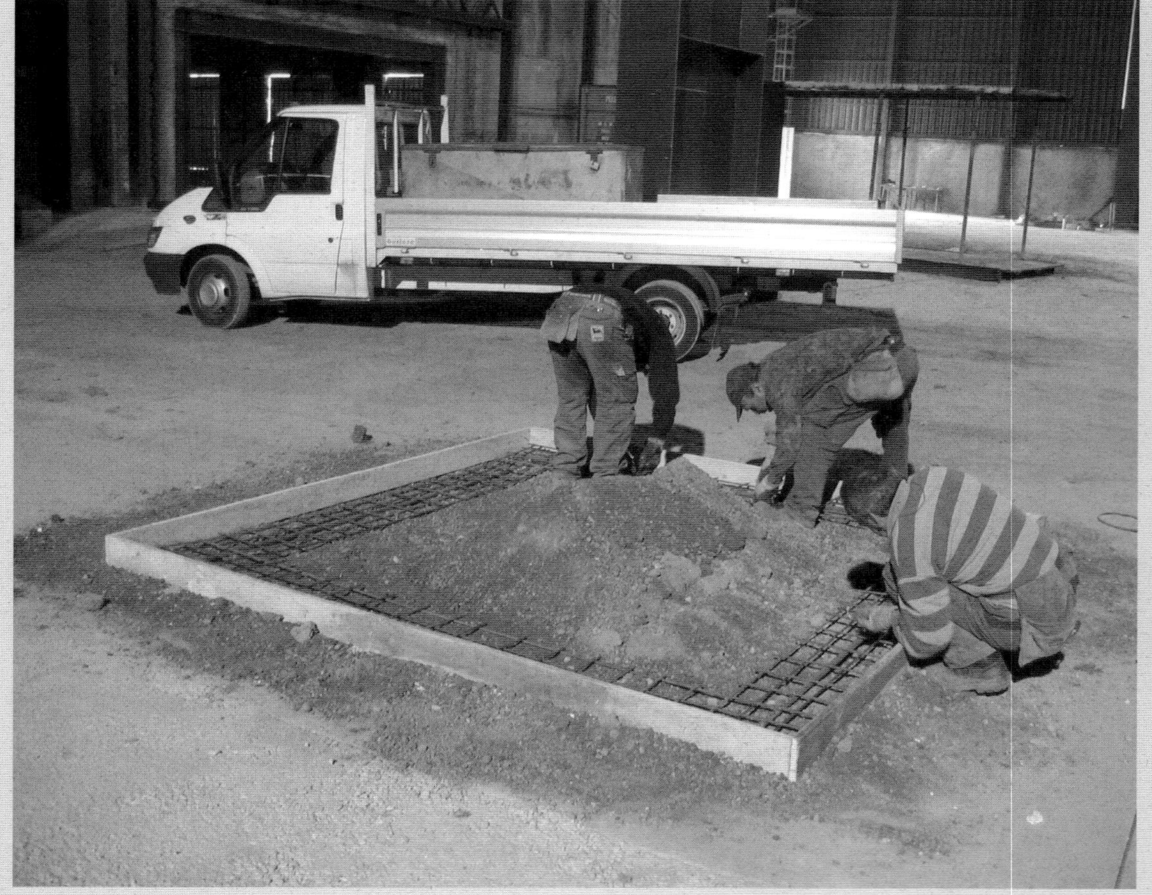

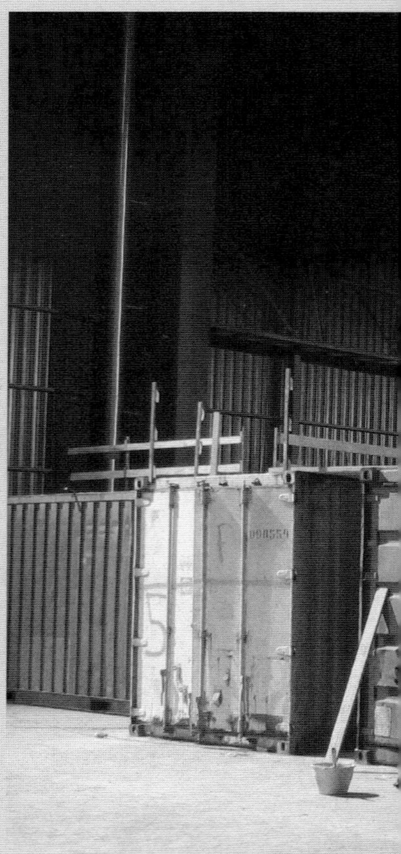

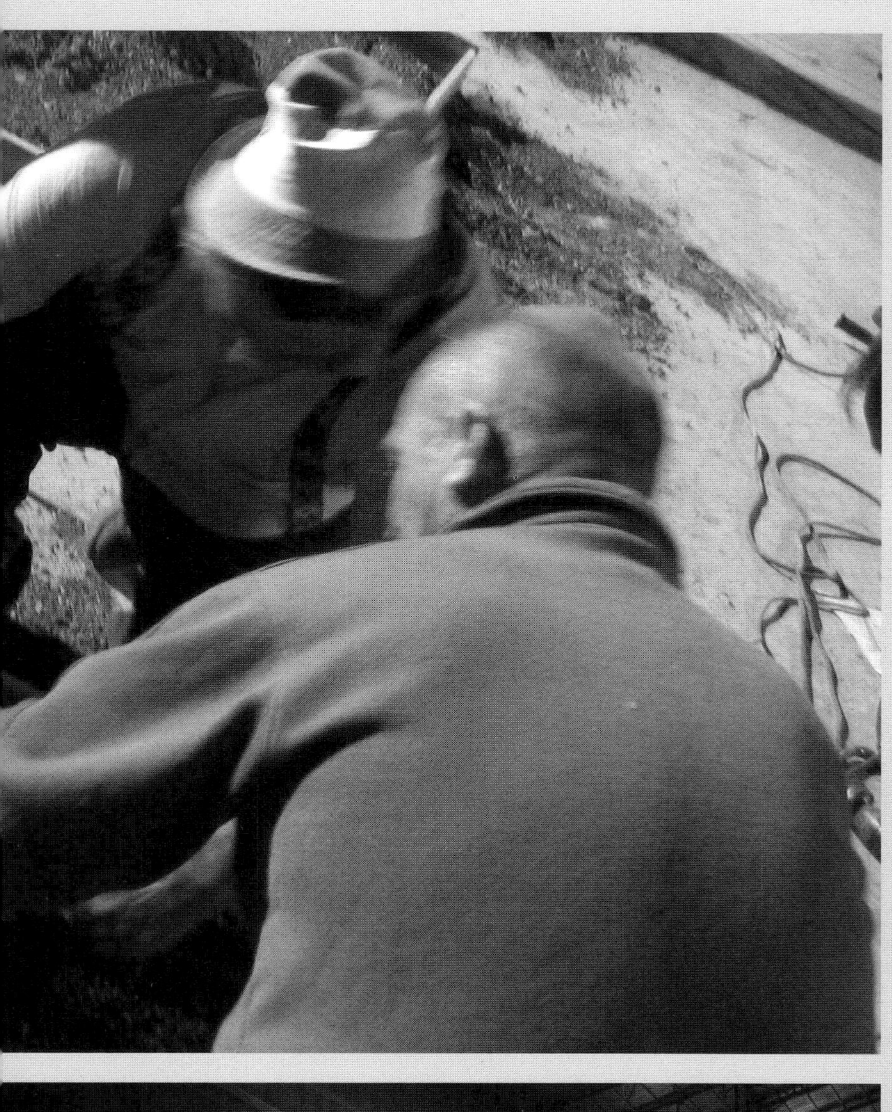

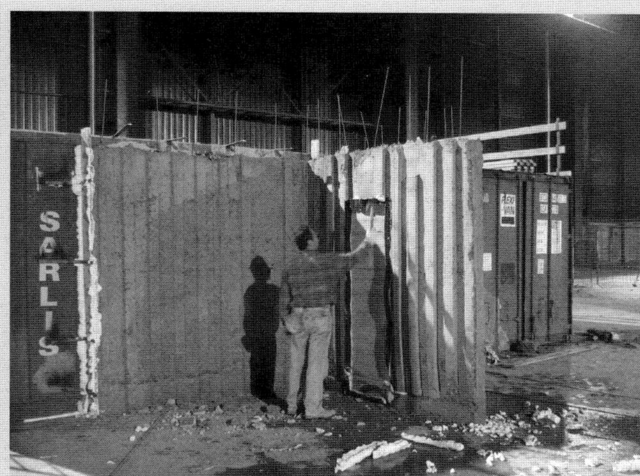
SARLIS

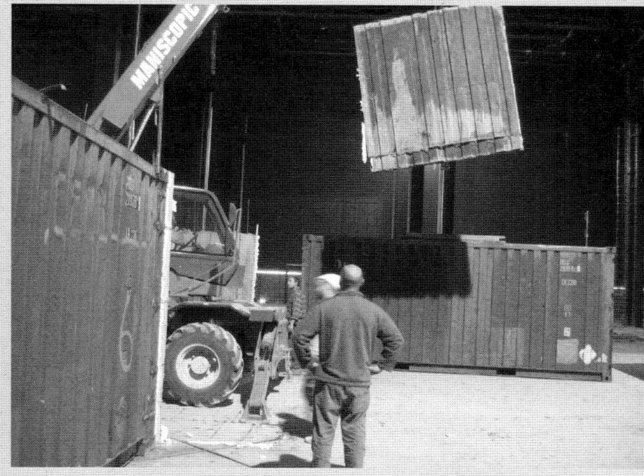

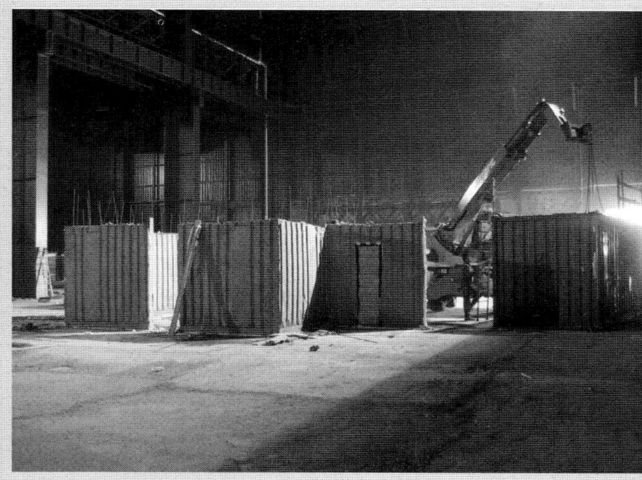

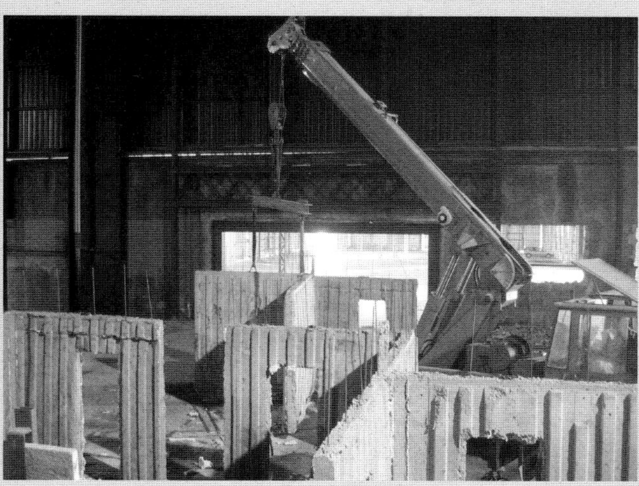

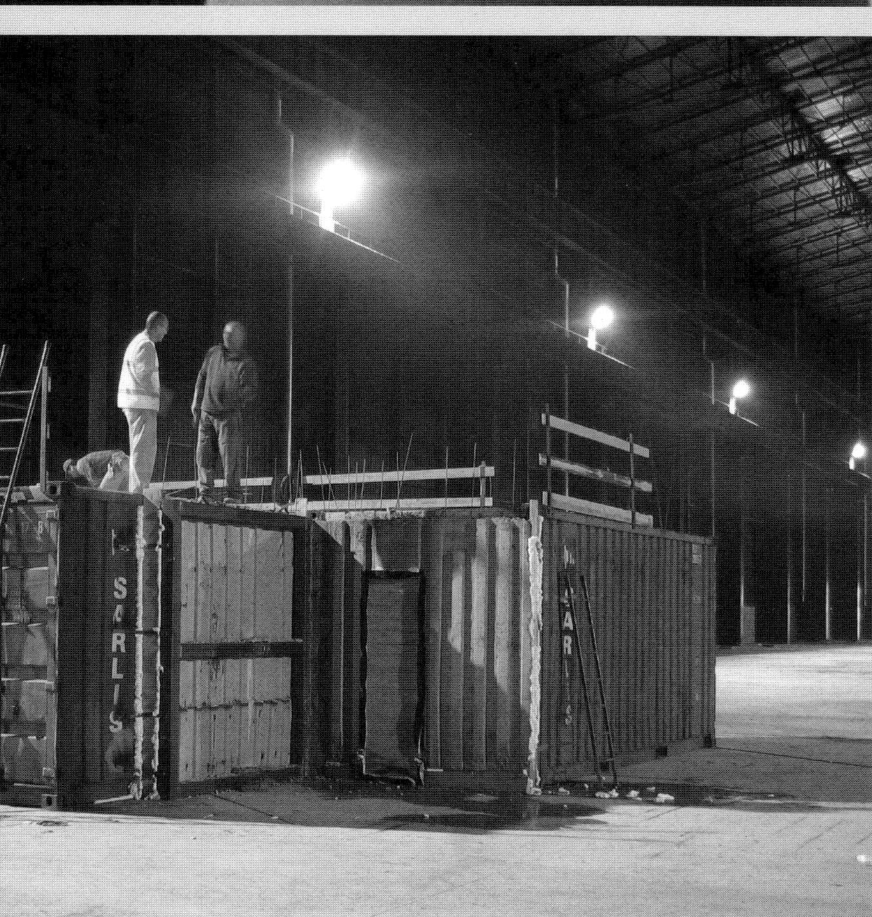
SARLIS

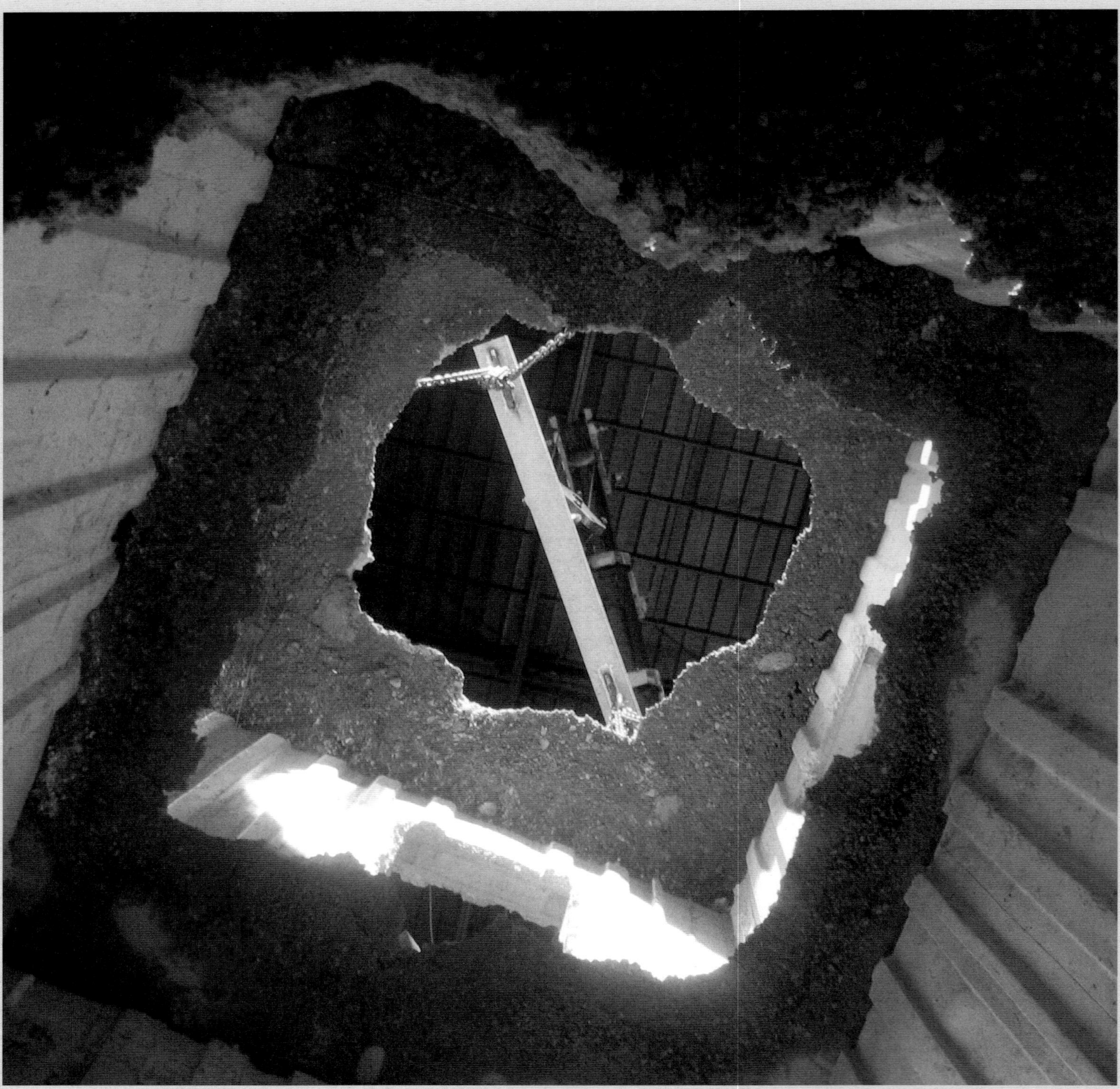

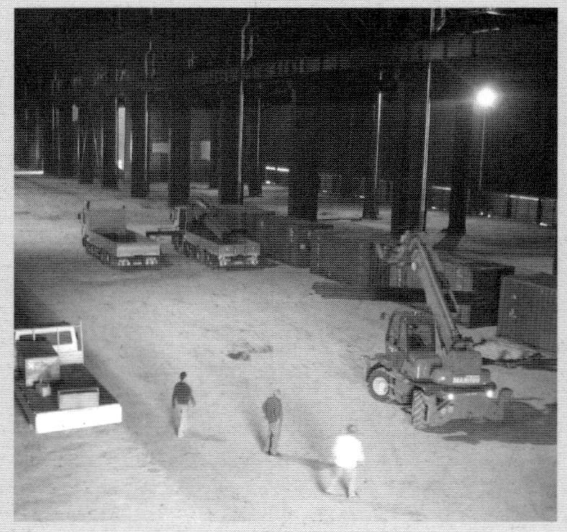

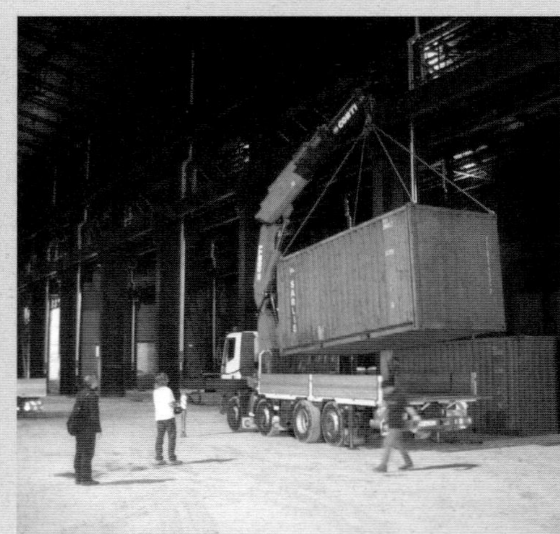

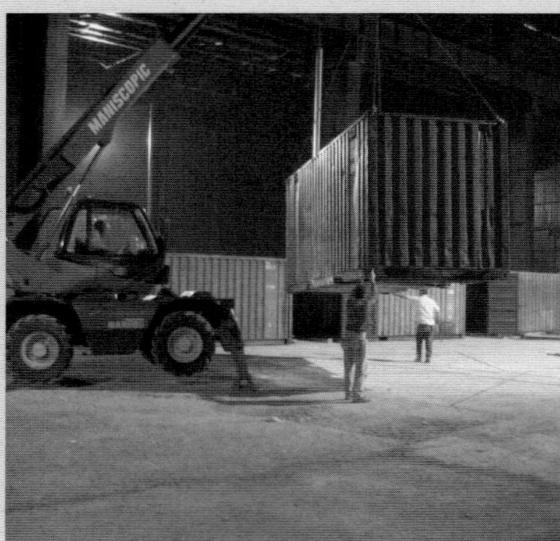
MANISCOPIC

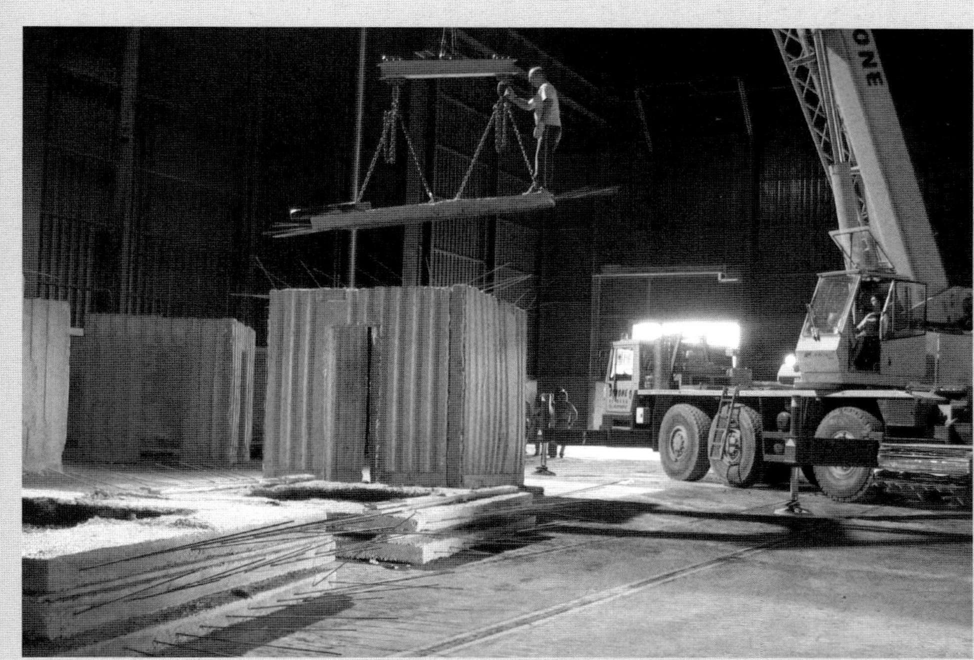

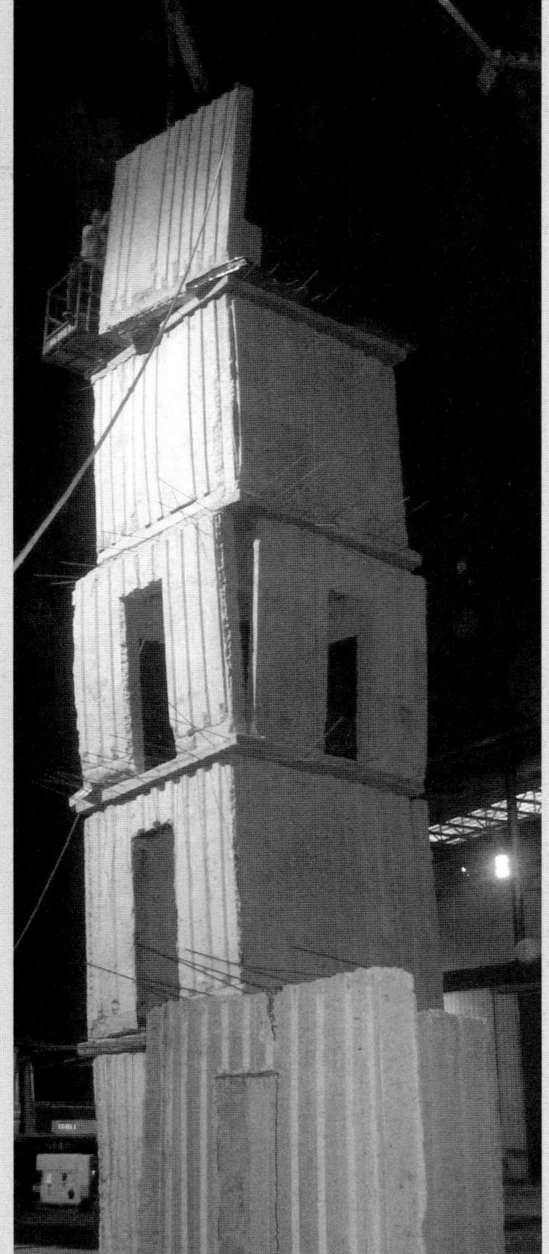

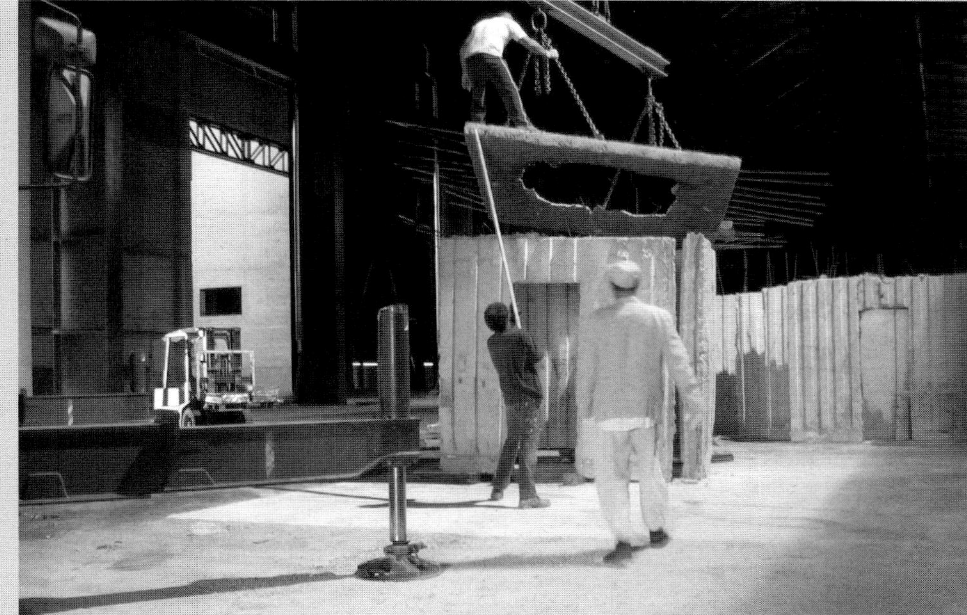

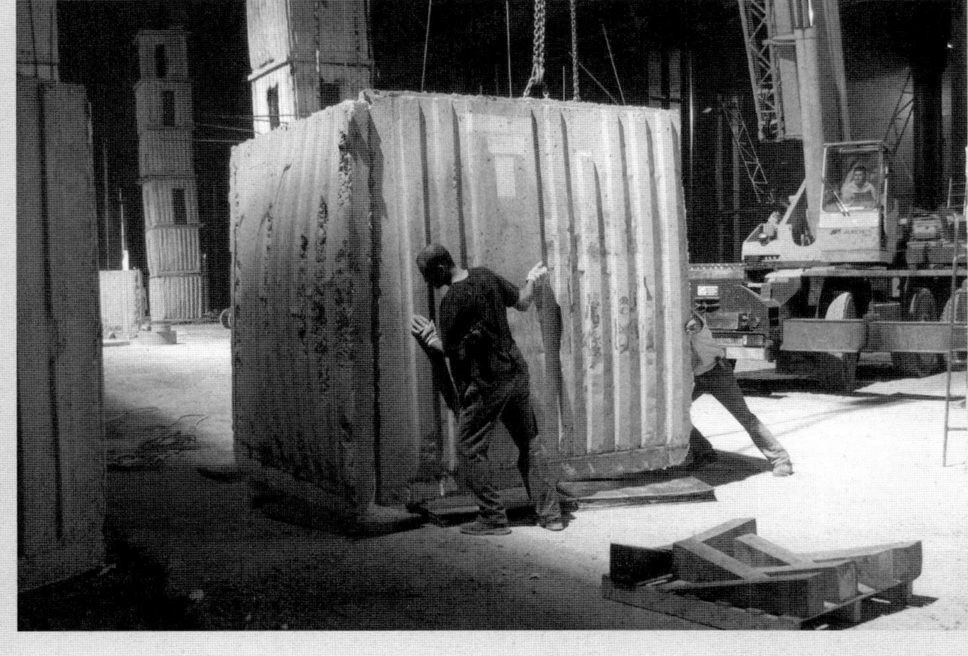

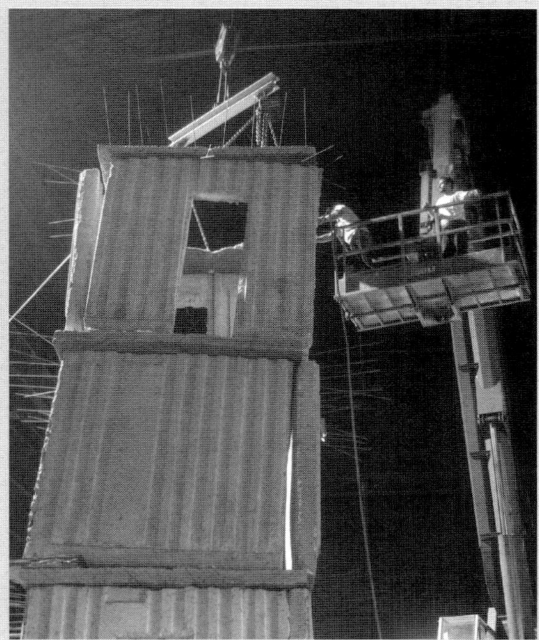

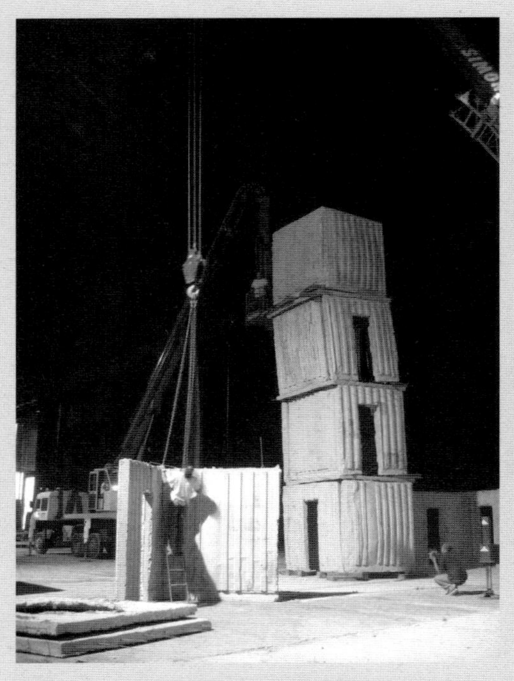

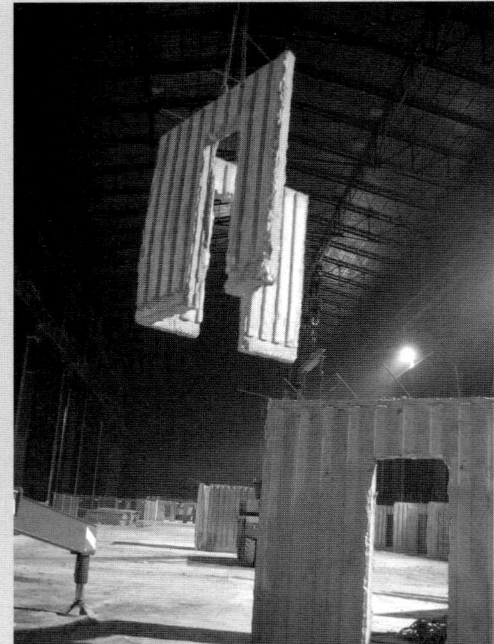

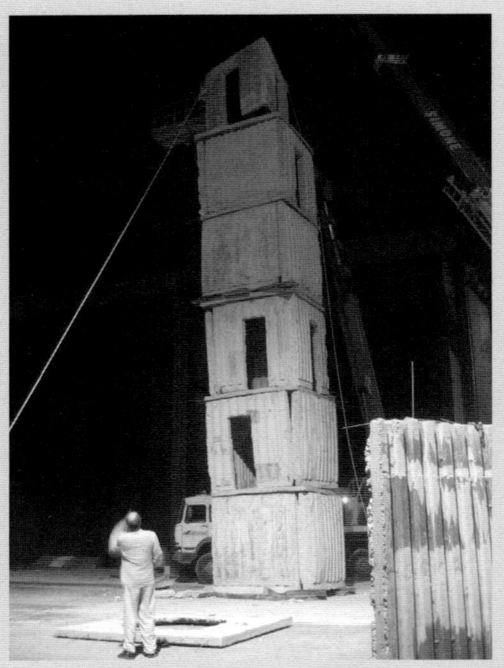

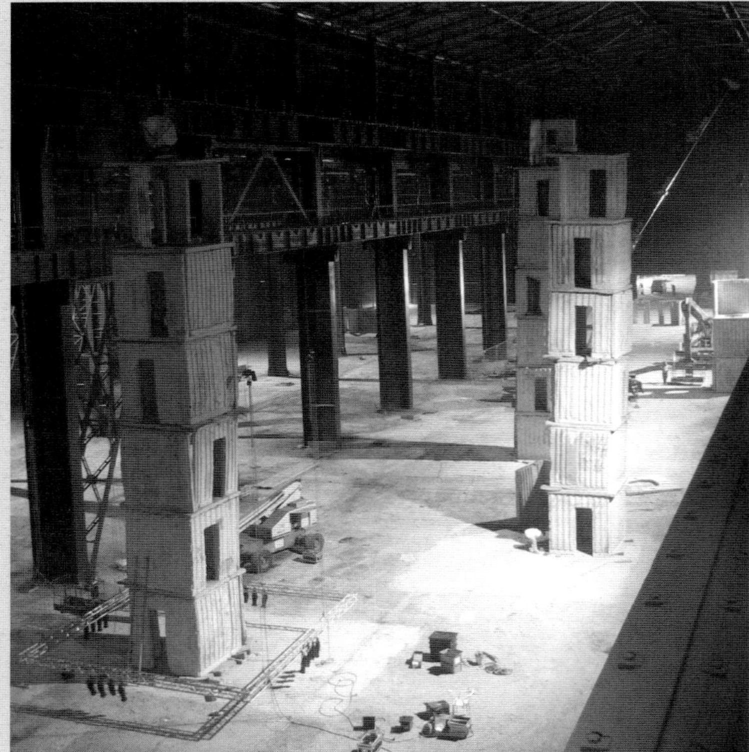

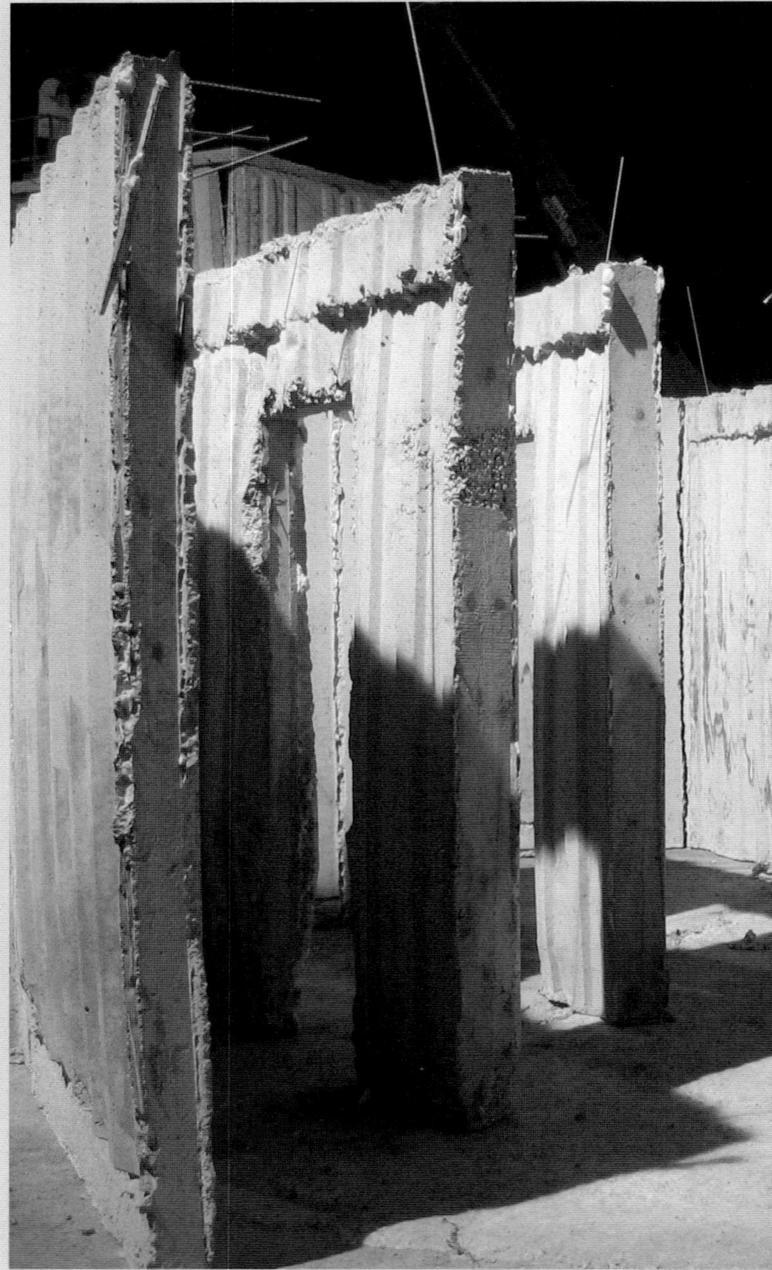

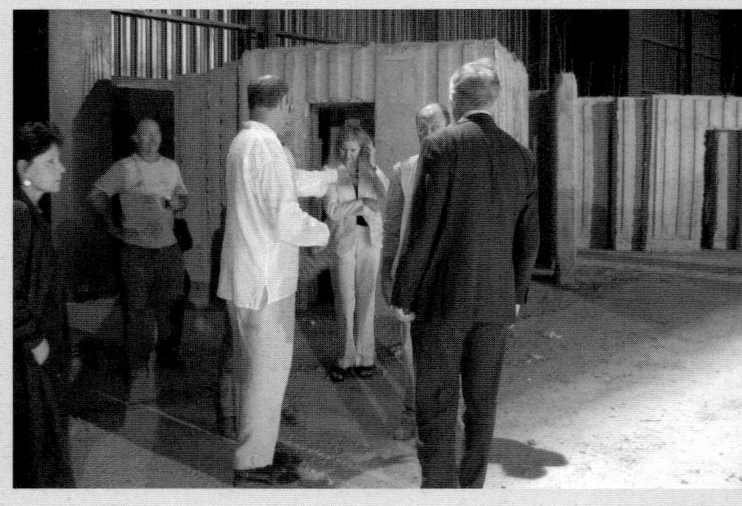

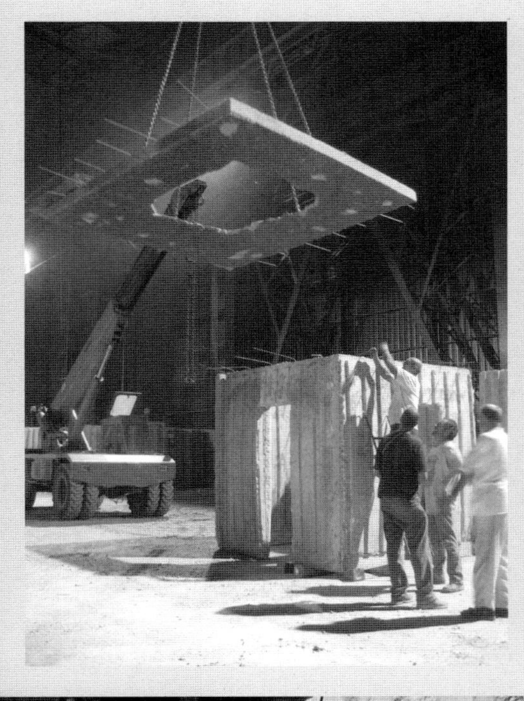

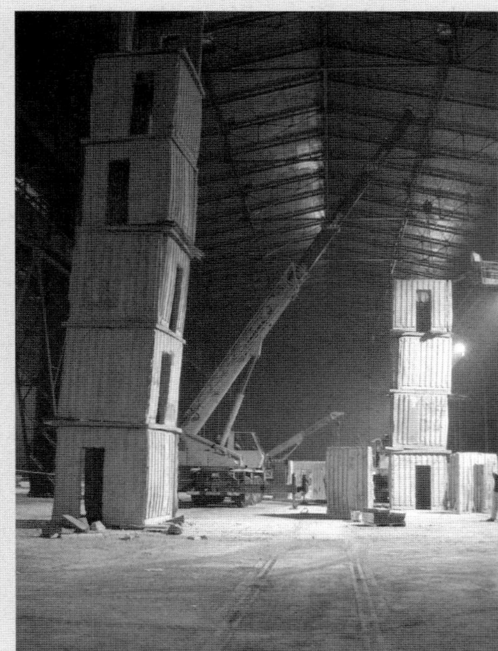

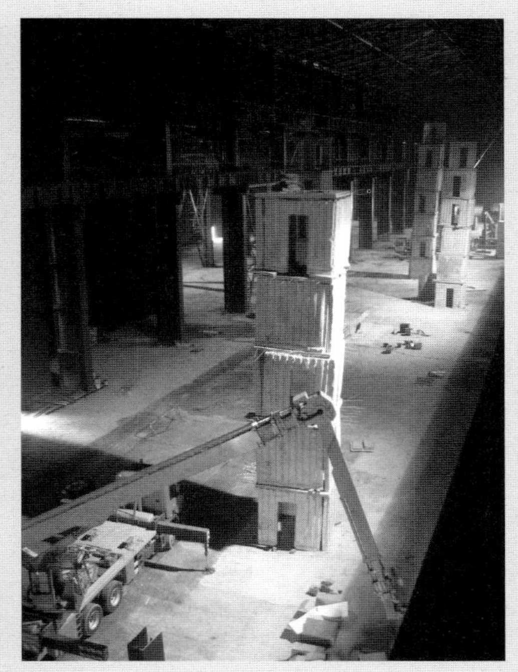

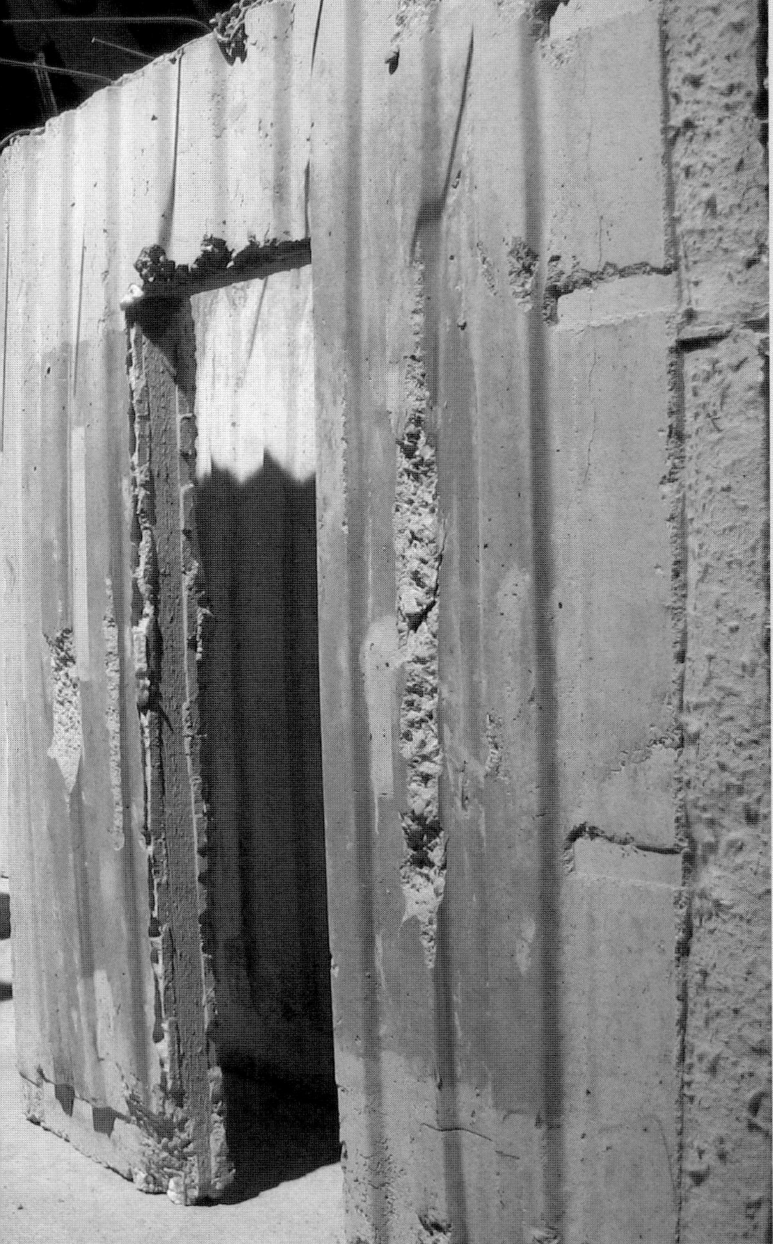

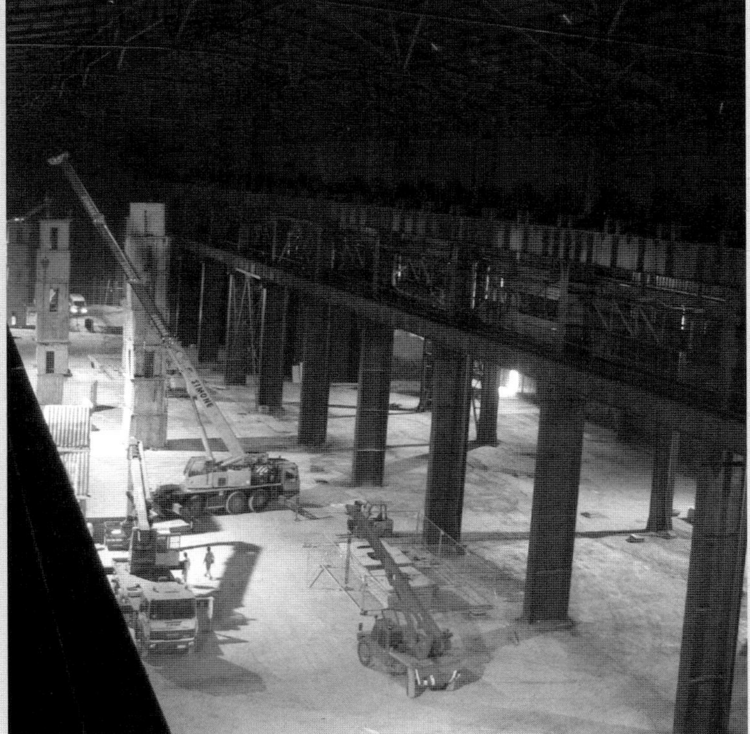

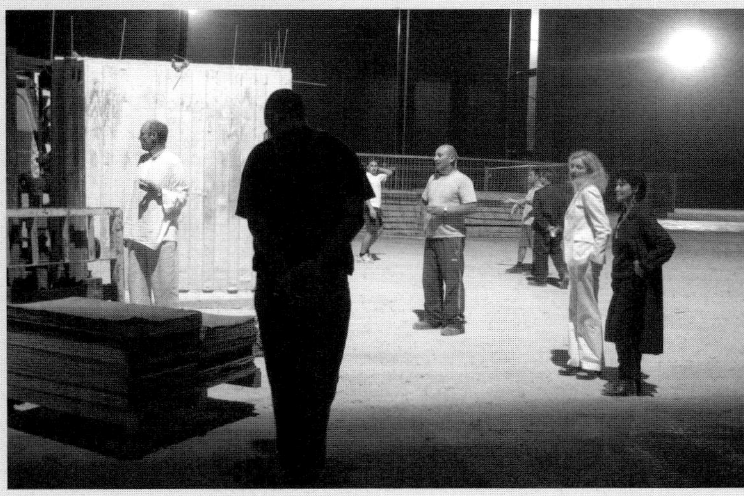

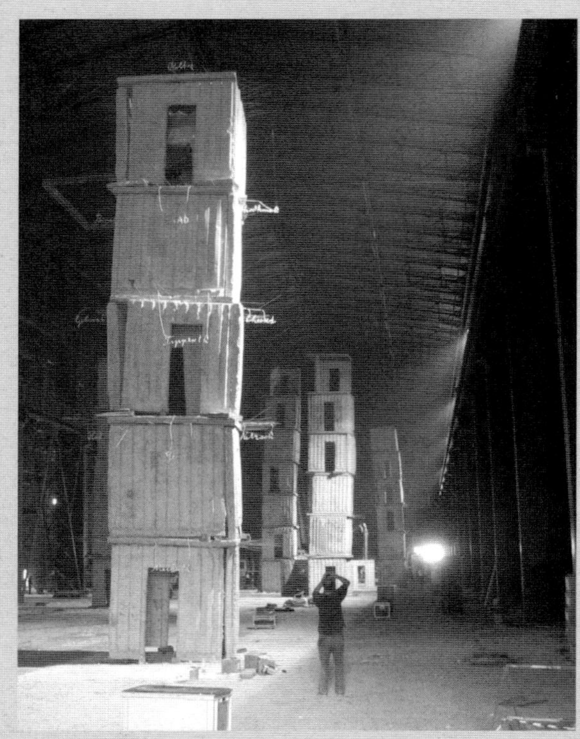

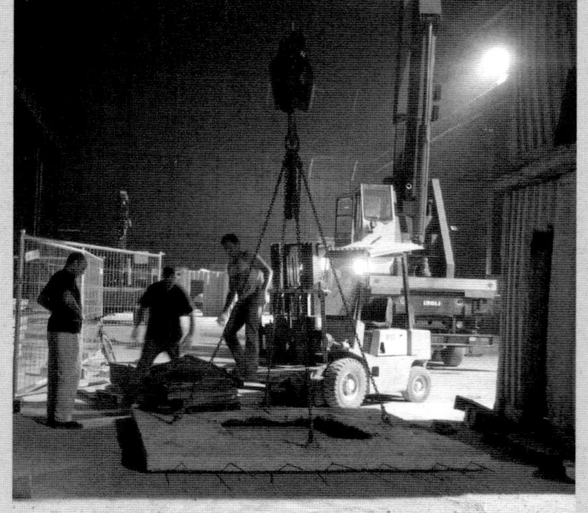

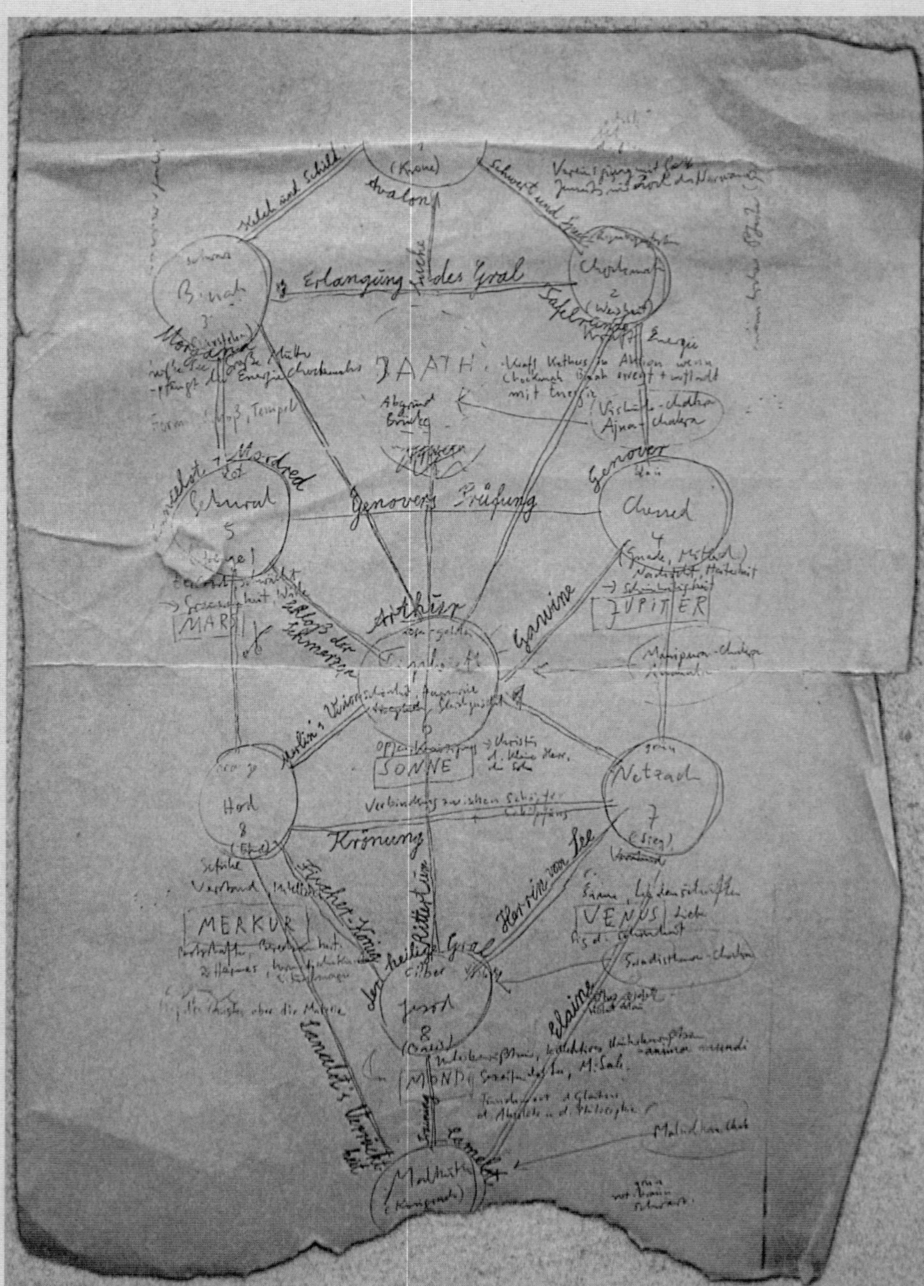

Avalon
Erlangung des Gral
DAATH
Genovers Prüfung
Genover
Arthur
Gawaine
SONNE
MARS
JUPITER
Krönung
MERKUR
VENUS
Herrin vom See
Elaine
MOND

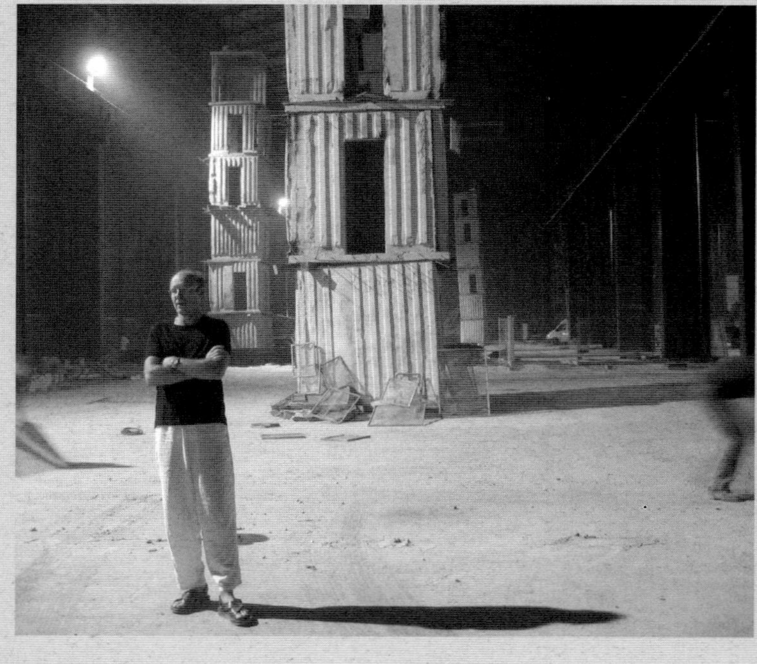

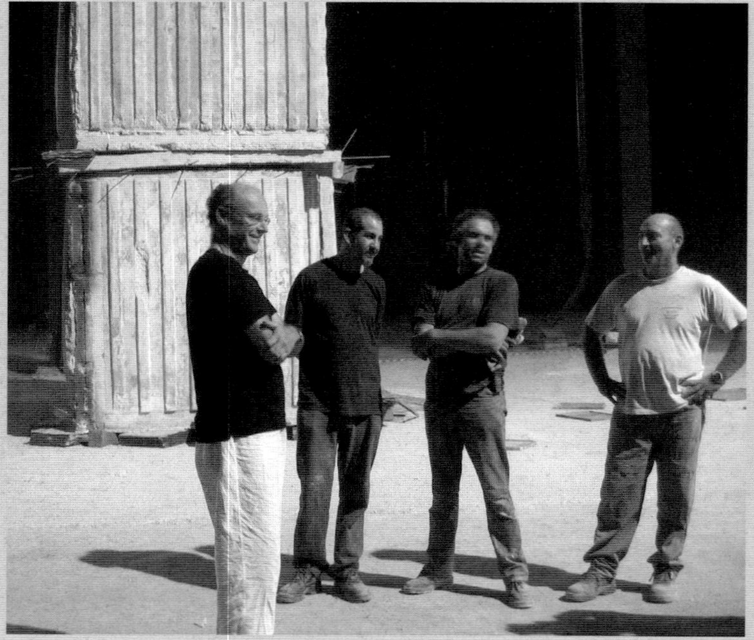

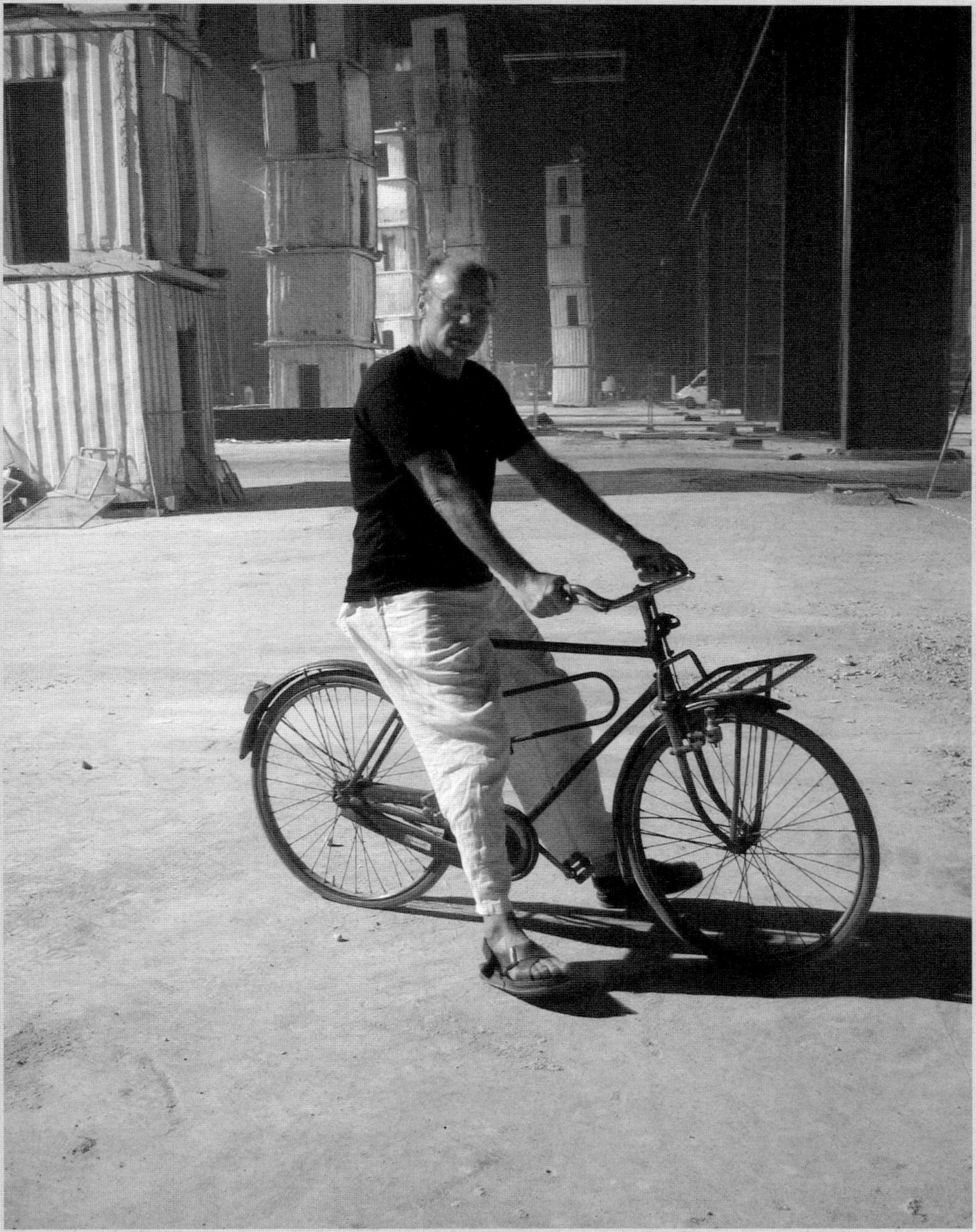

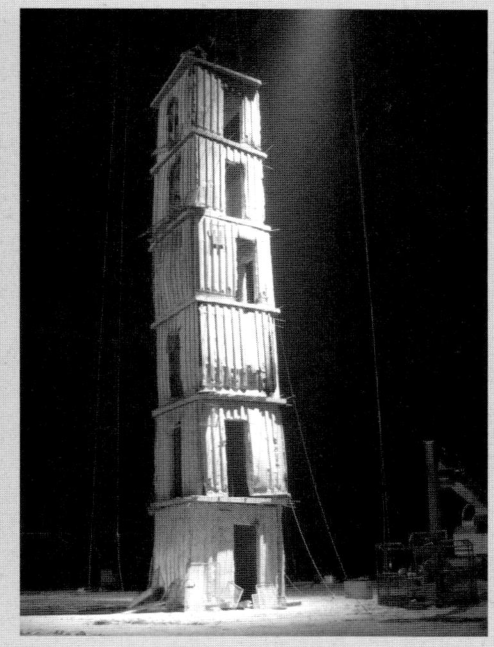

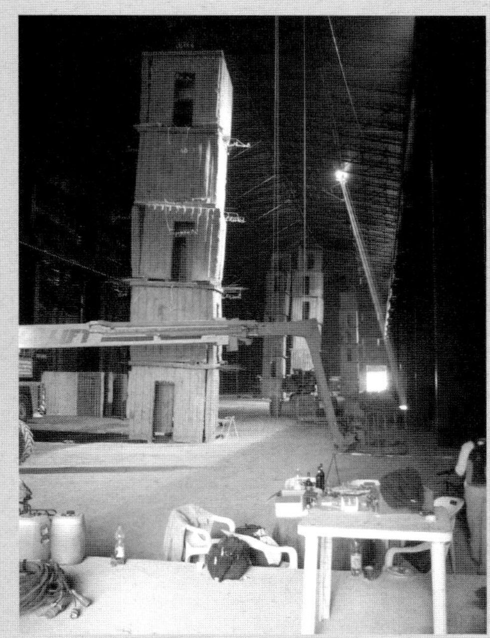

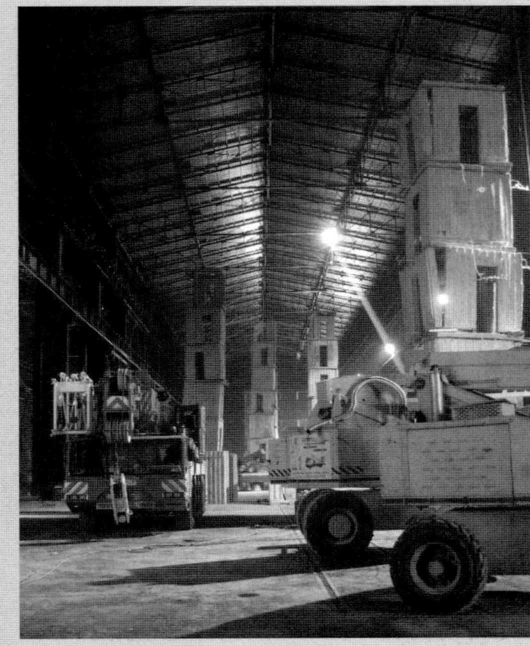

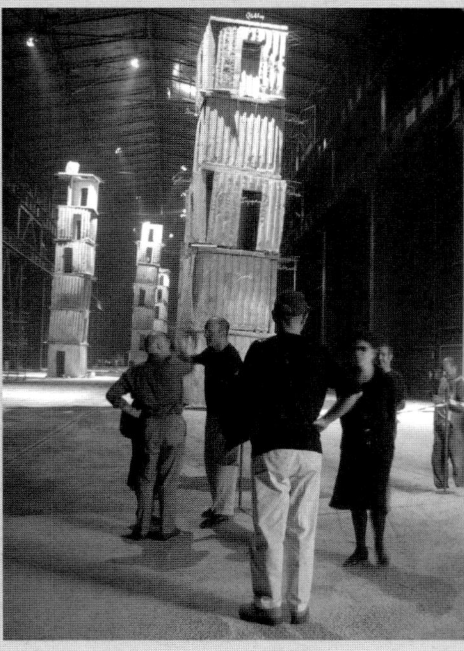

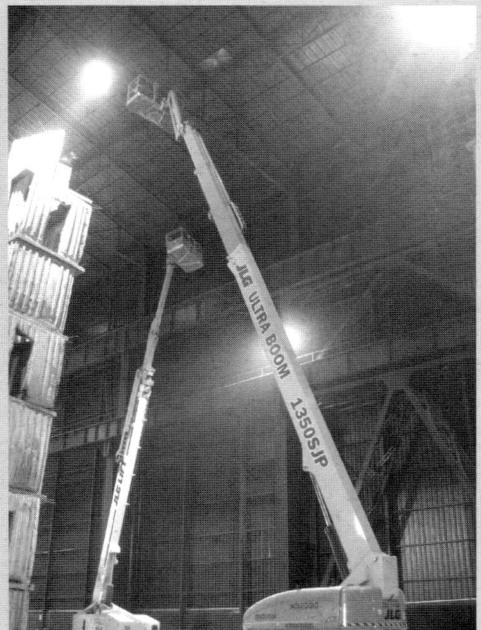
ULTRA BOOM 1350SJP

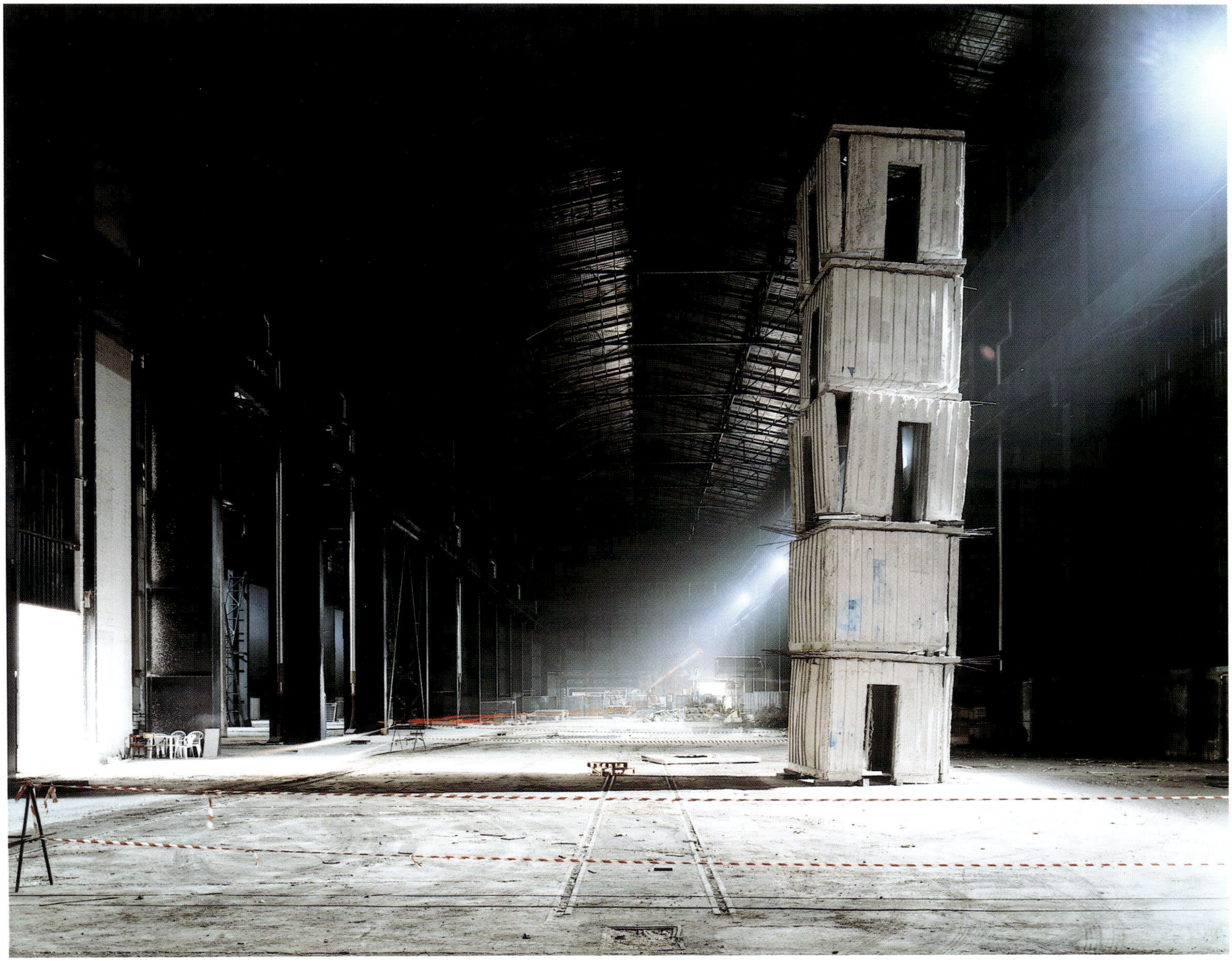

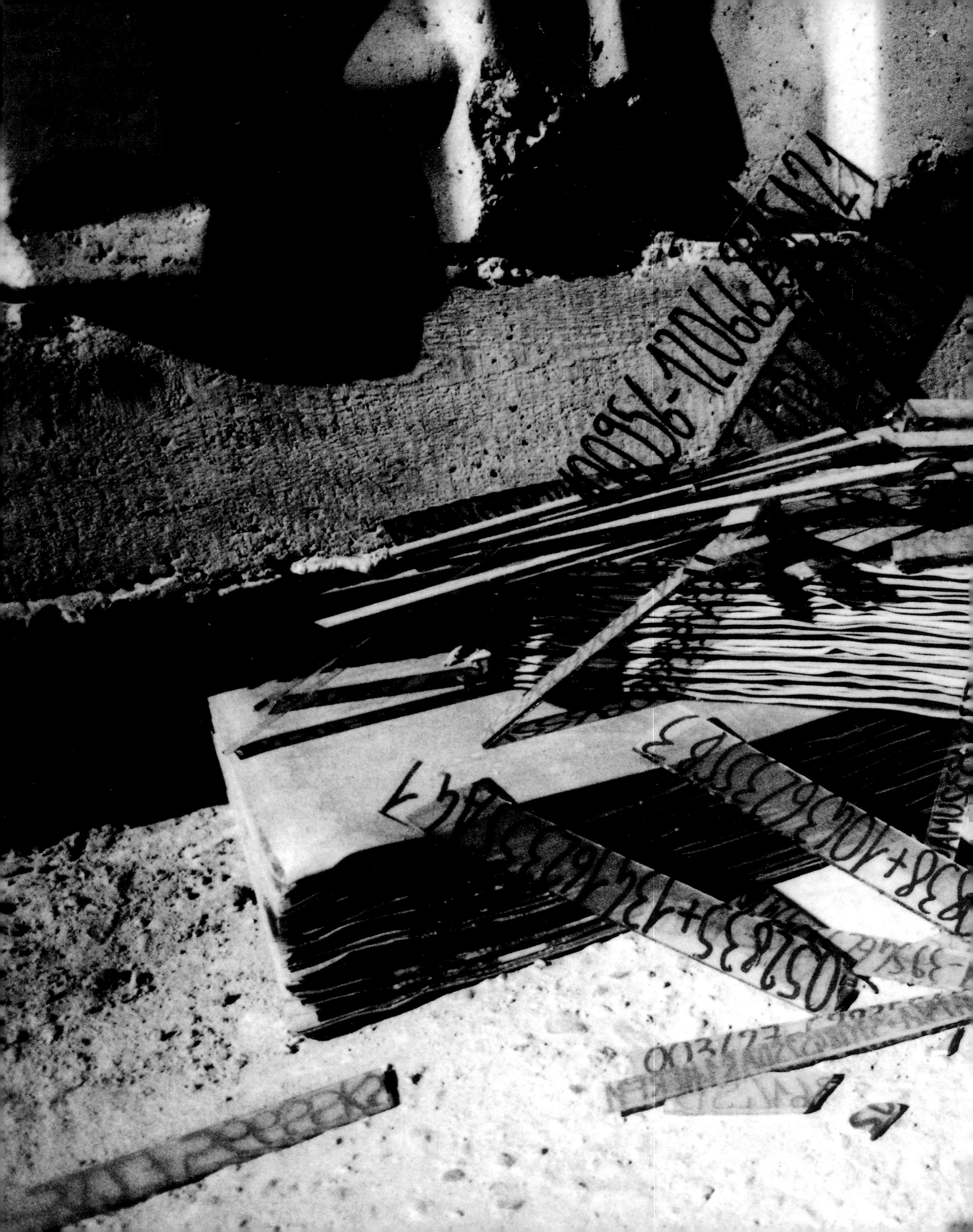

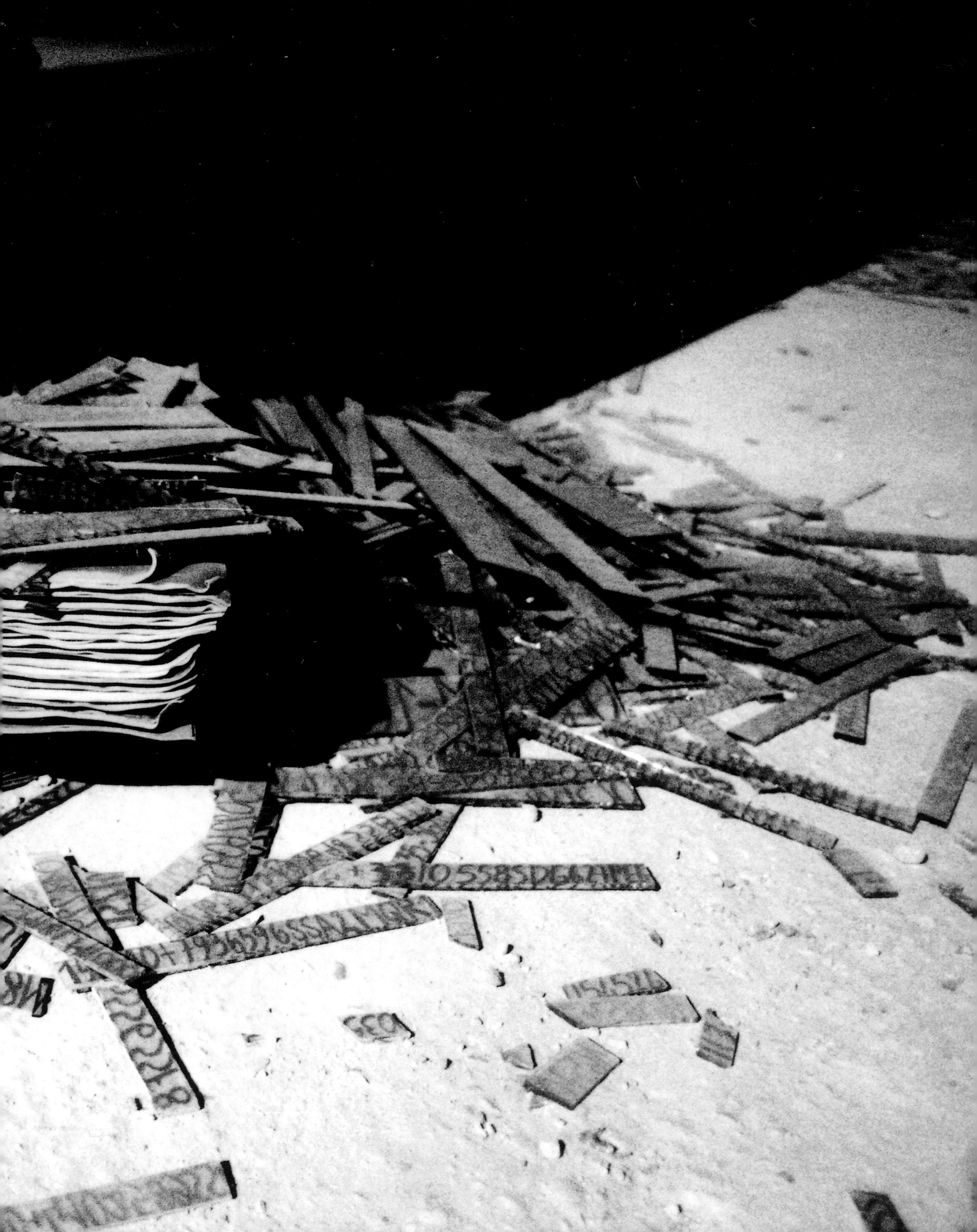

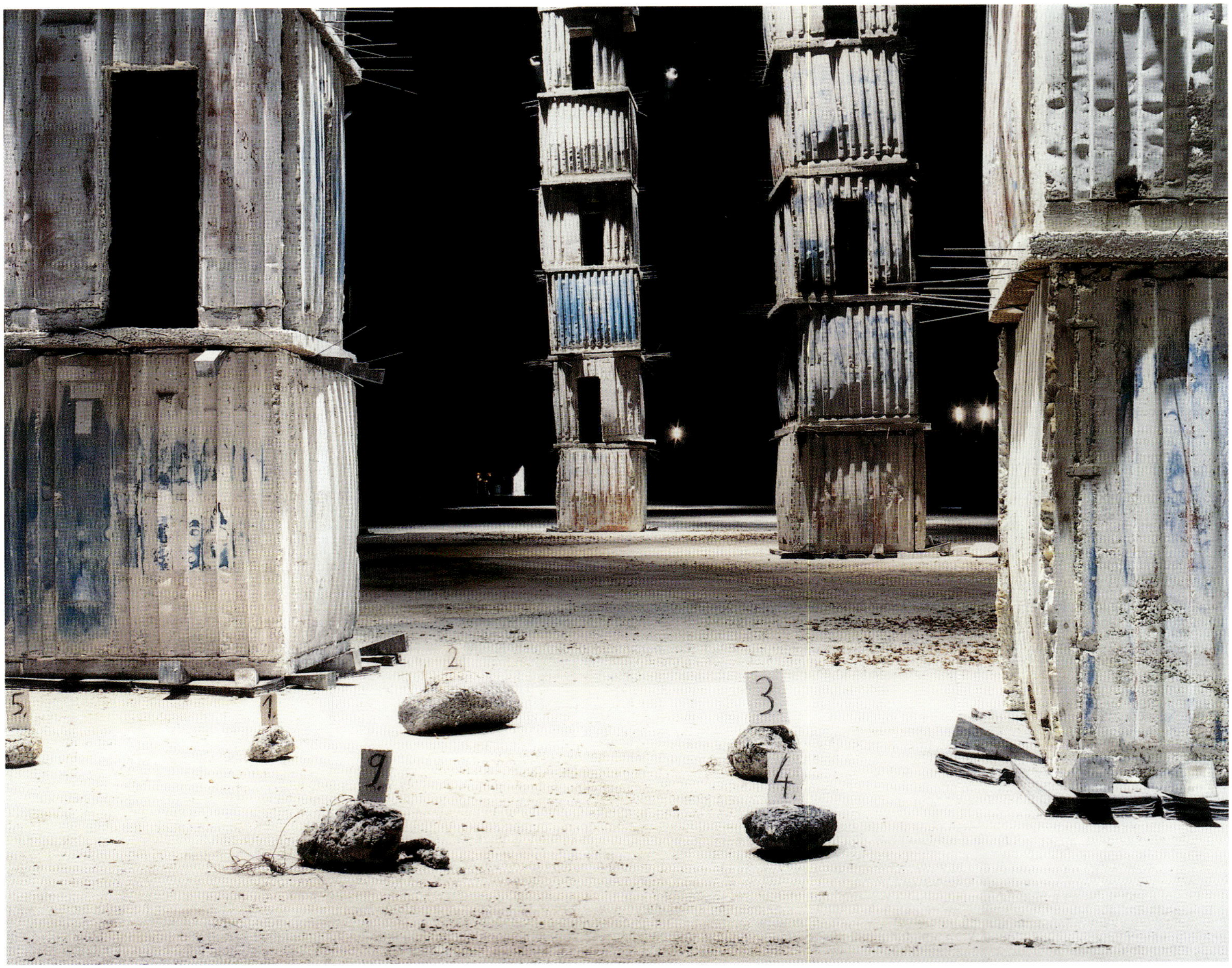

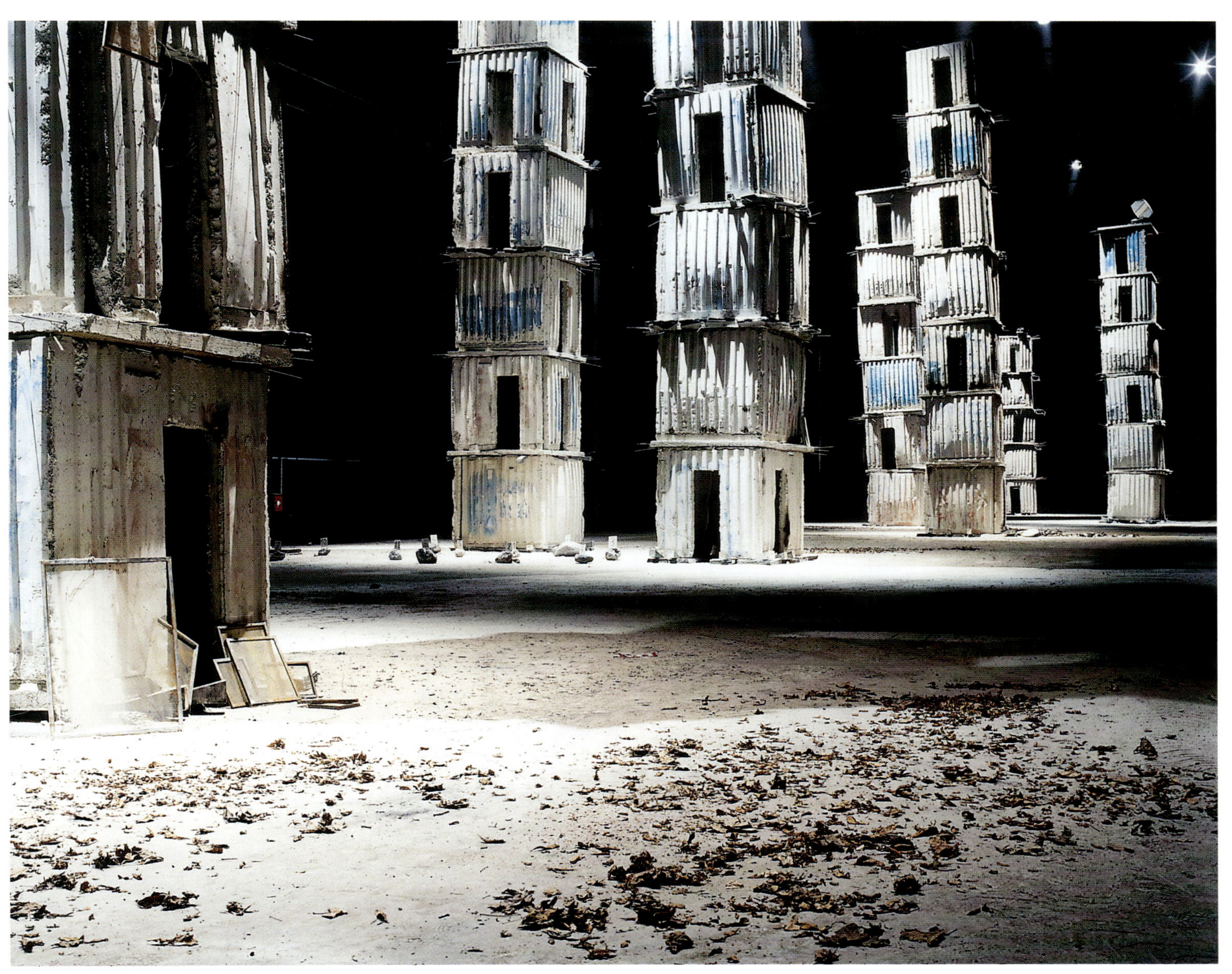

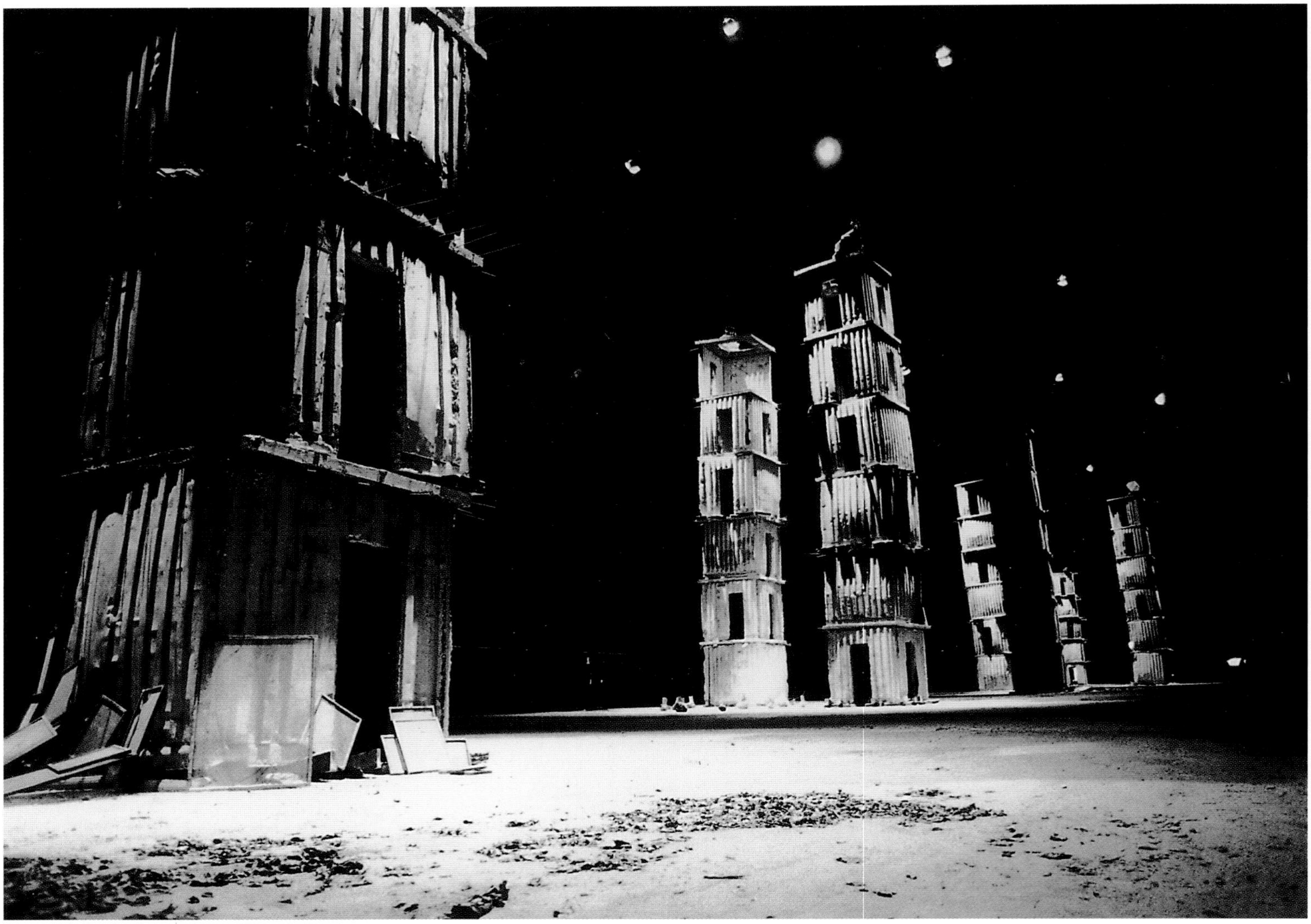

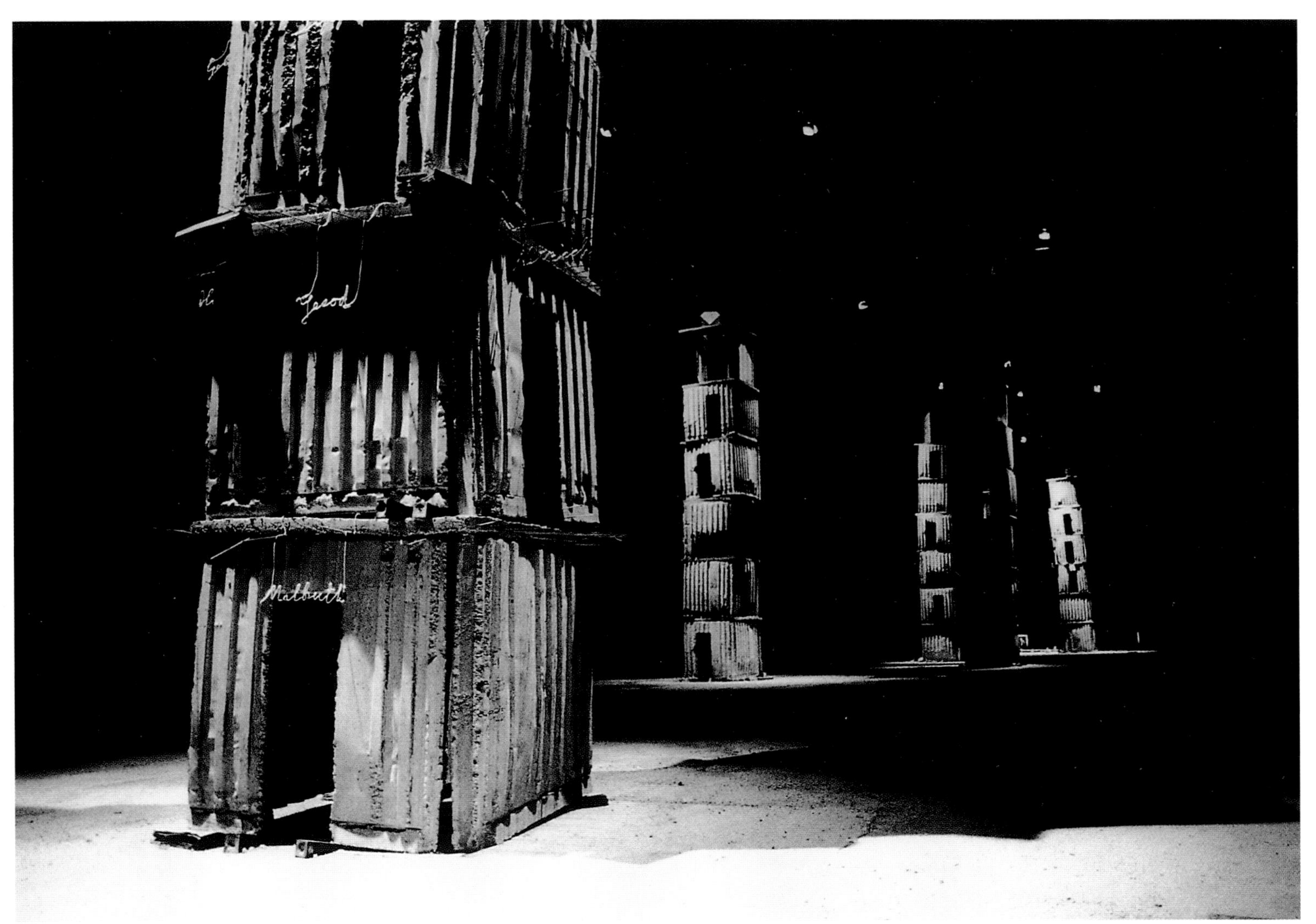

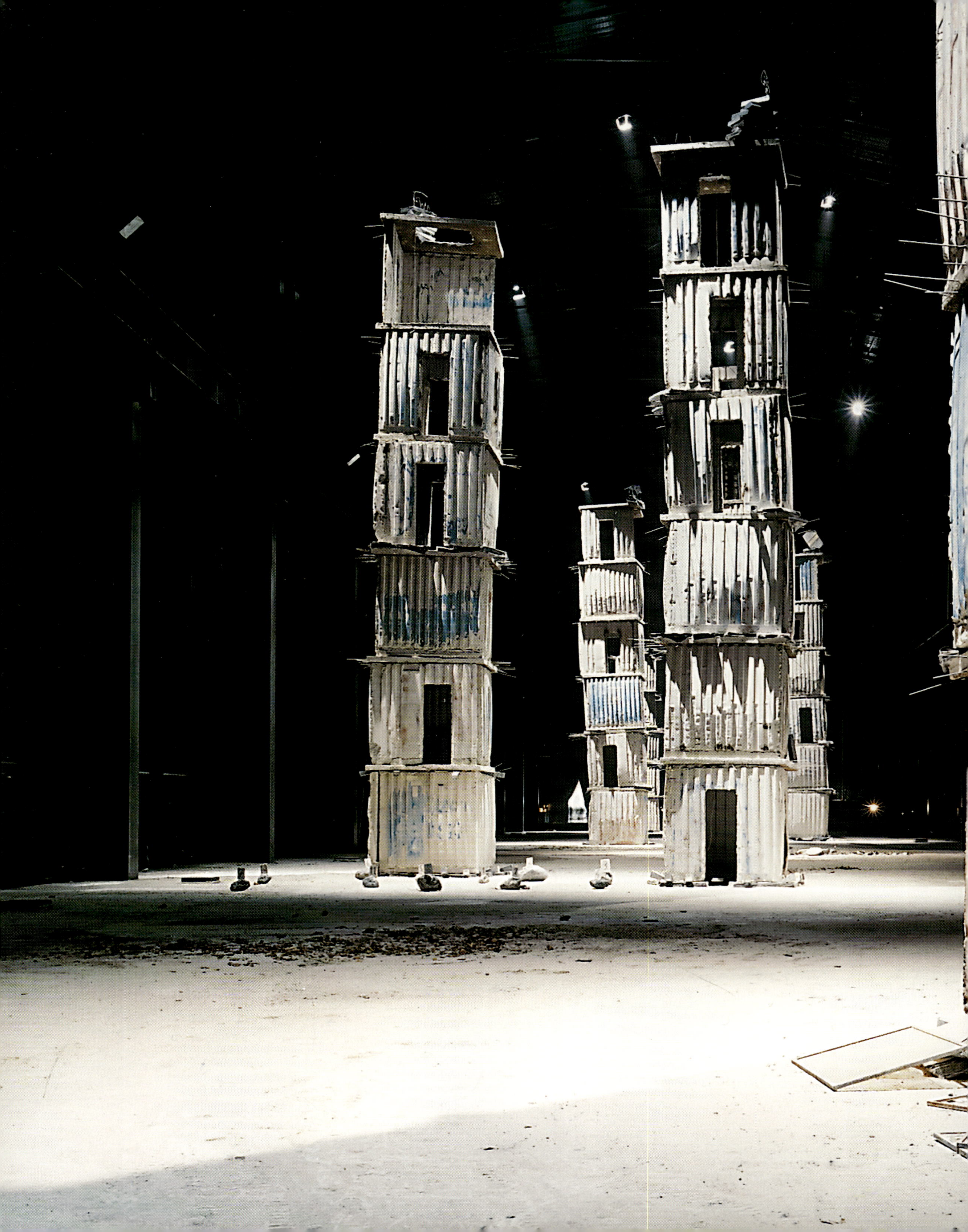

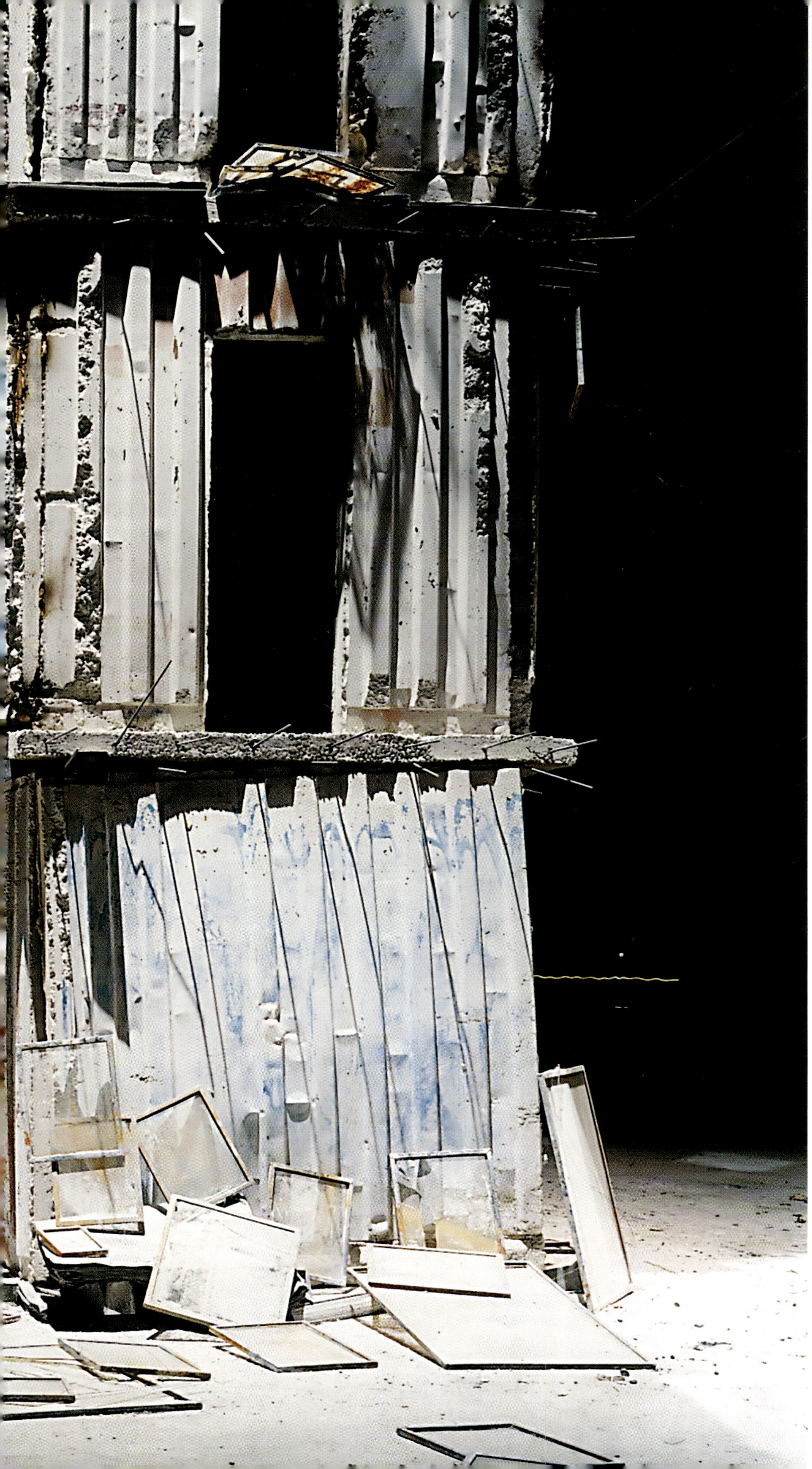

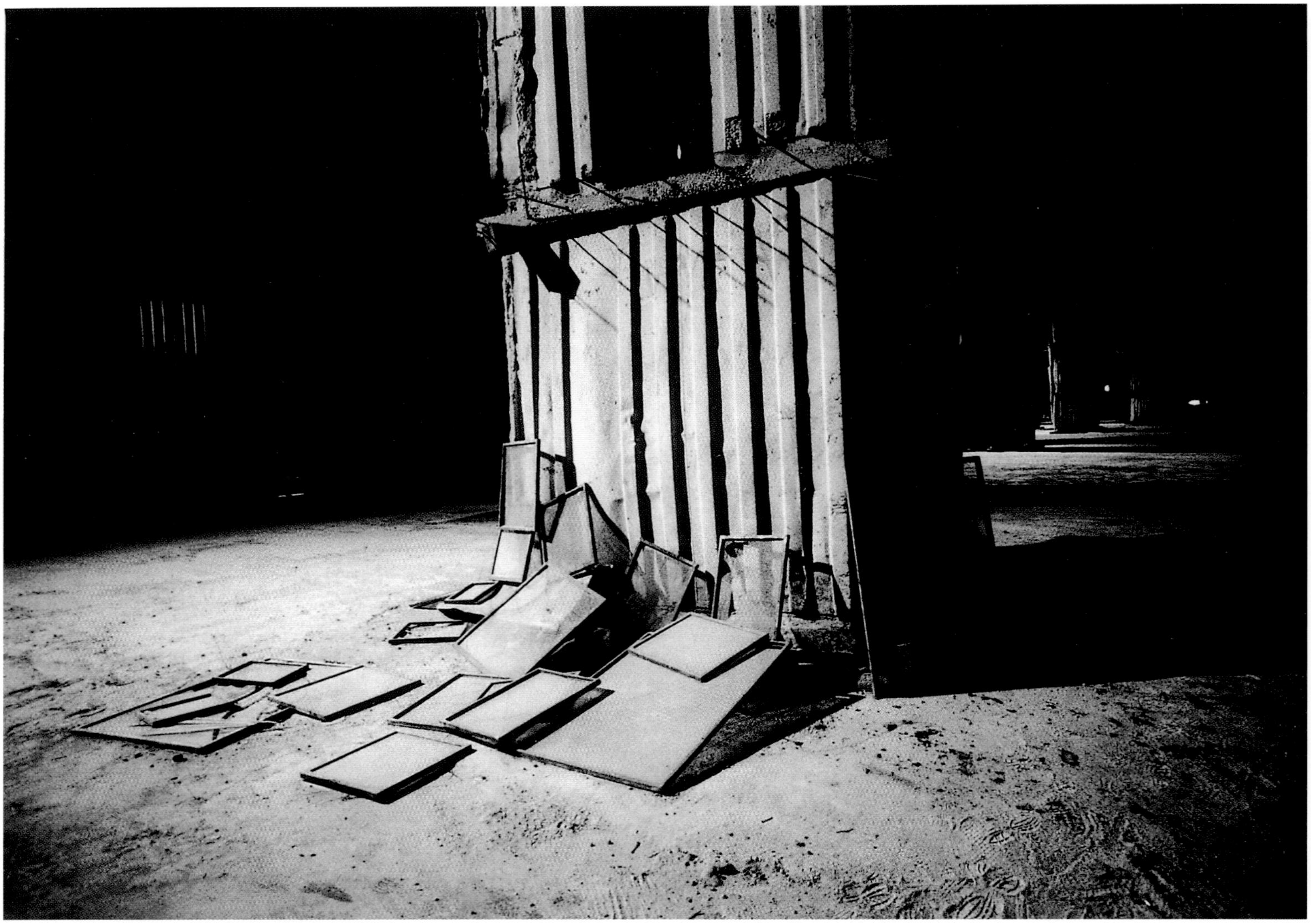

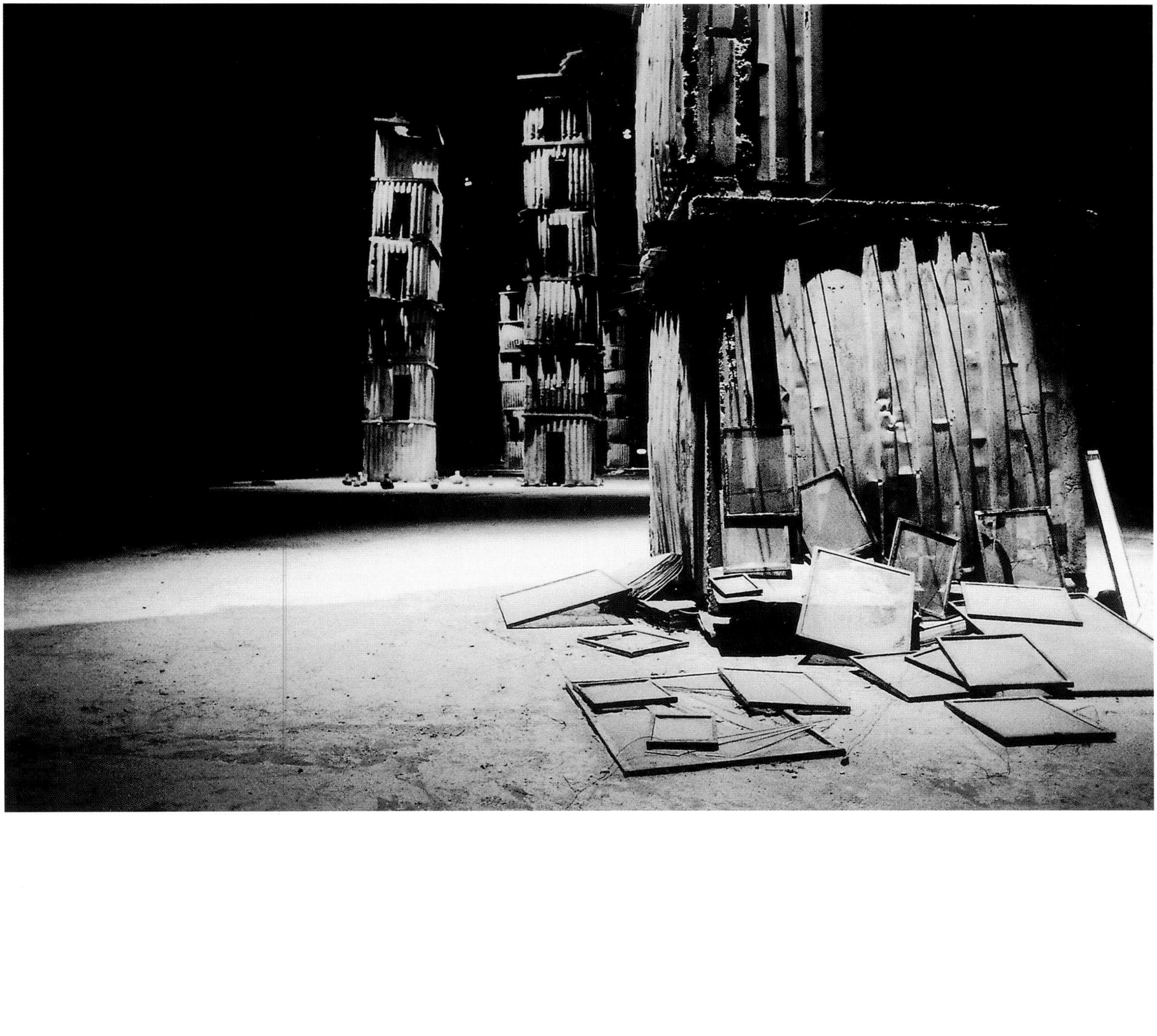

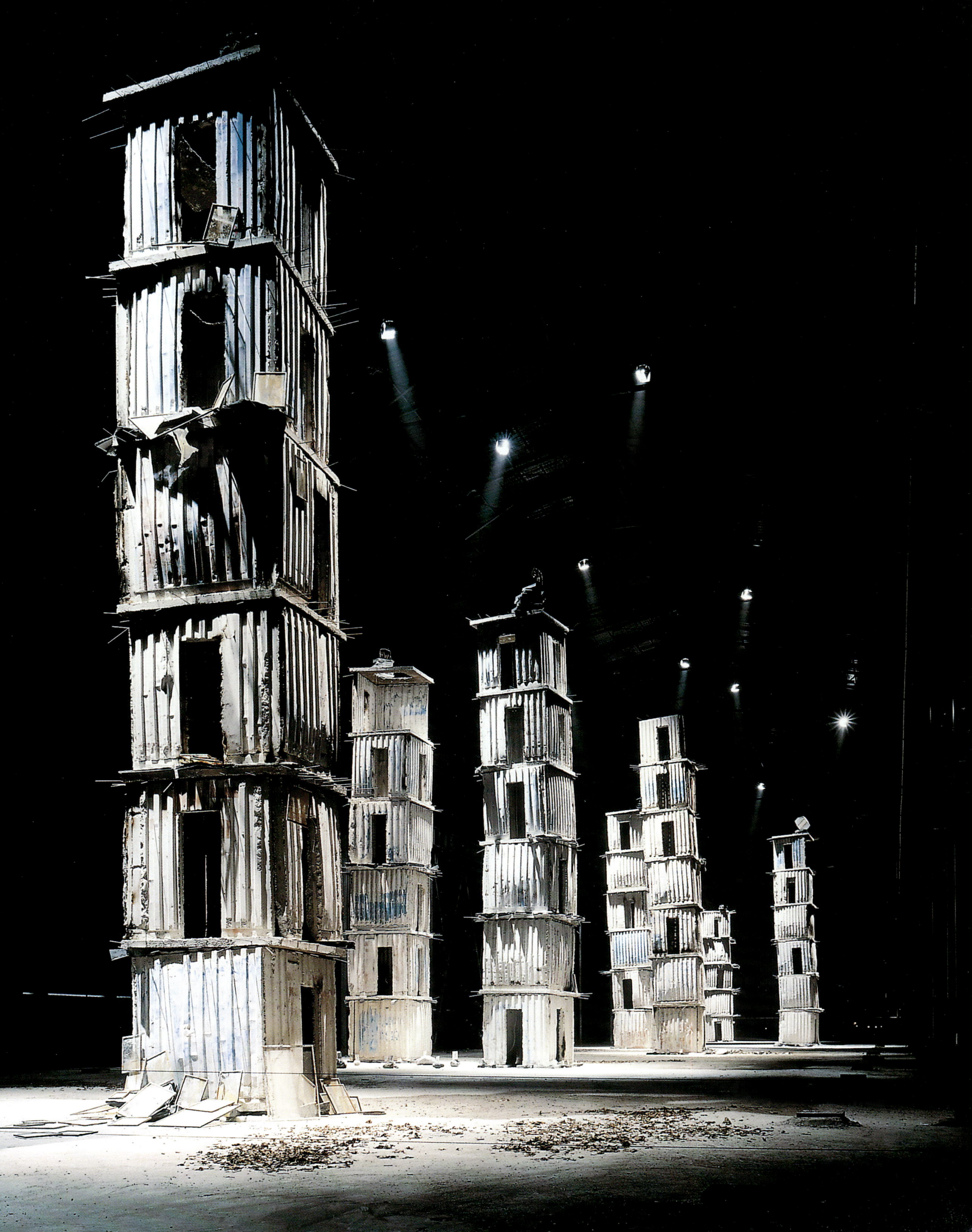

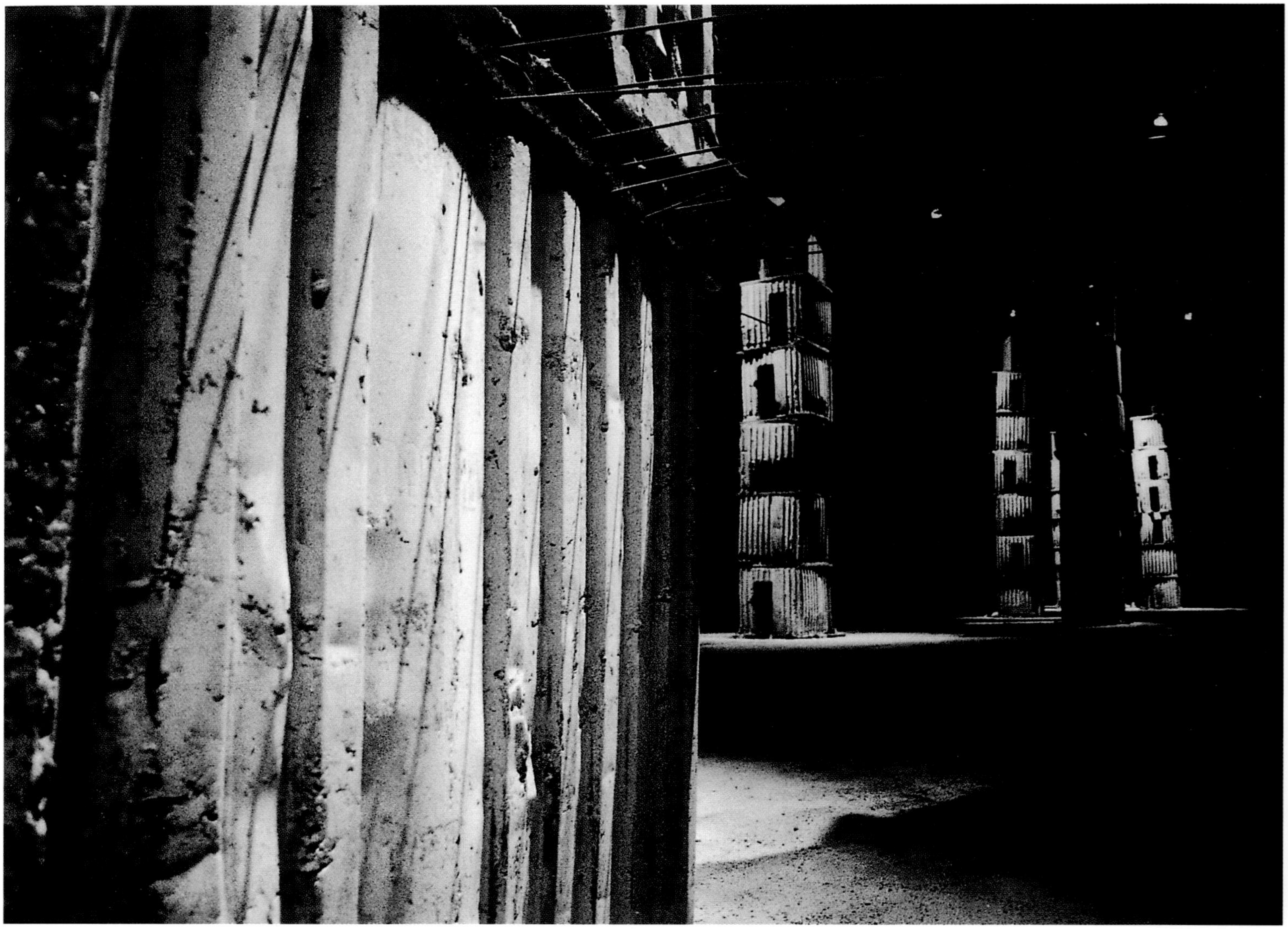

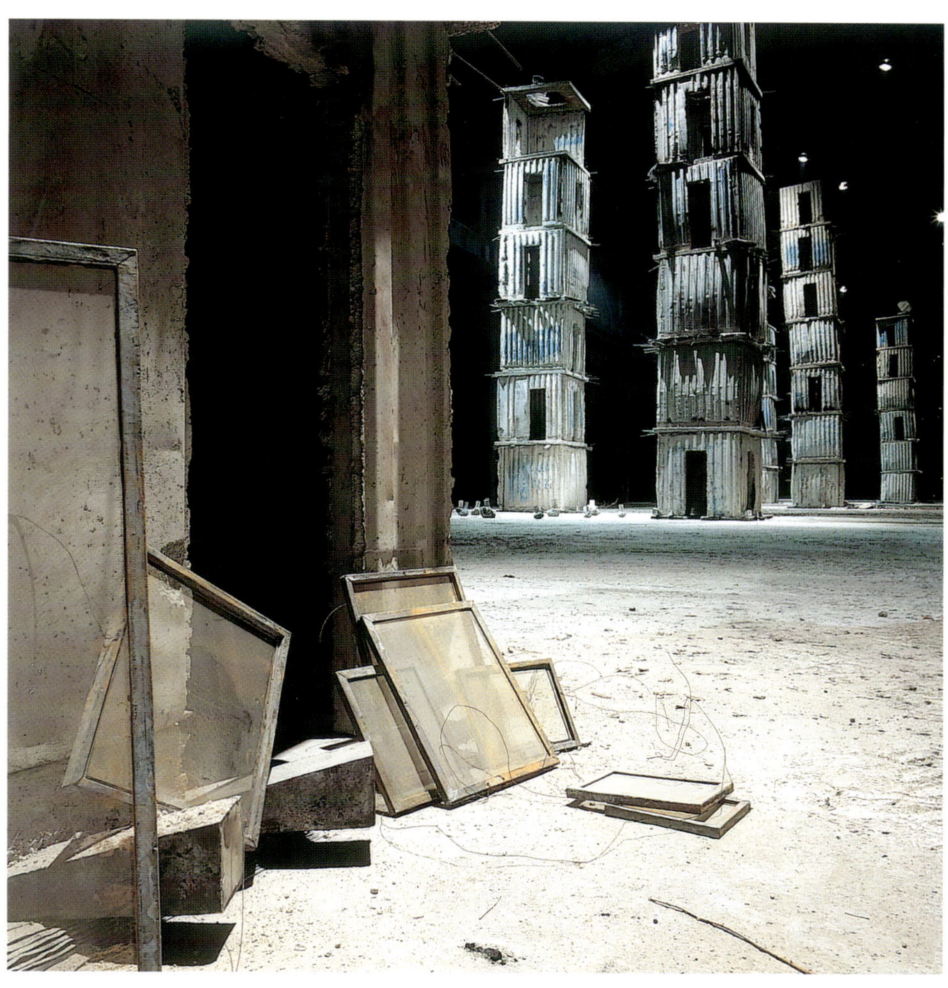

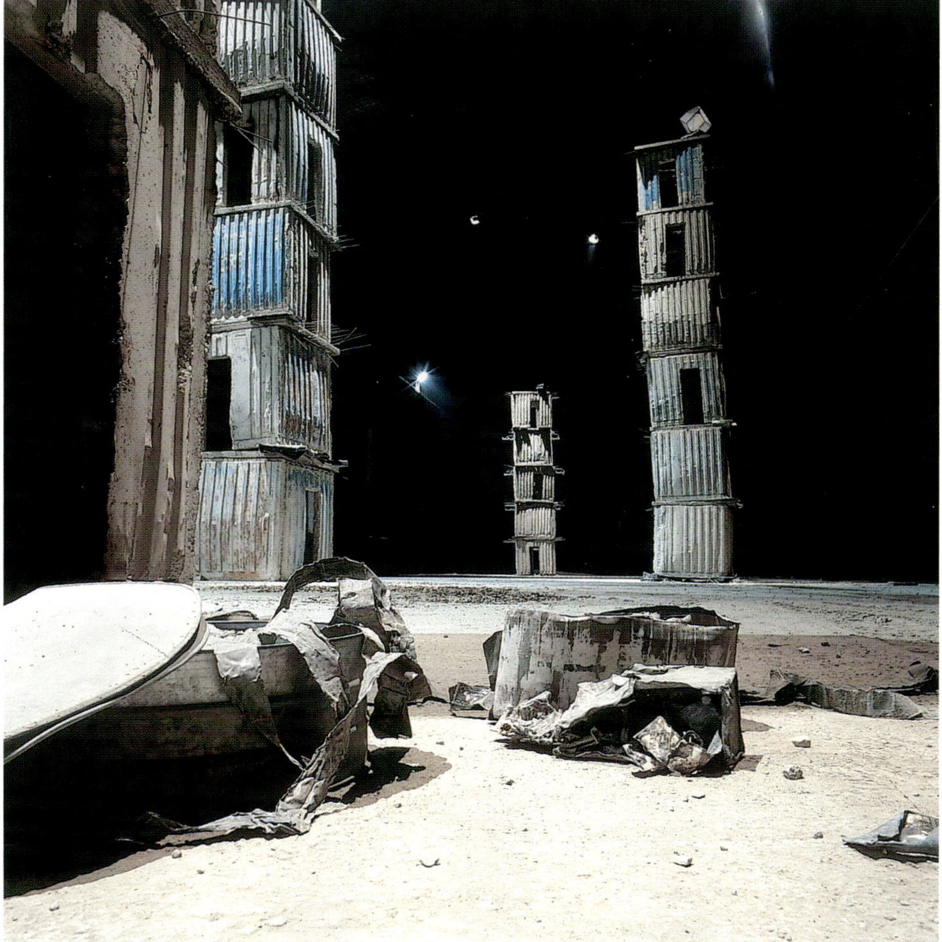

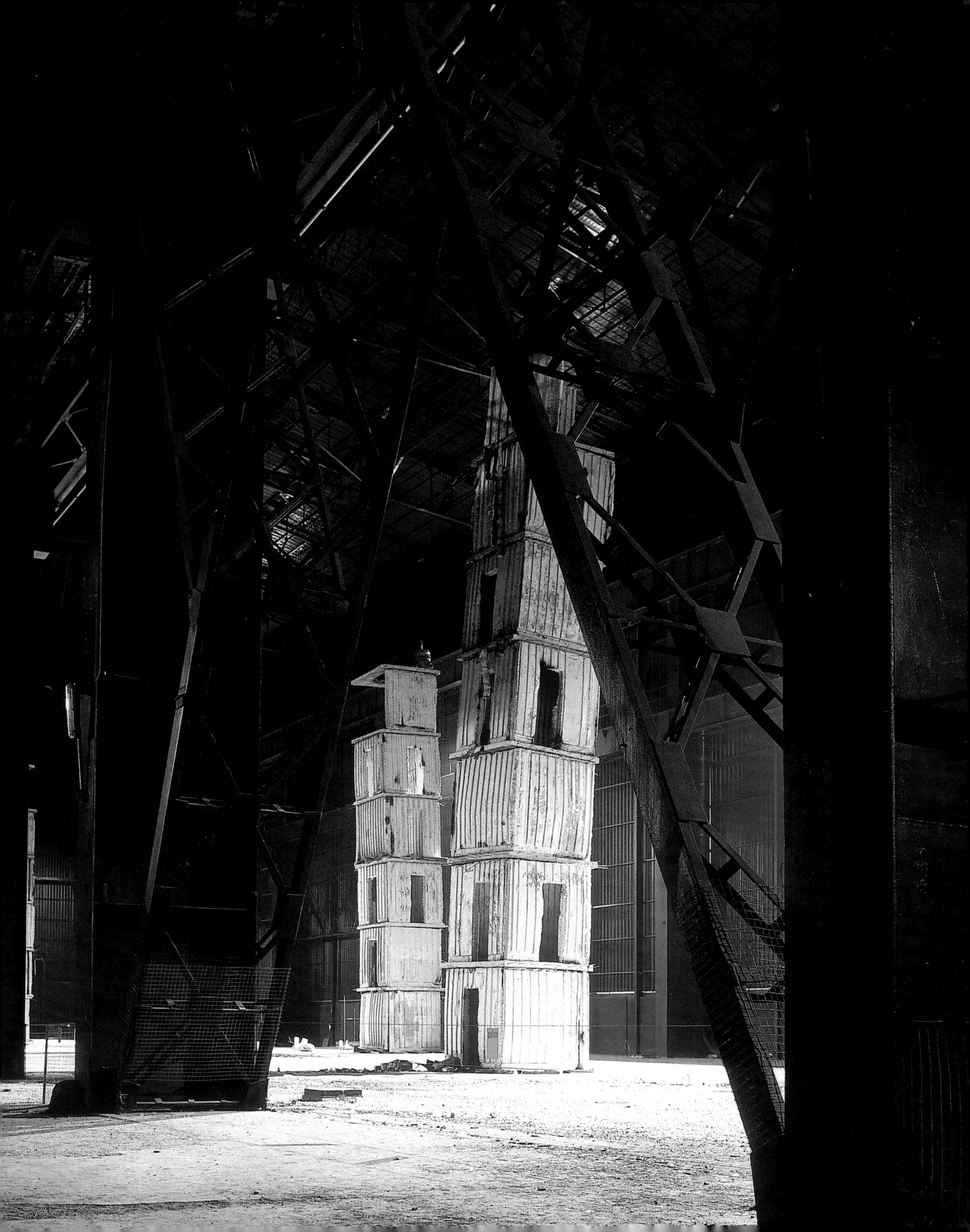

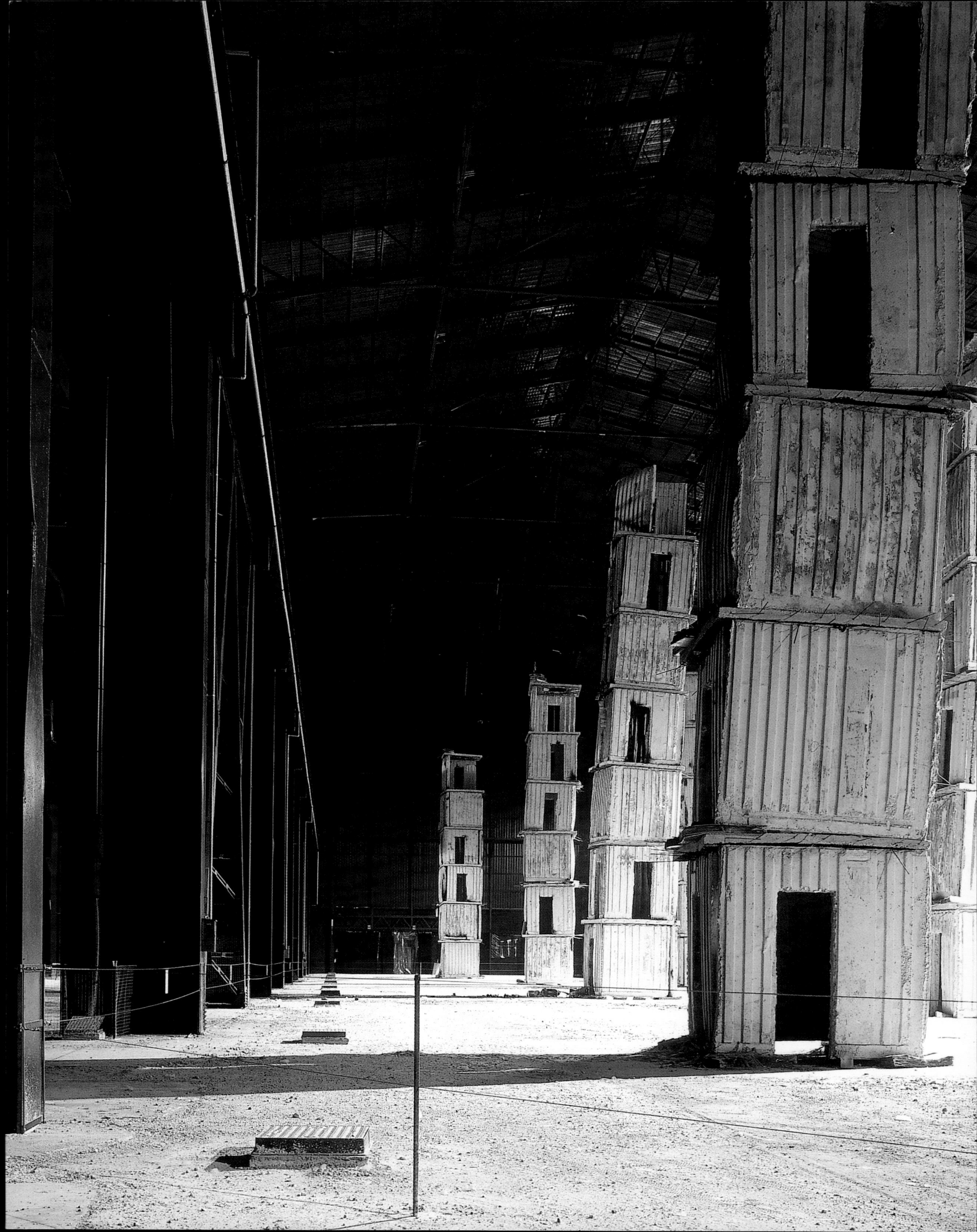

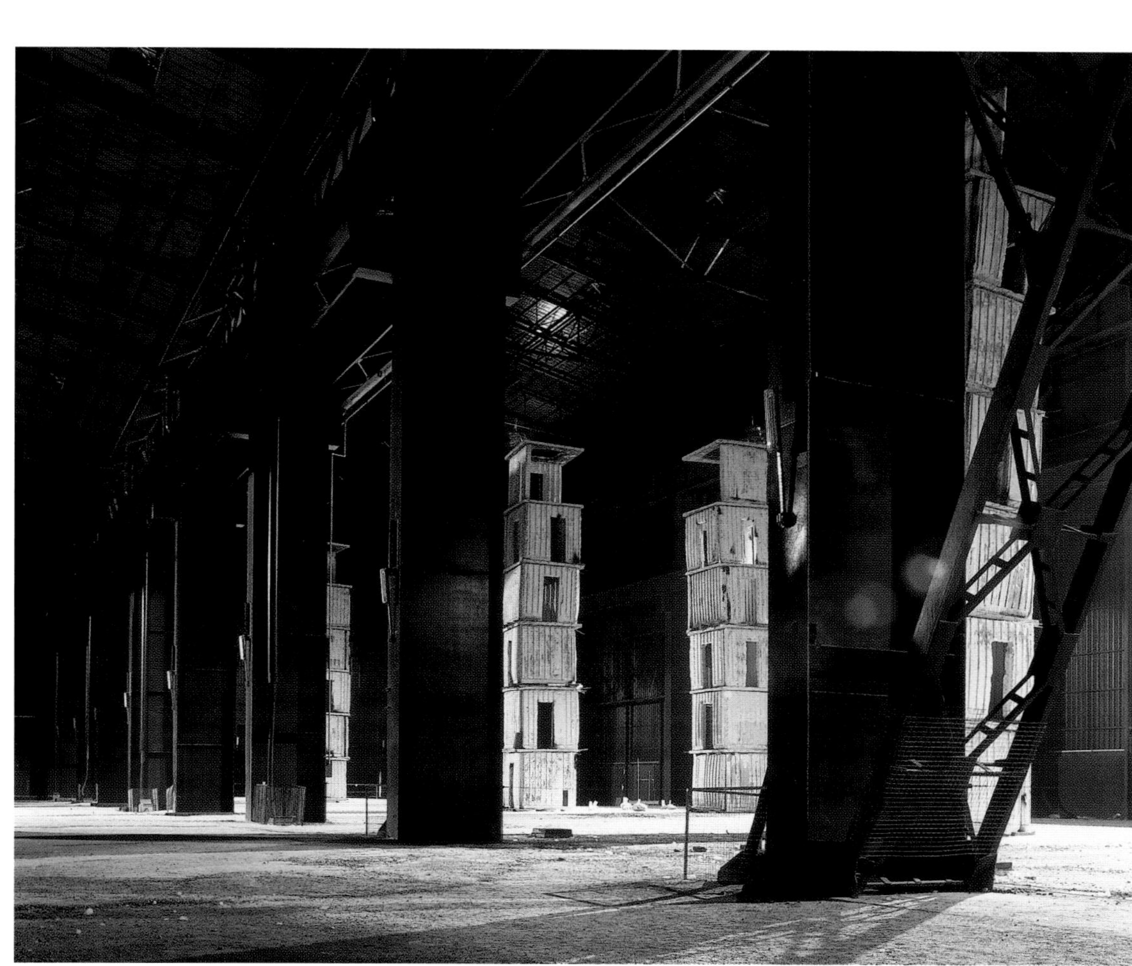

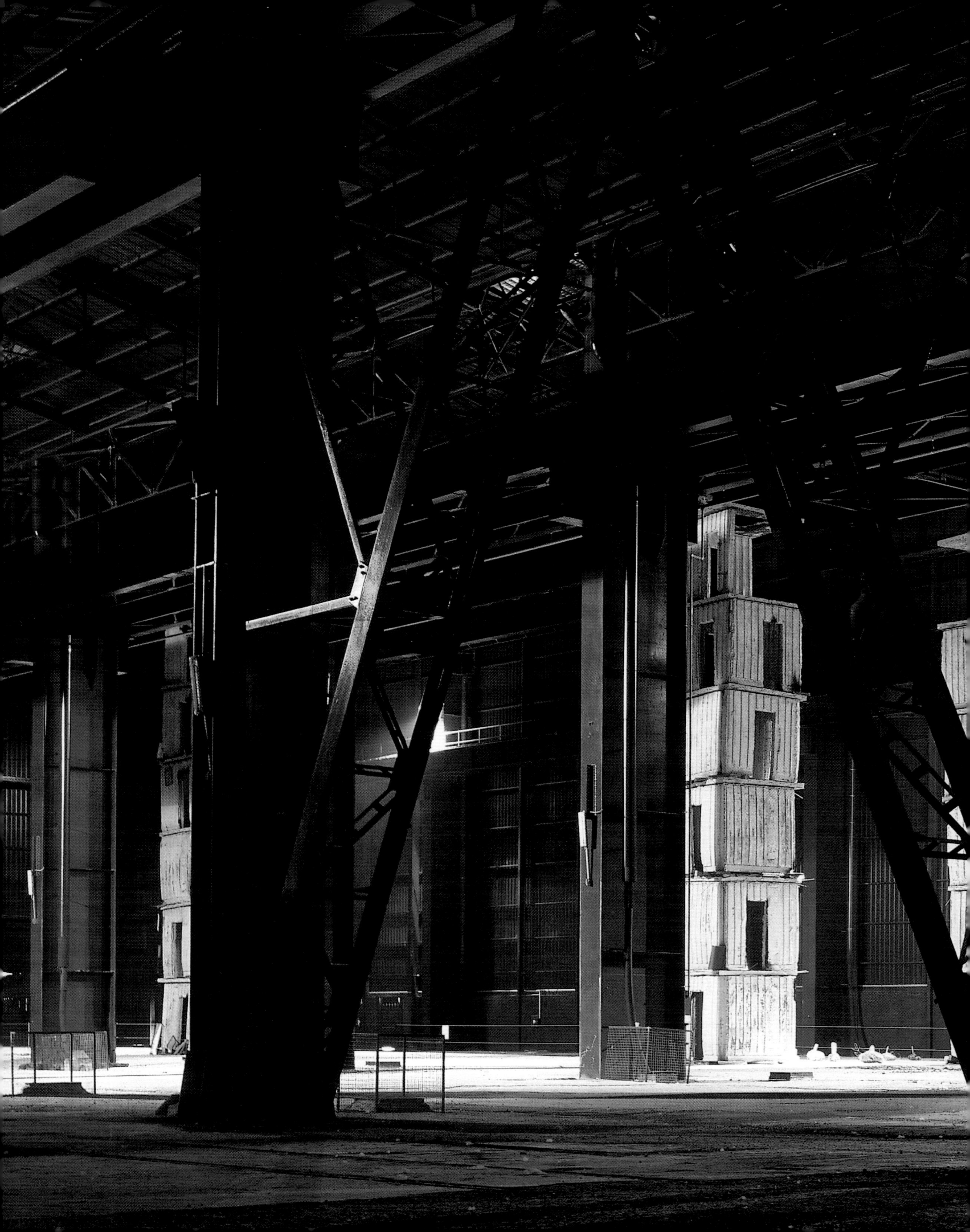

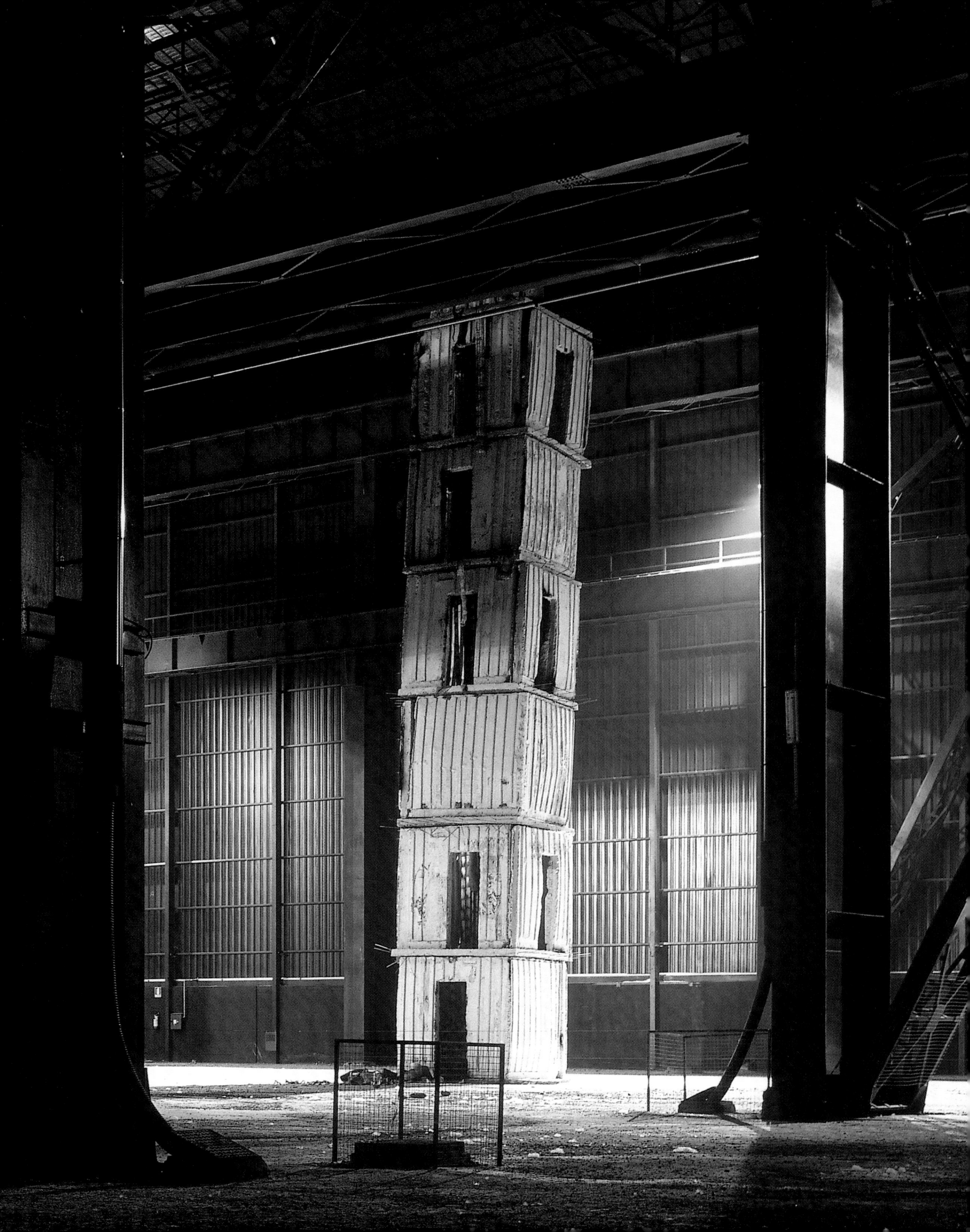

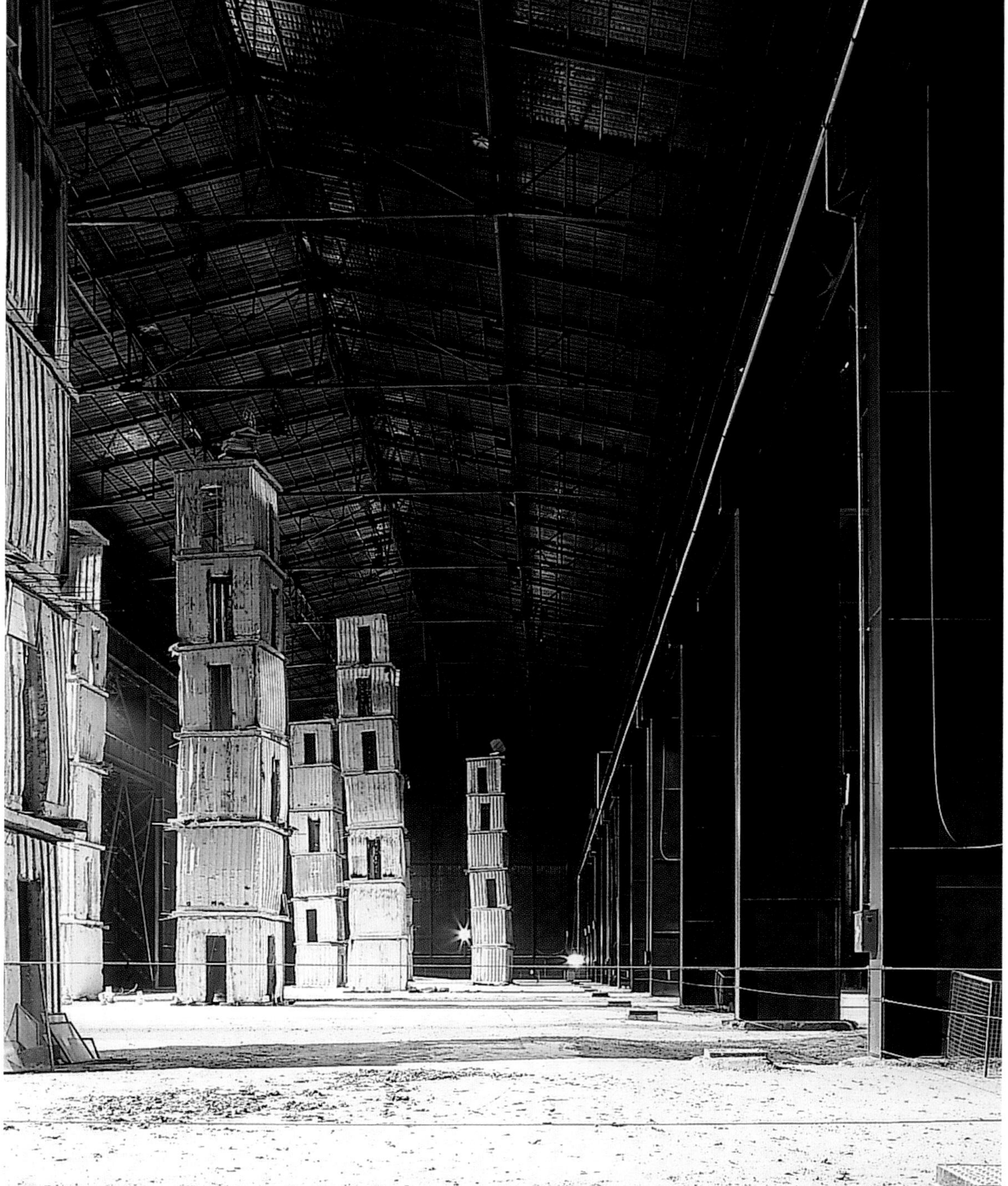

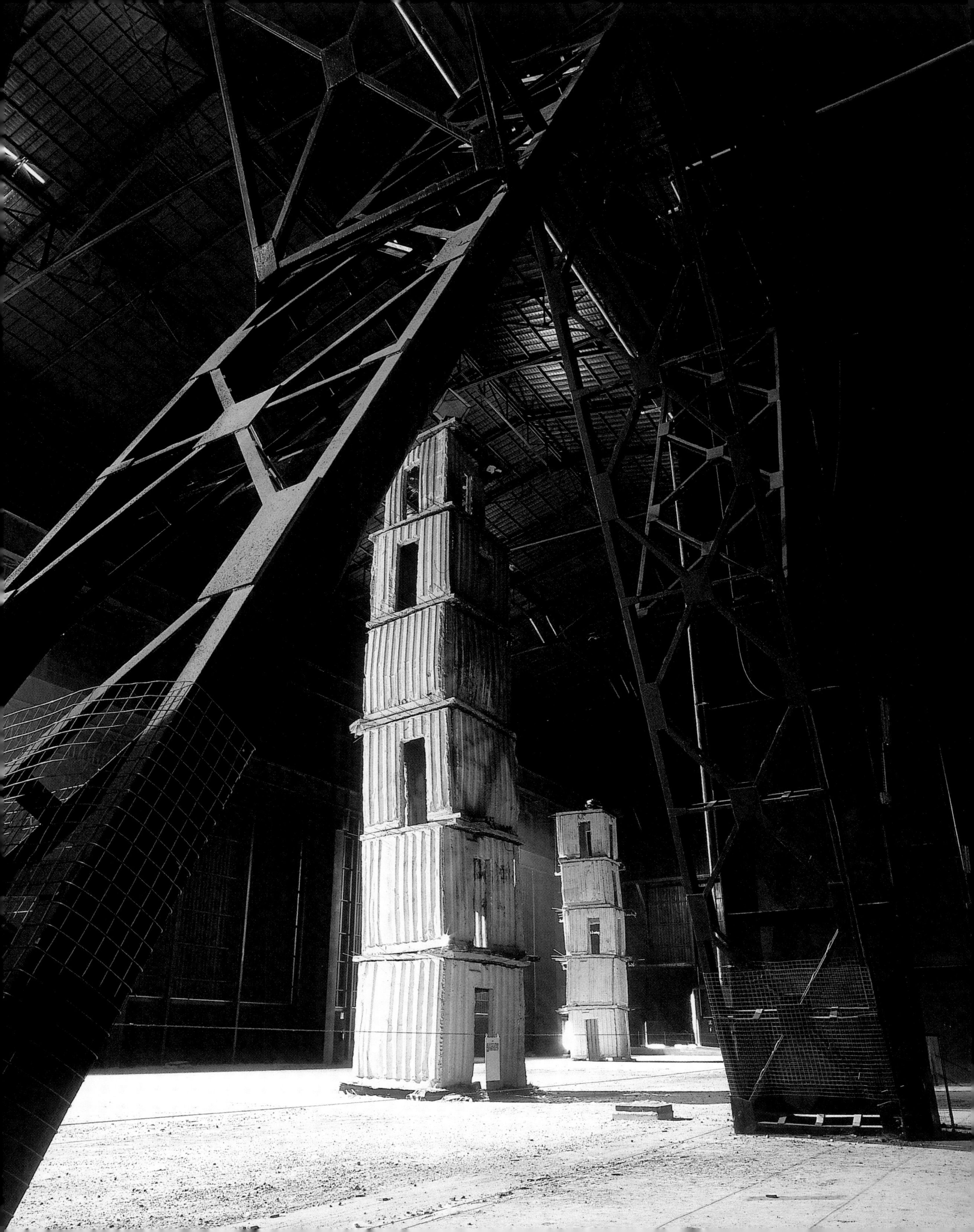

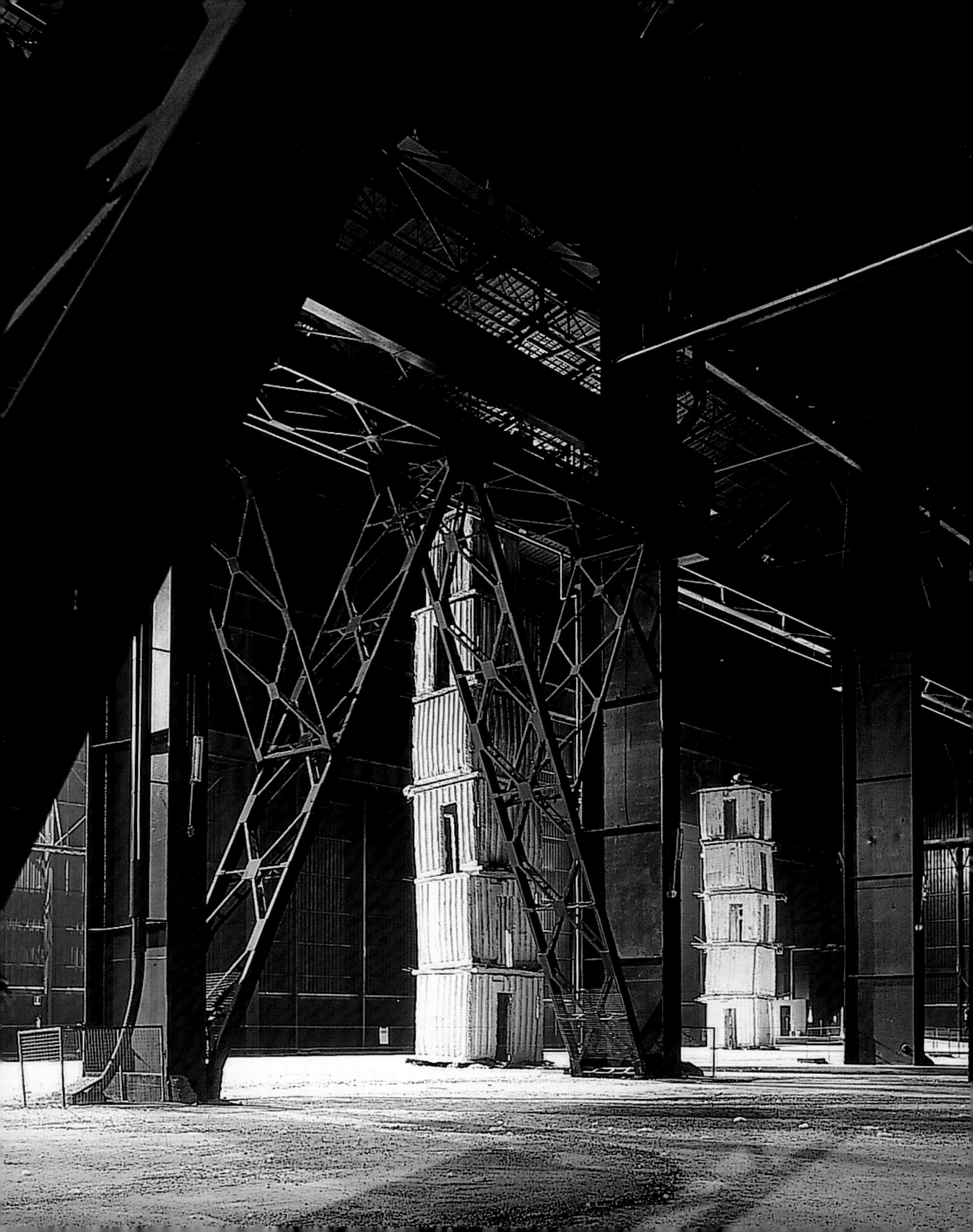

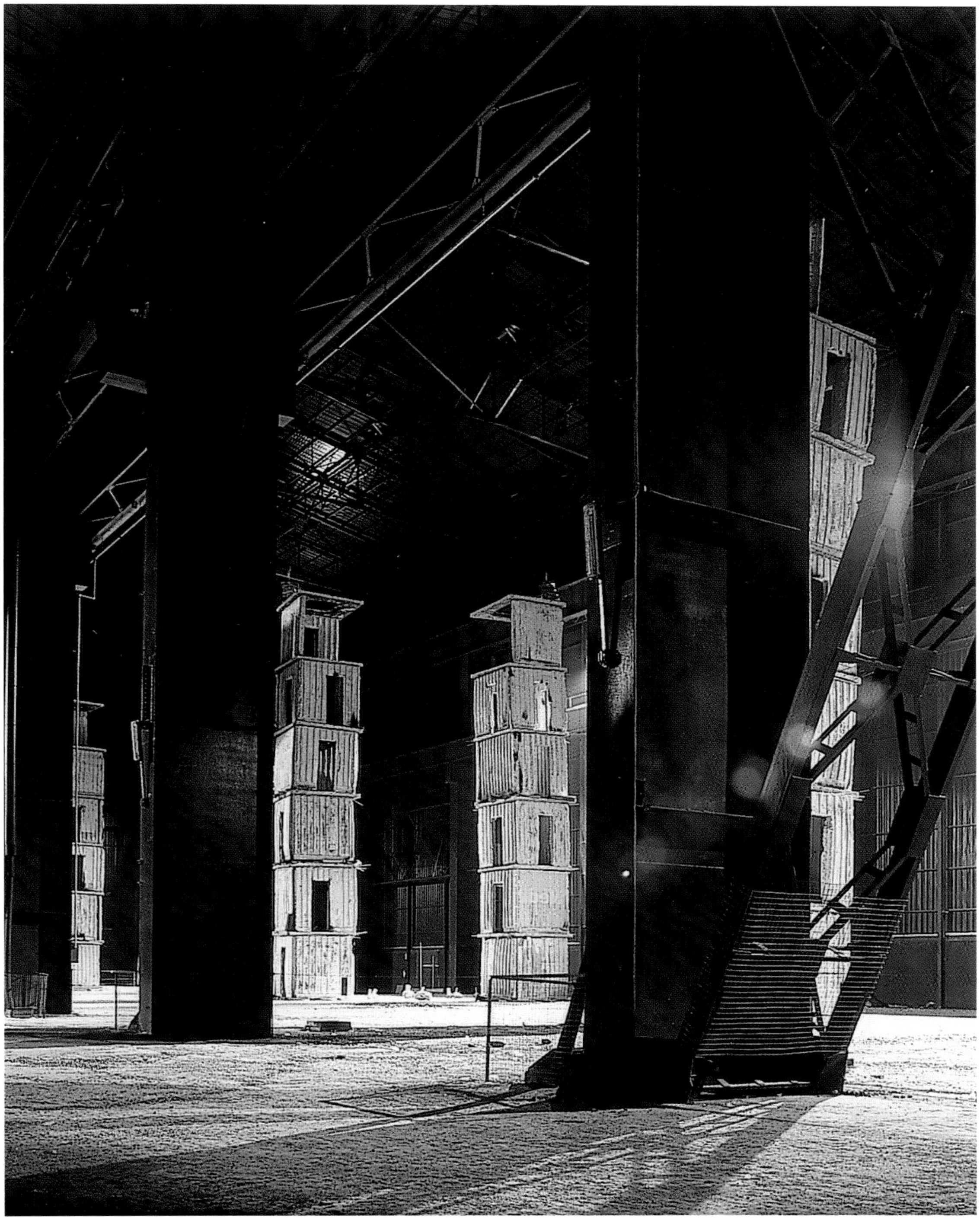

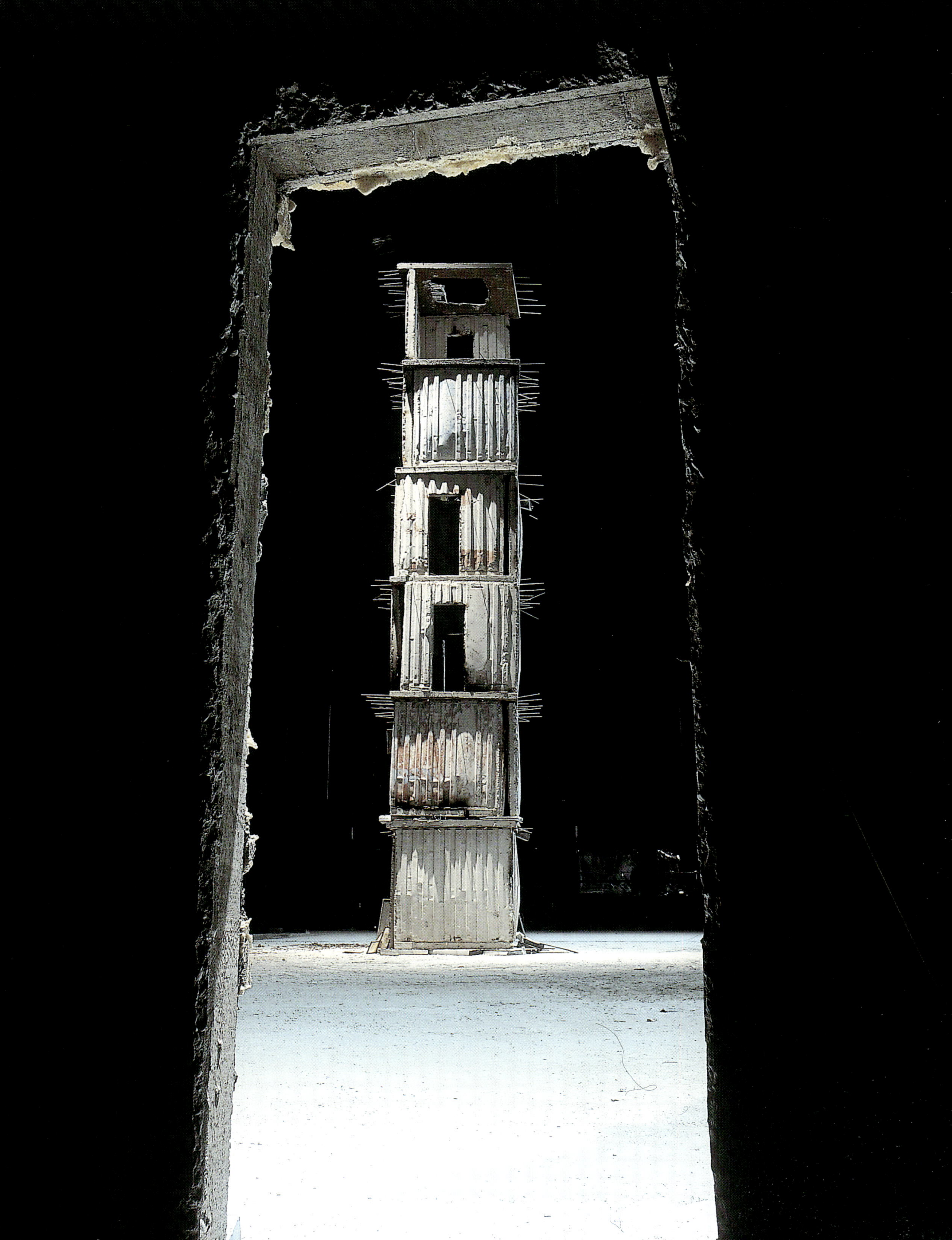

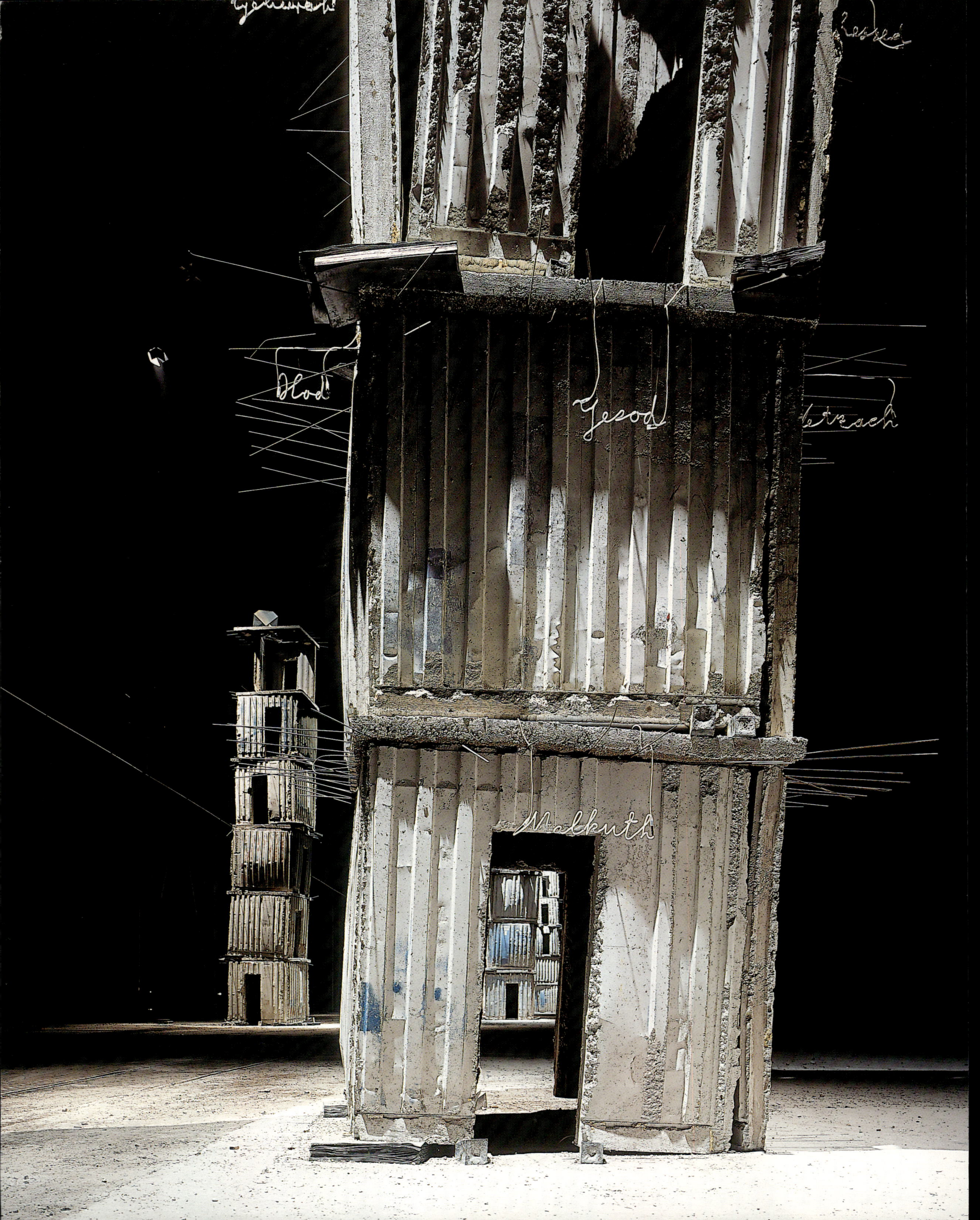
Jesod
Malkuth

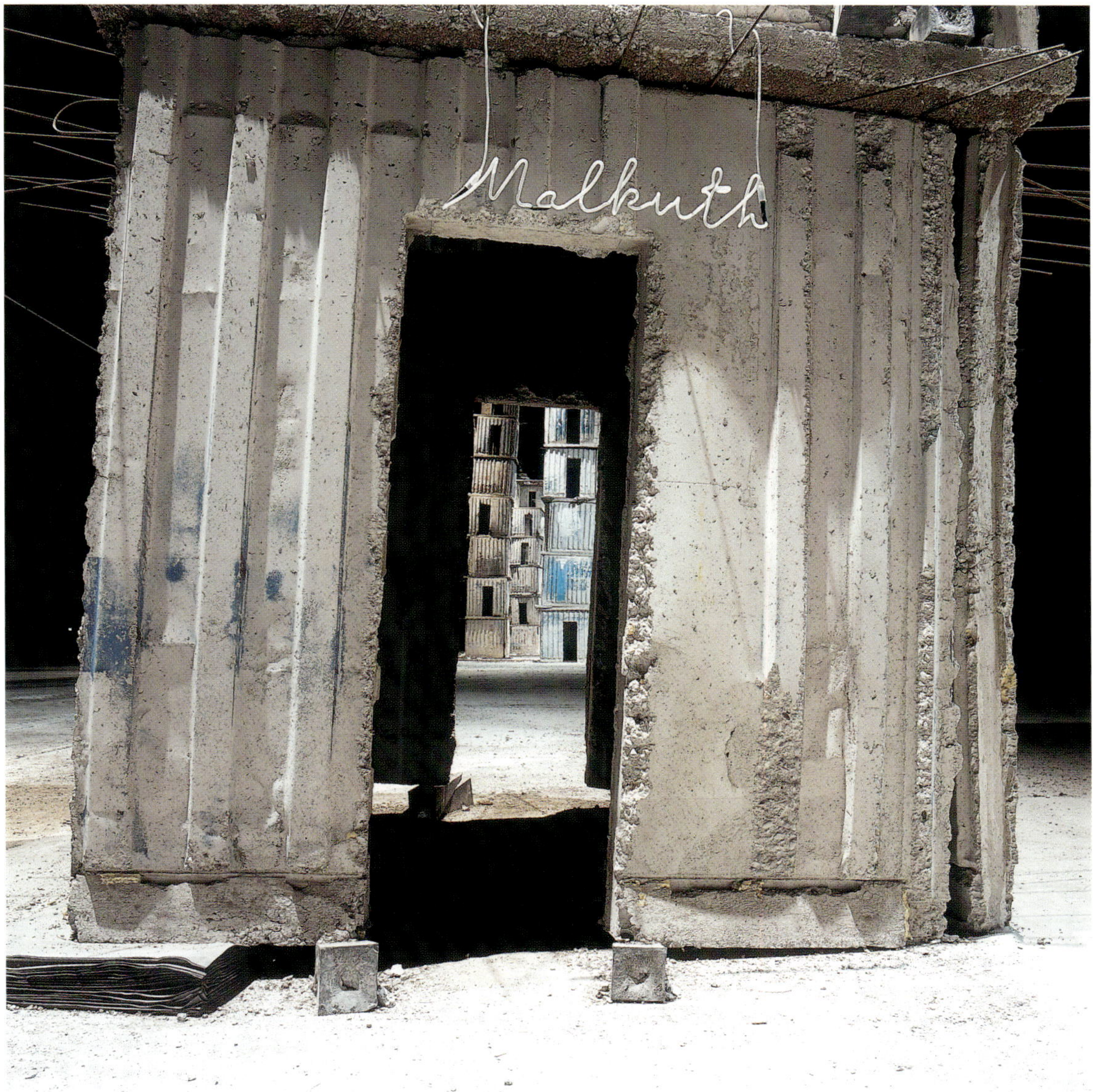

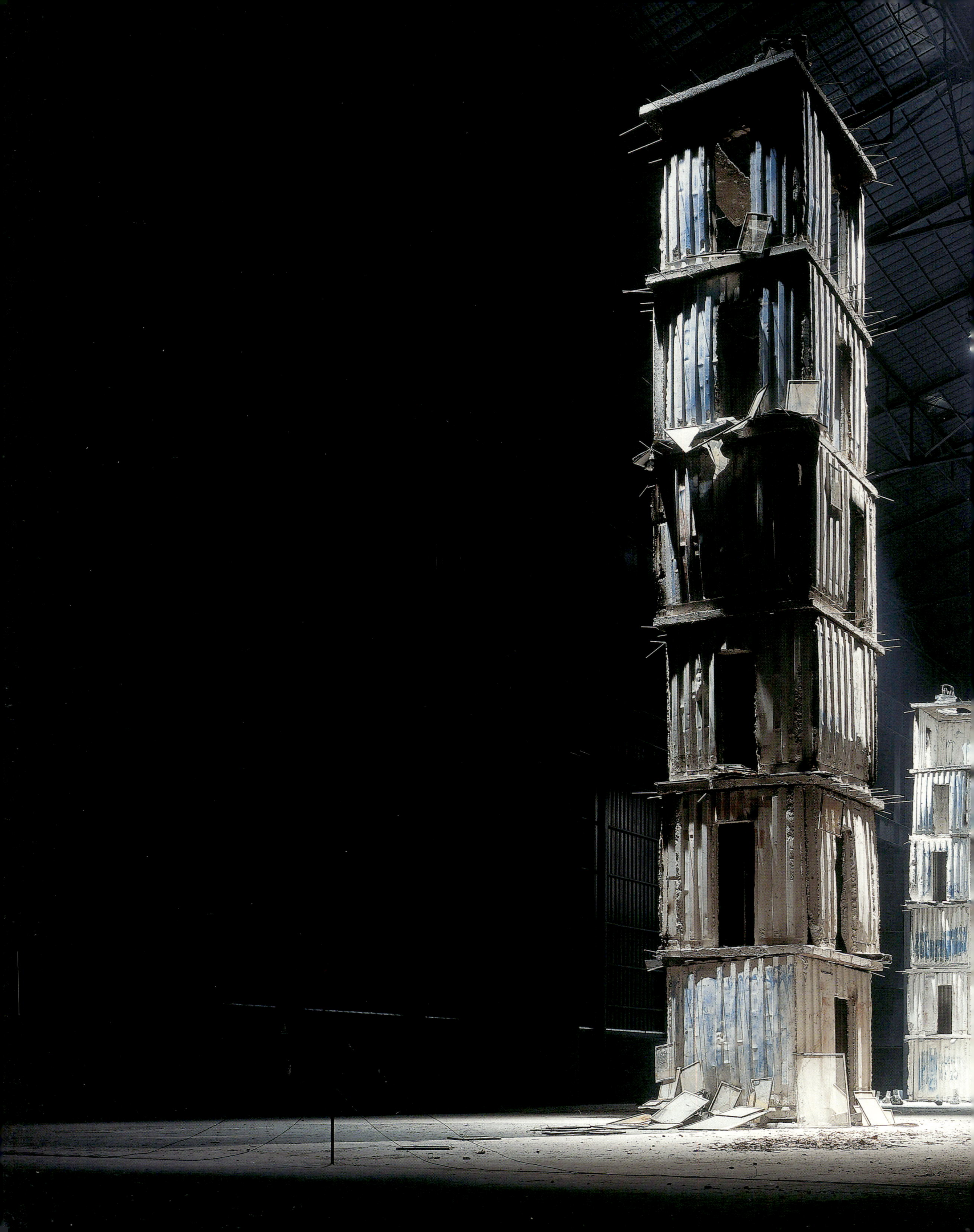

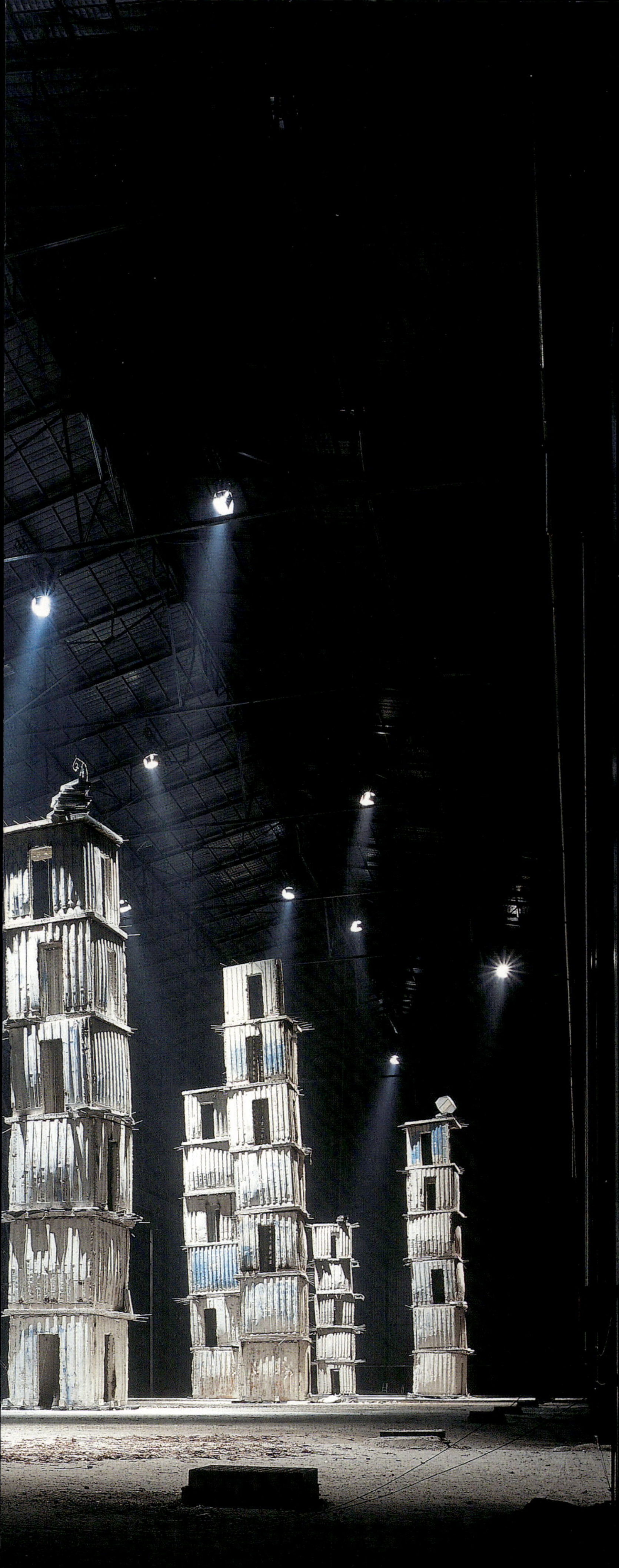

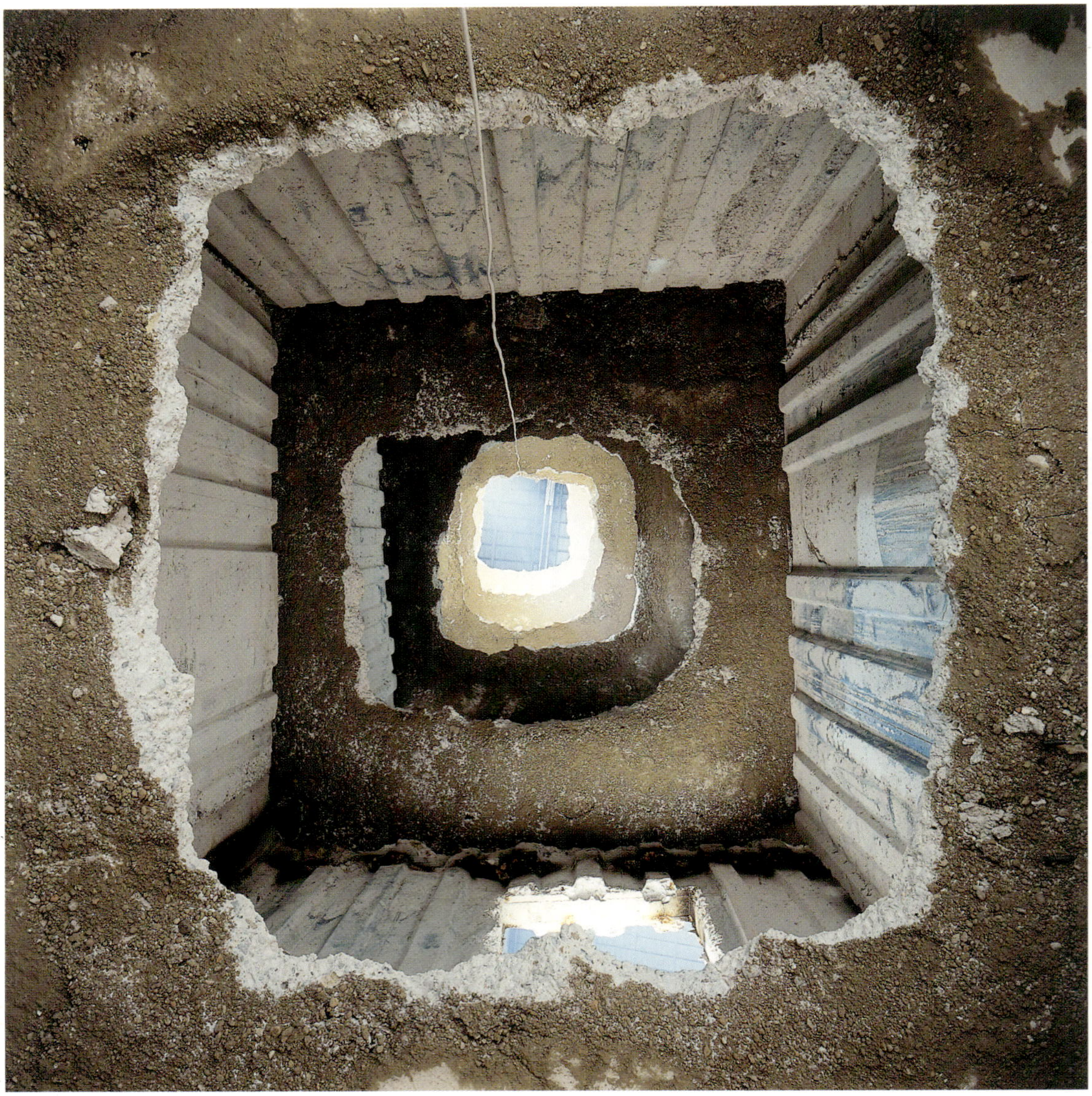

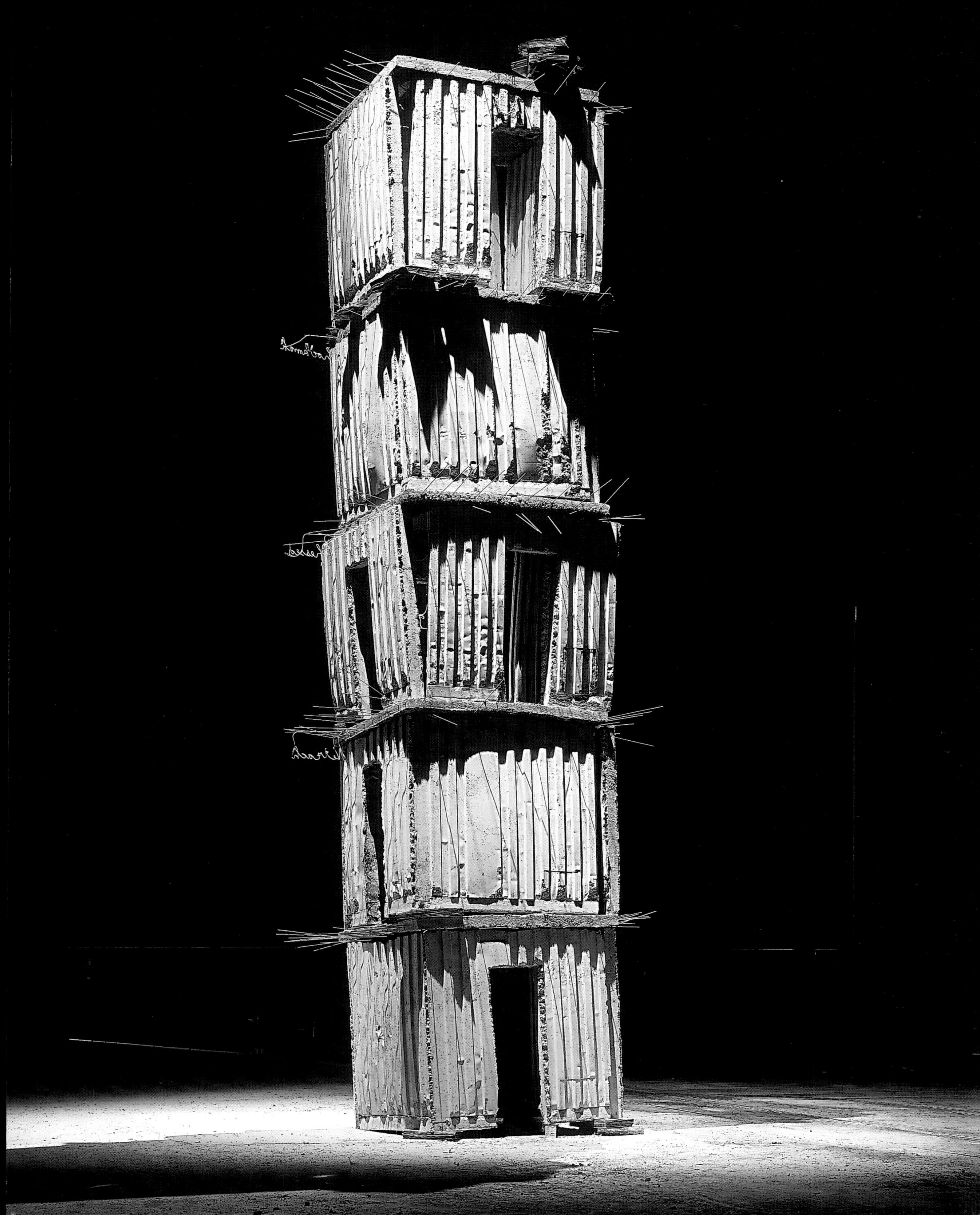

98

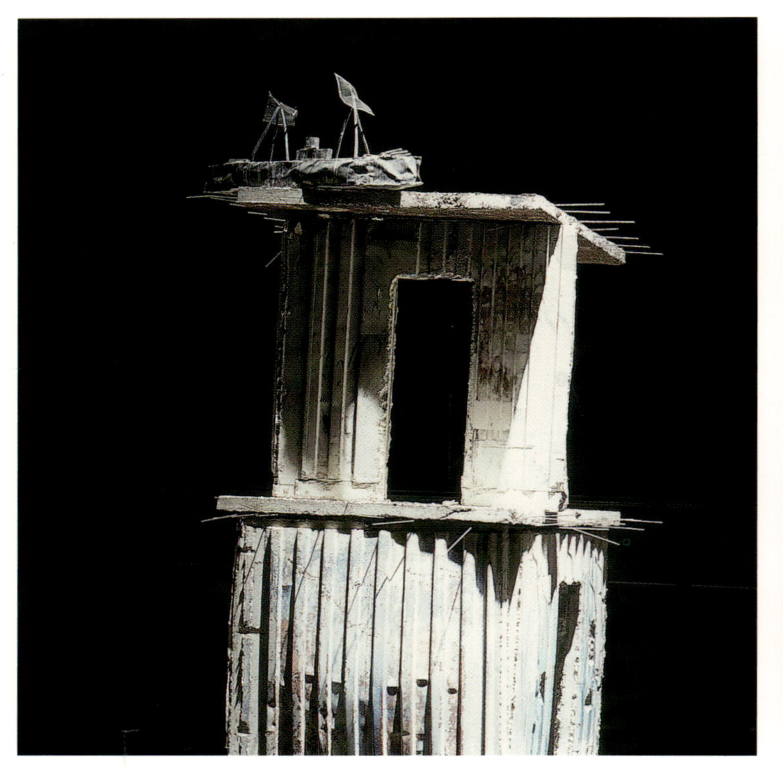

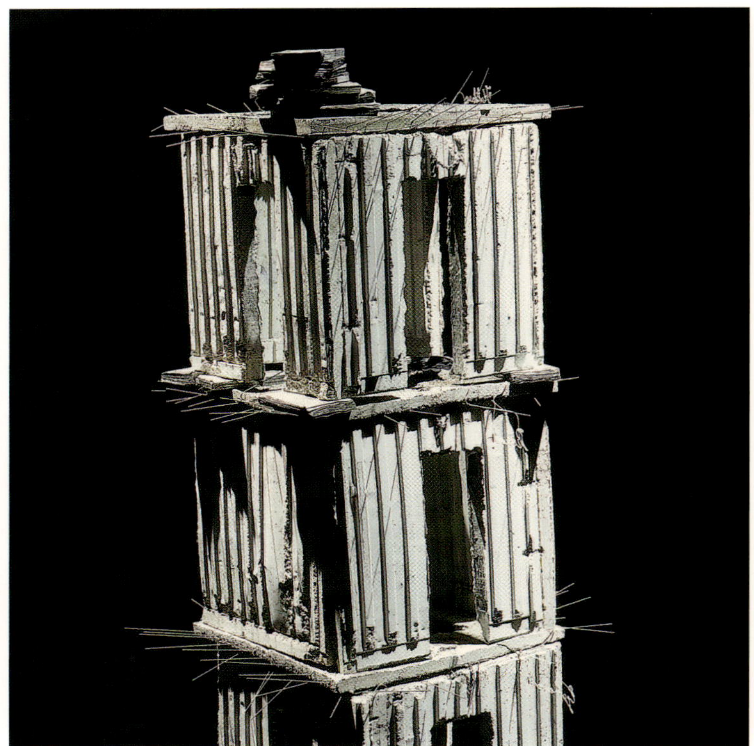

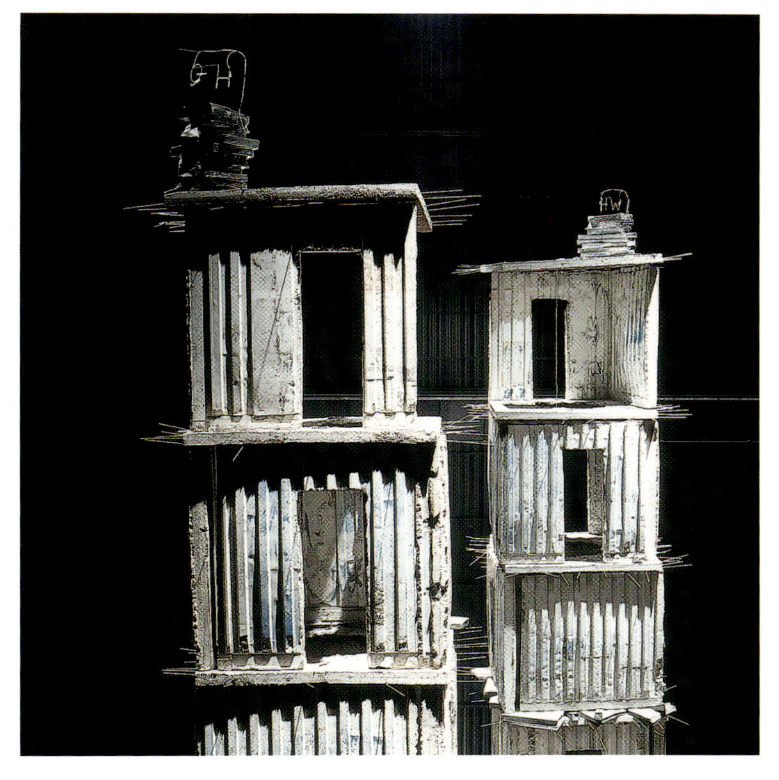
GH
HW

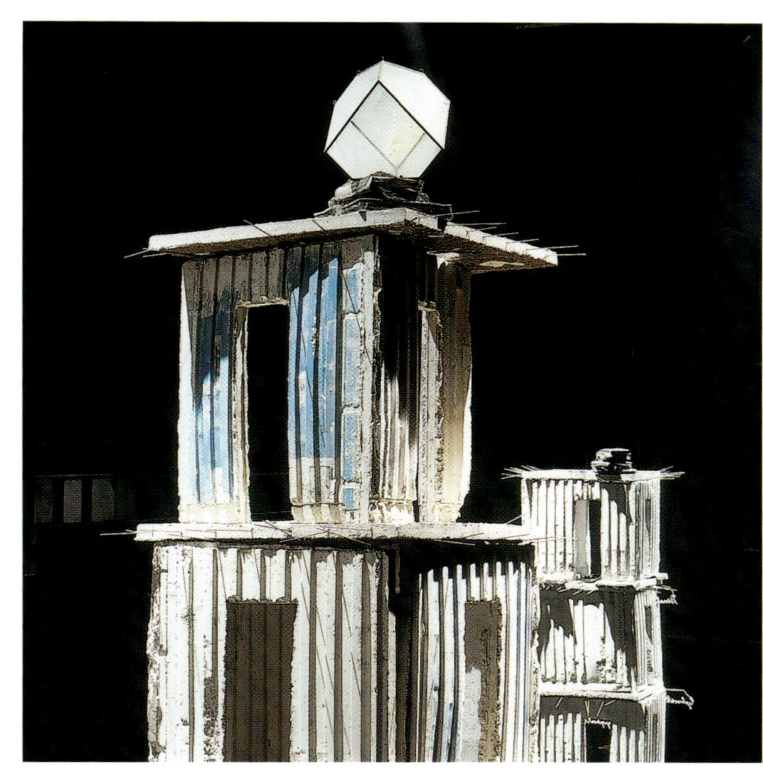

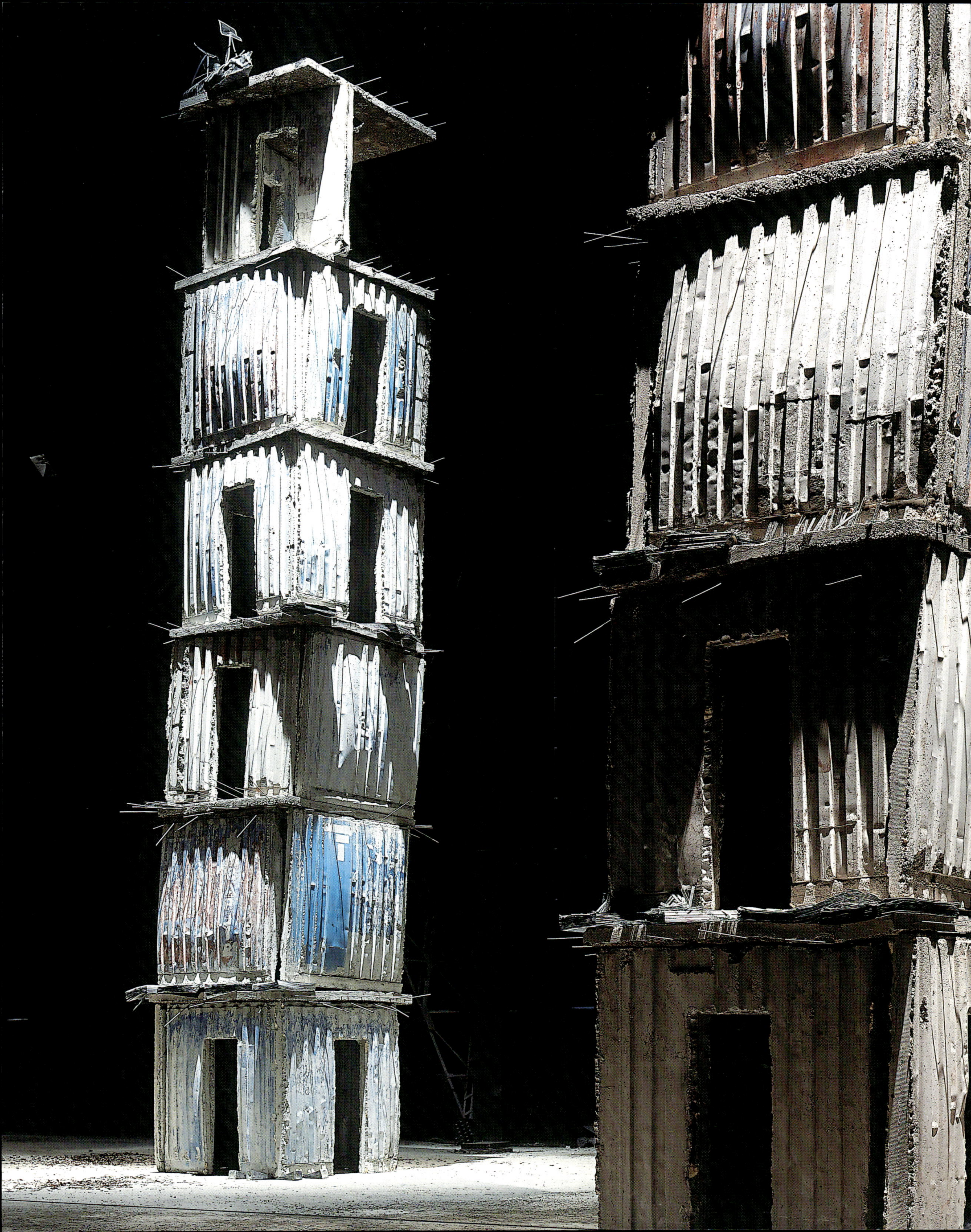

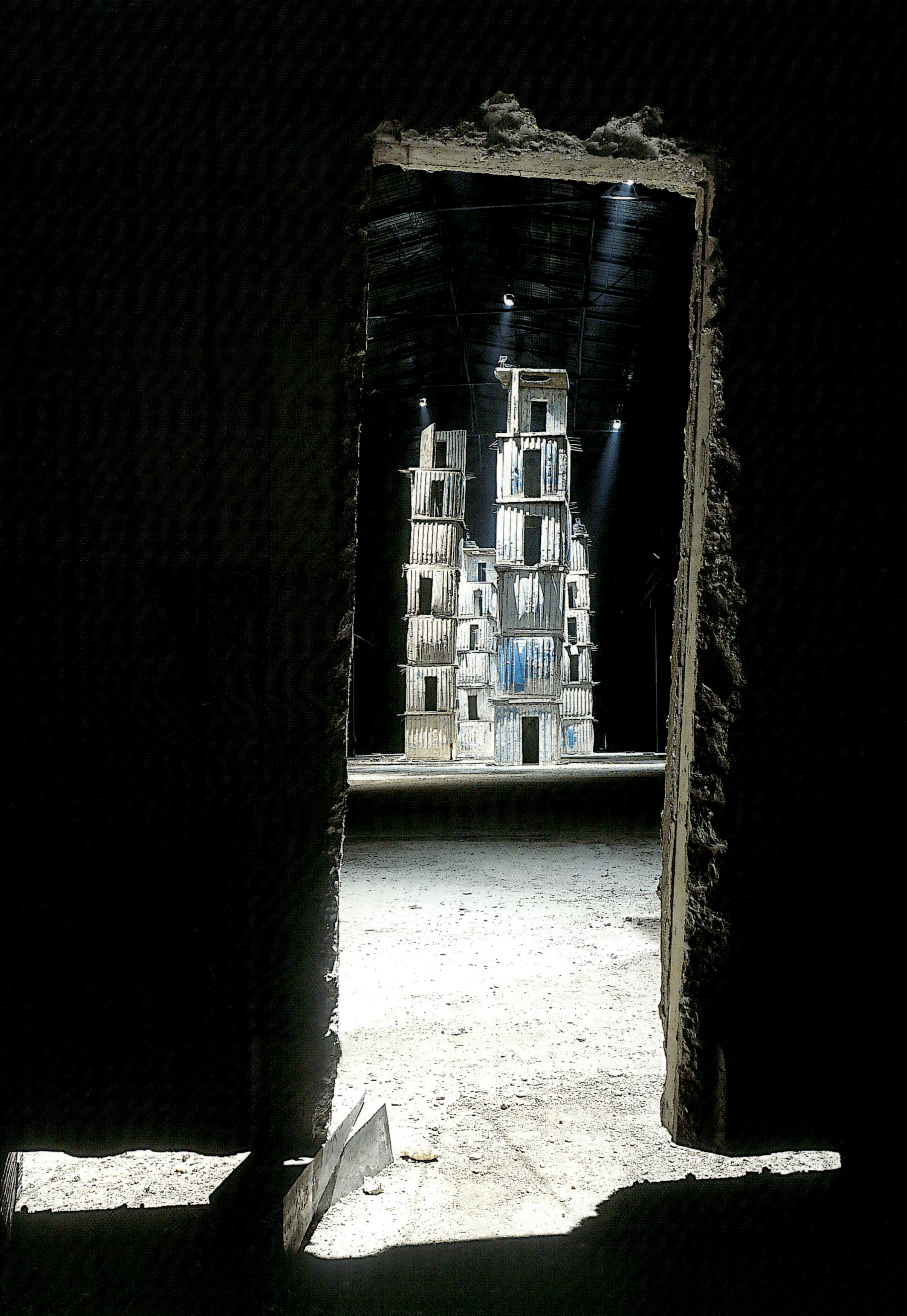

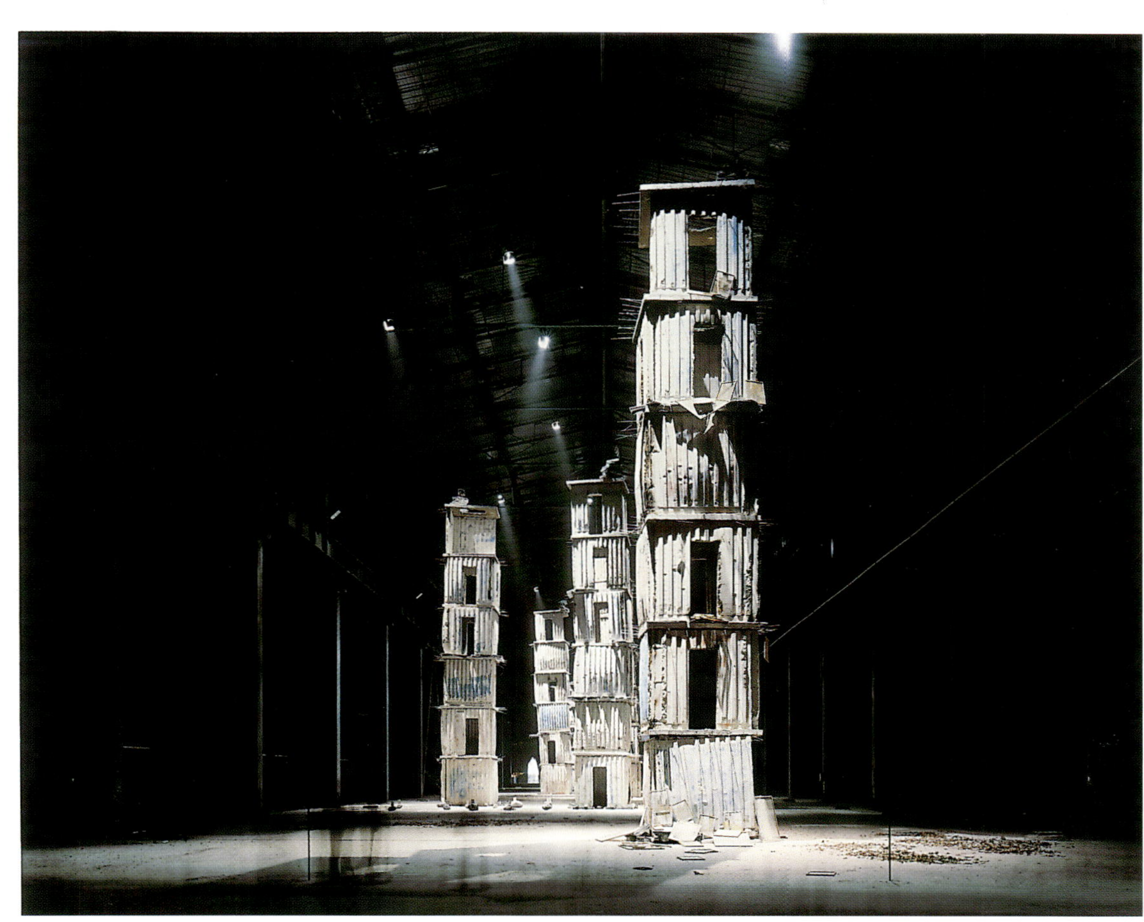

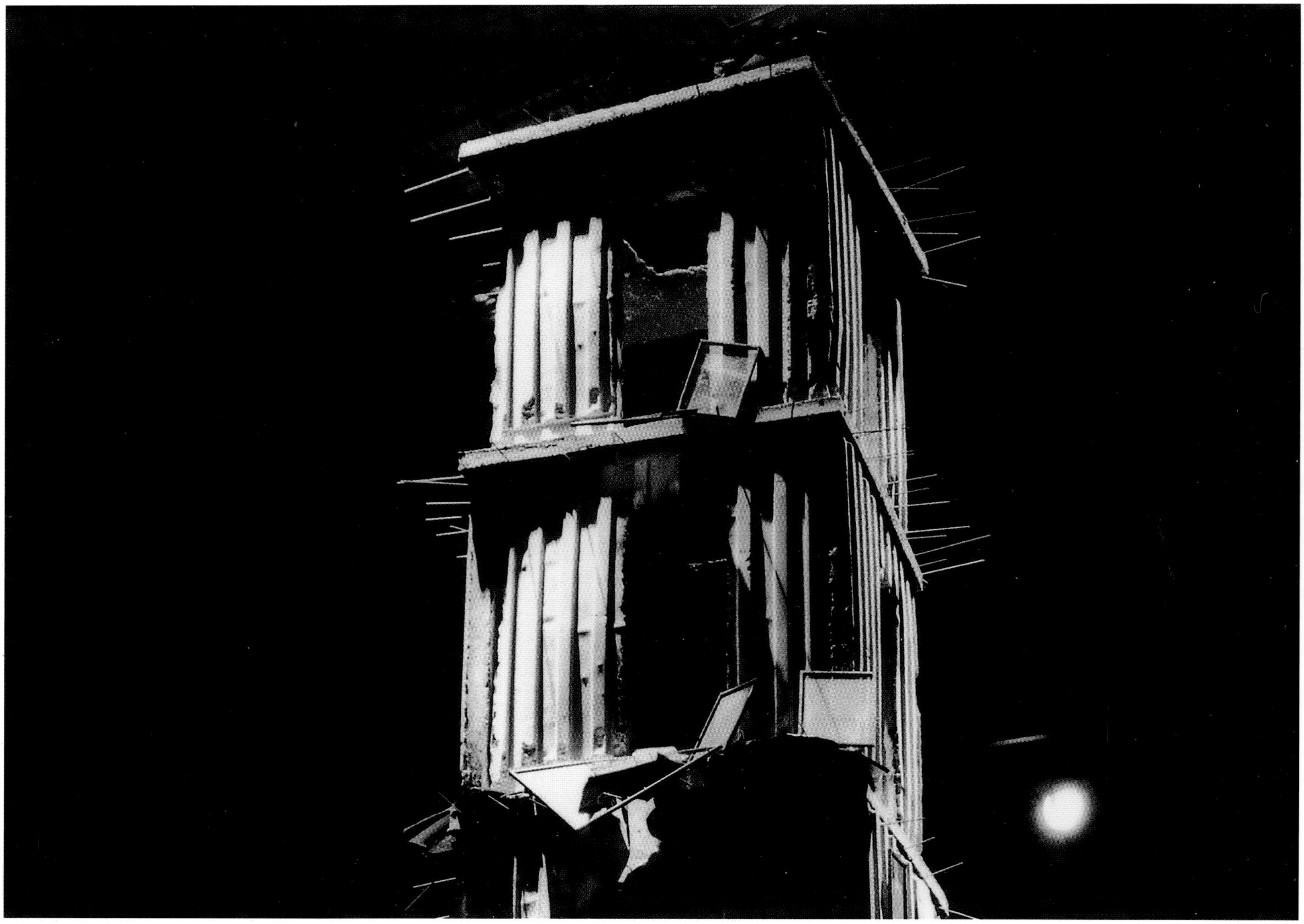

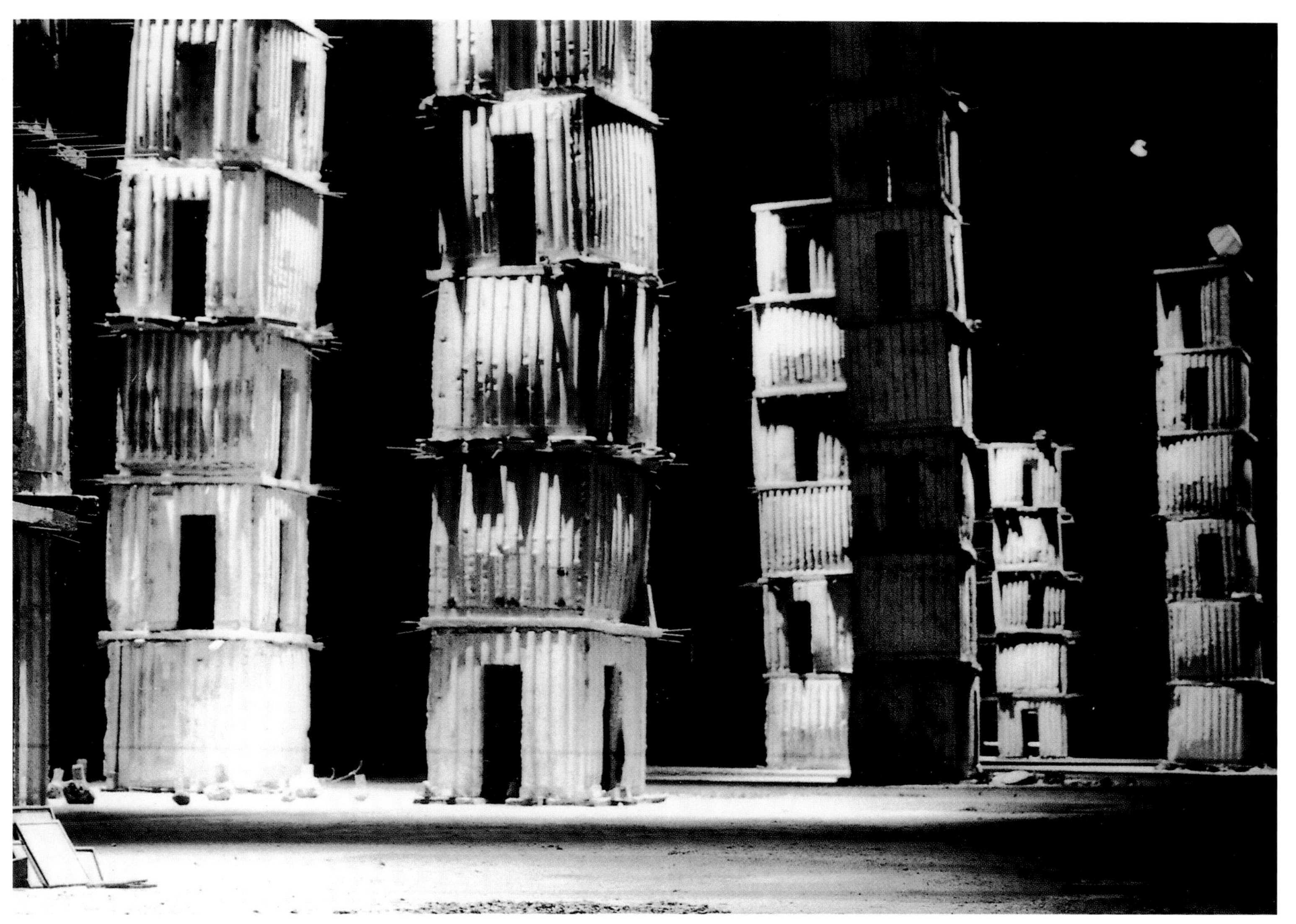

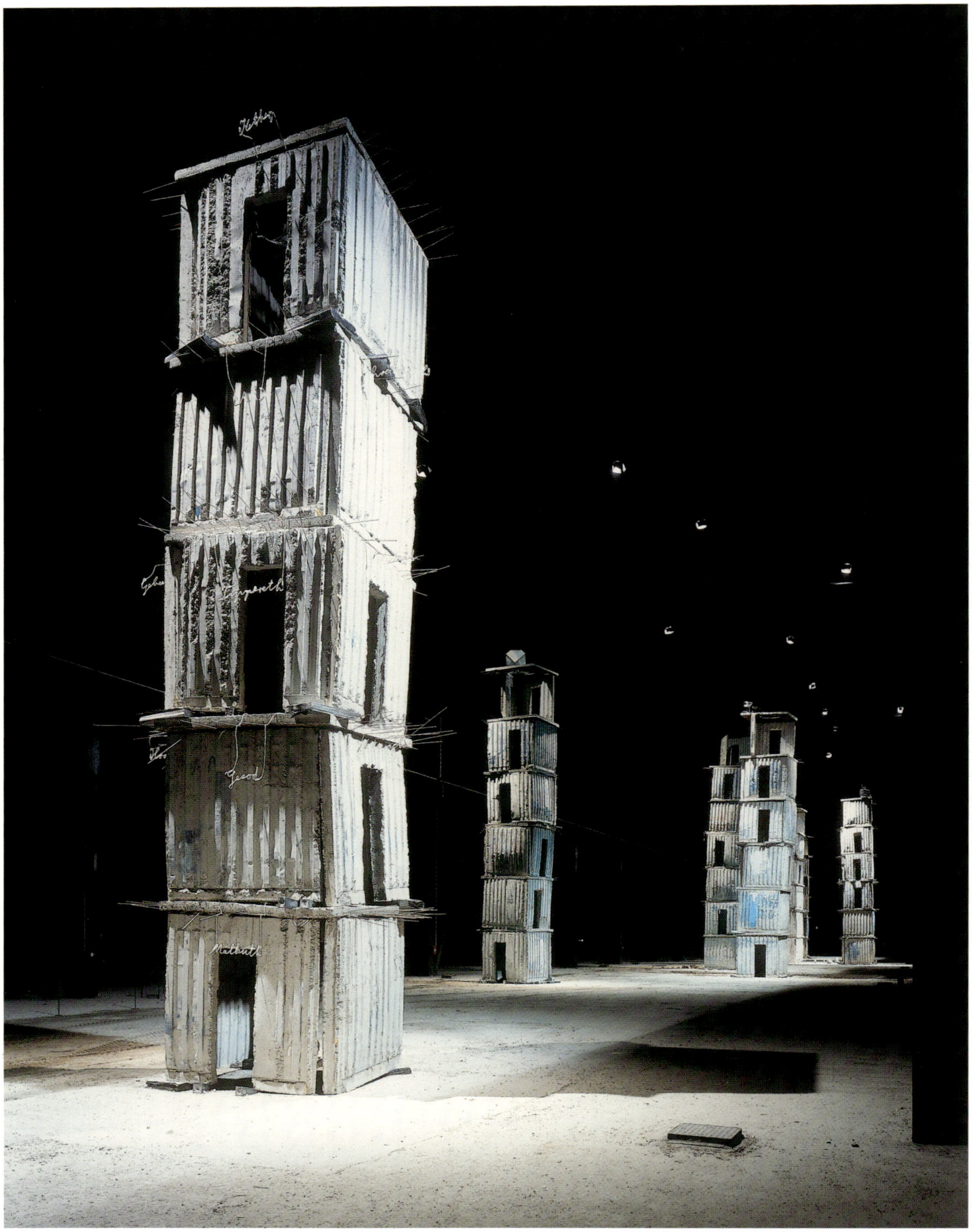

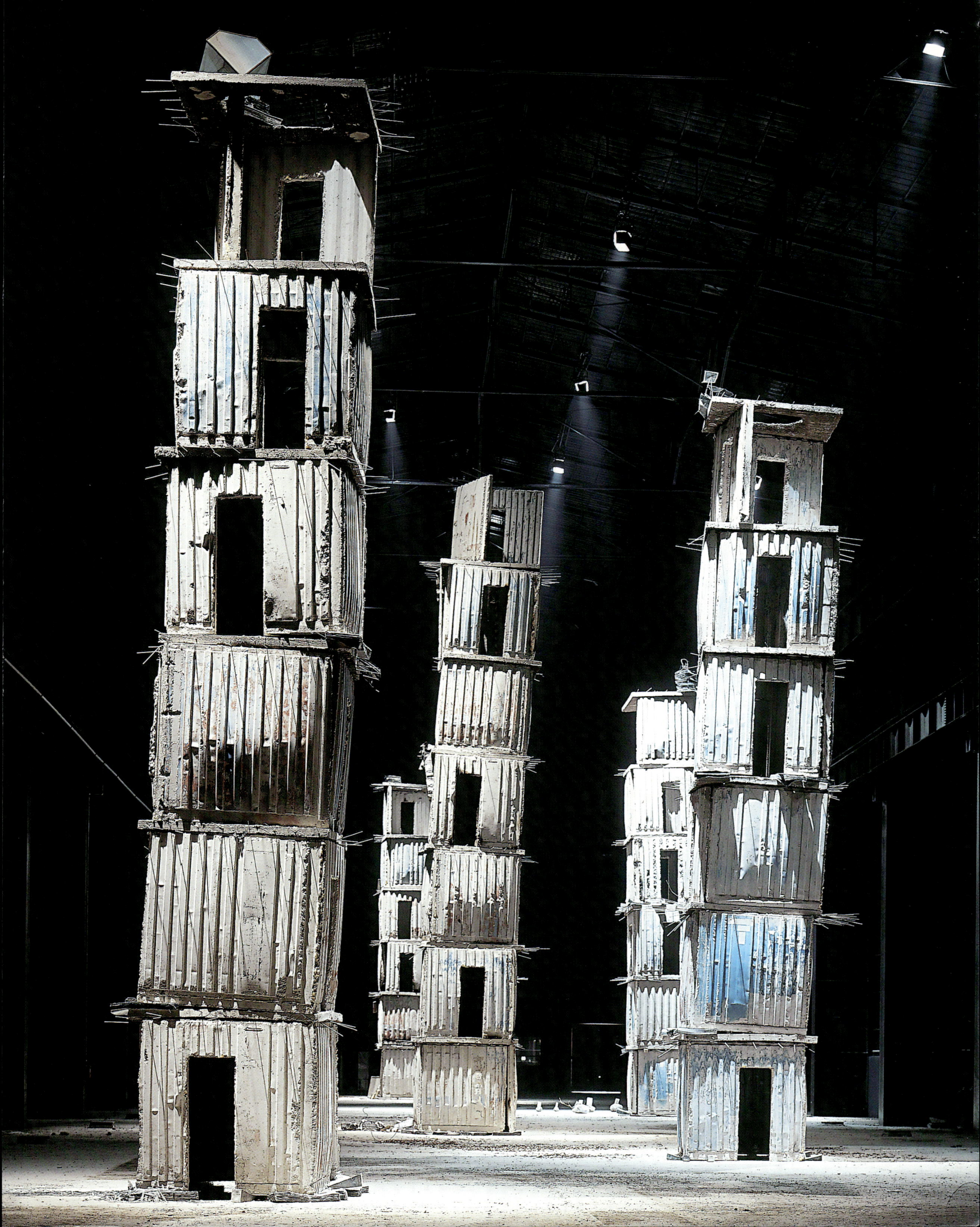

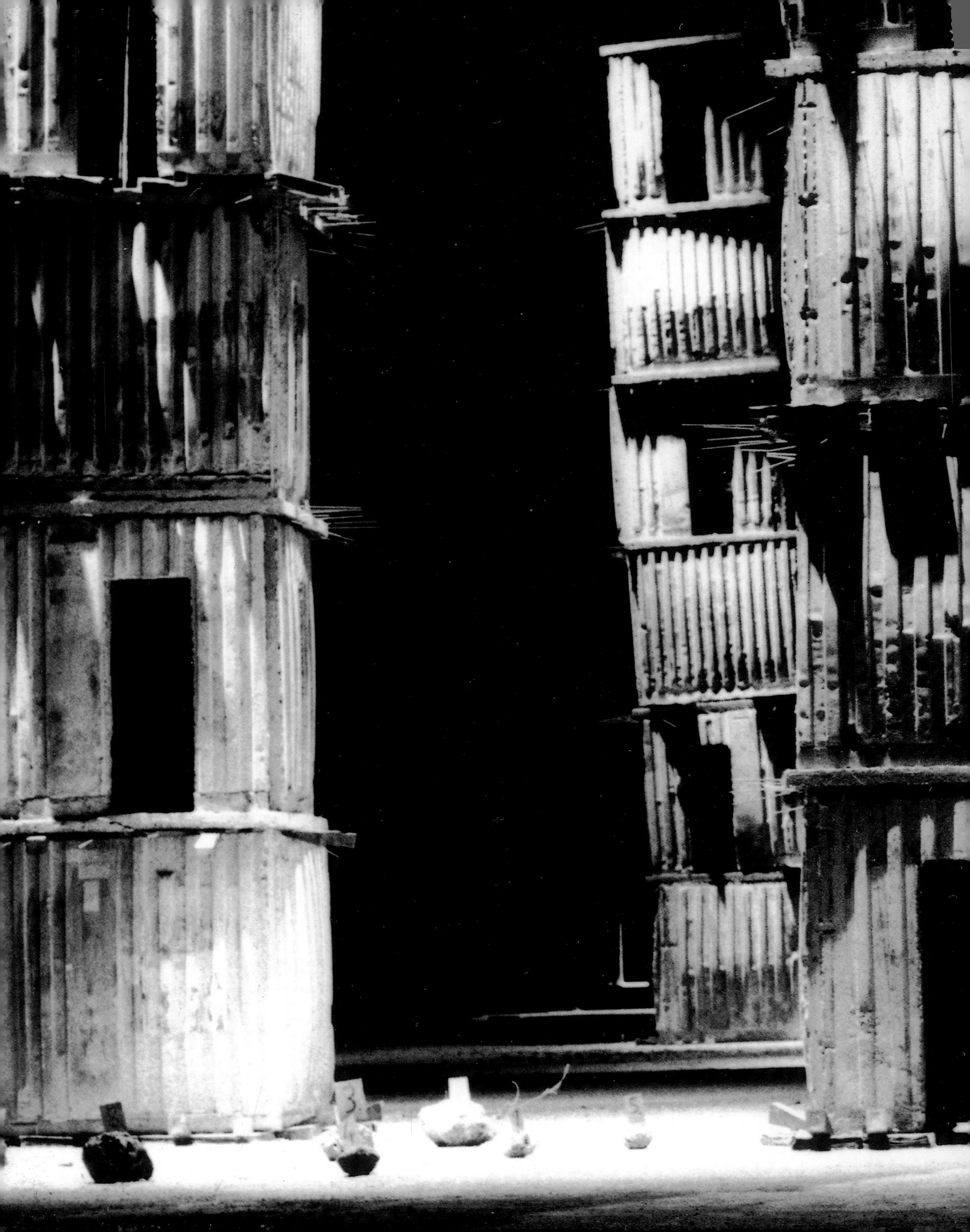

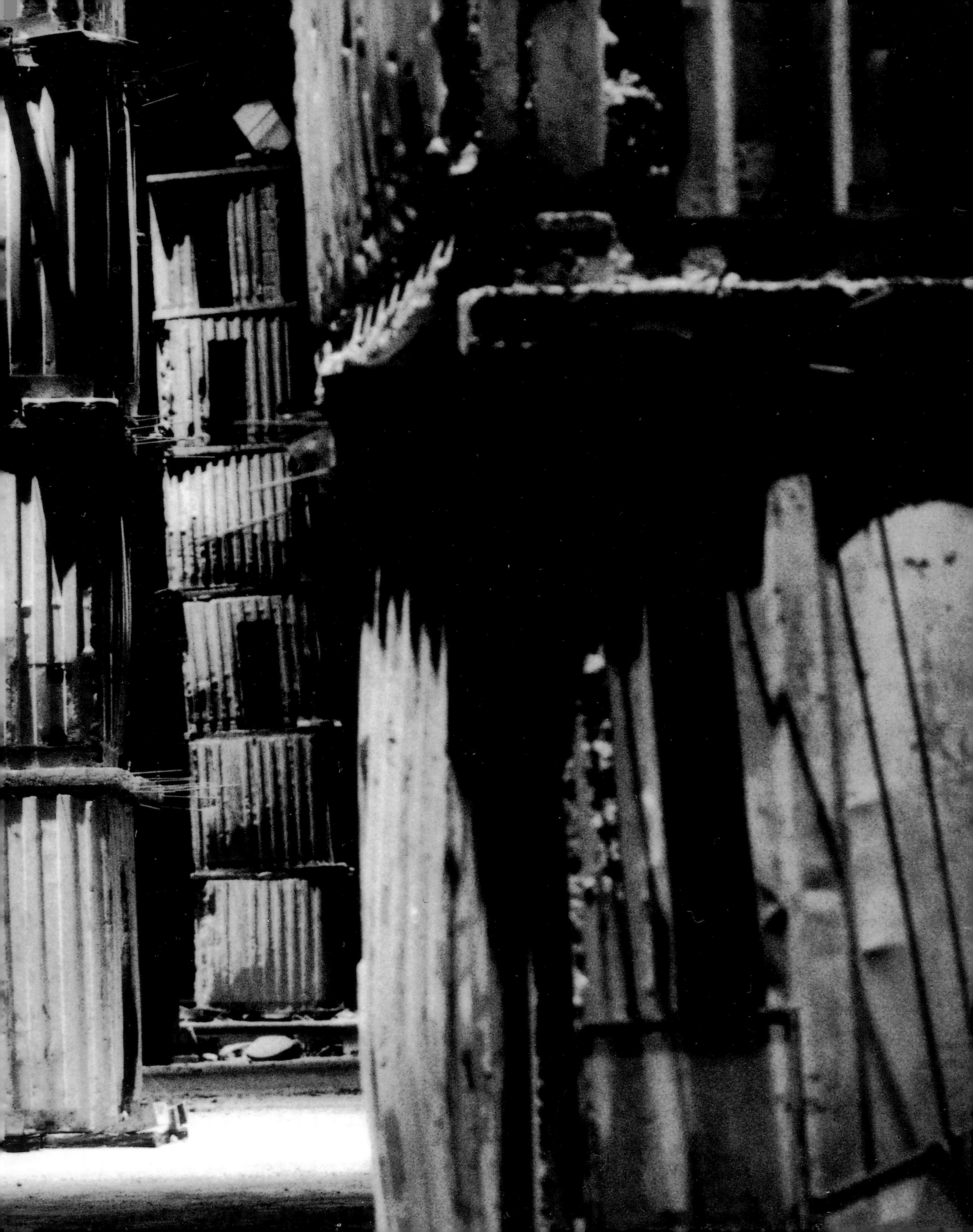

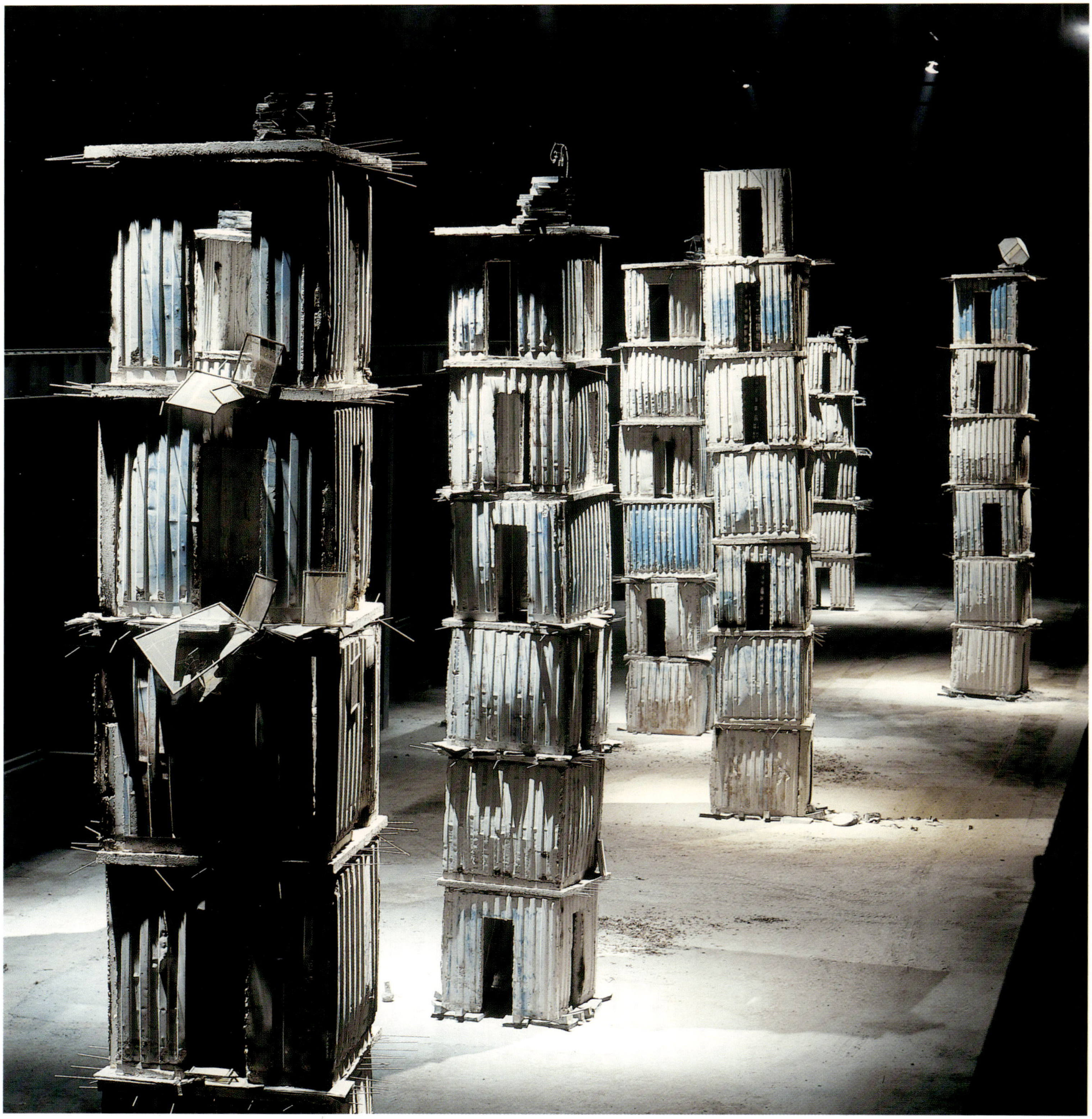

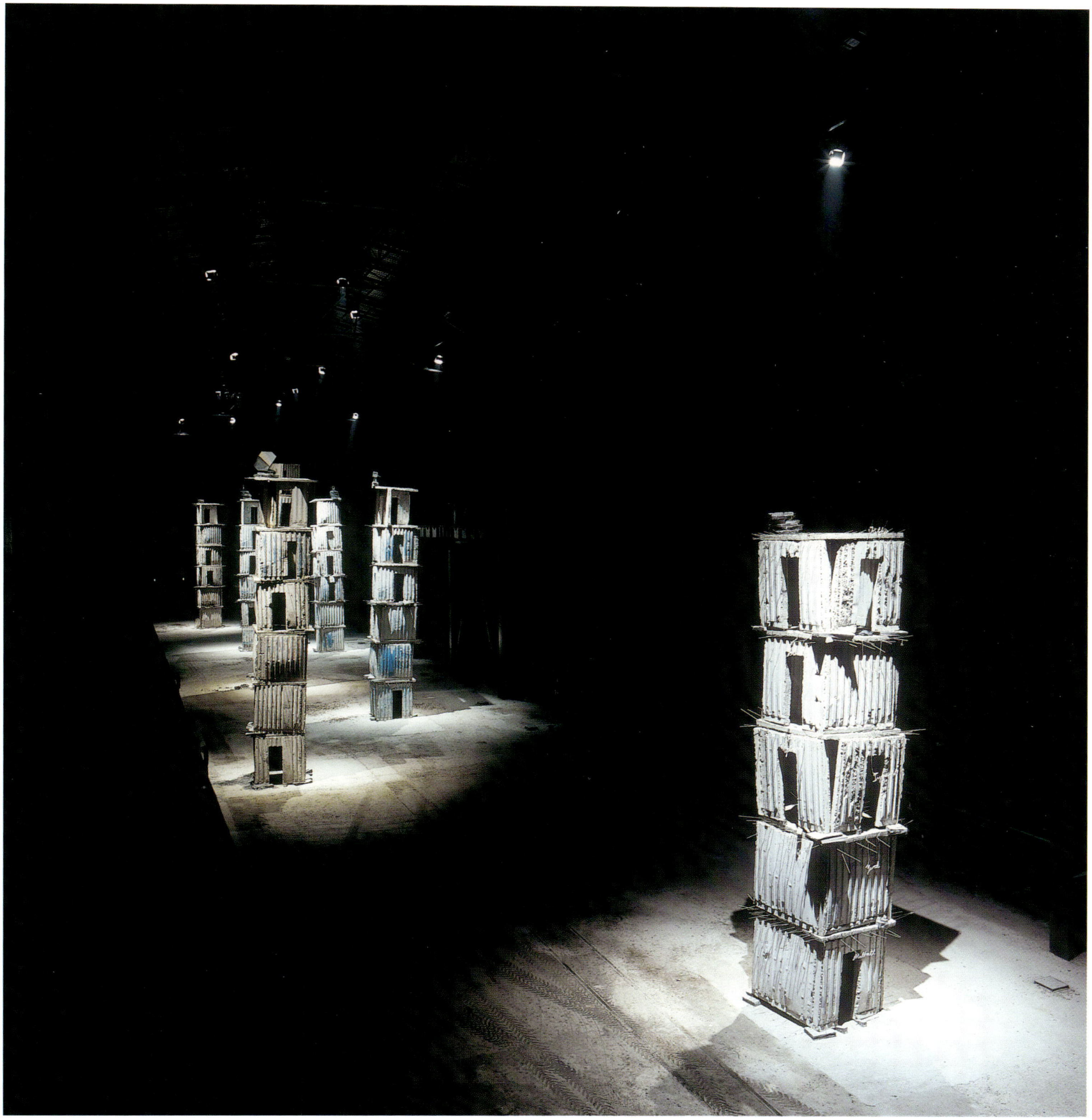

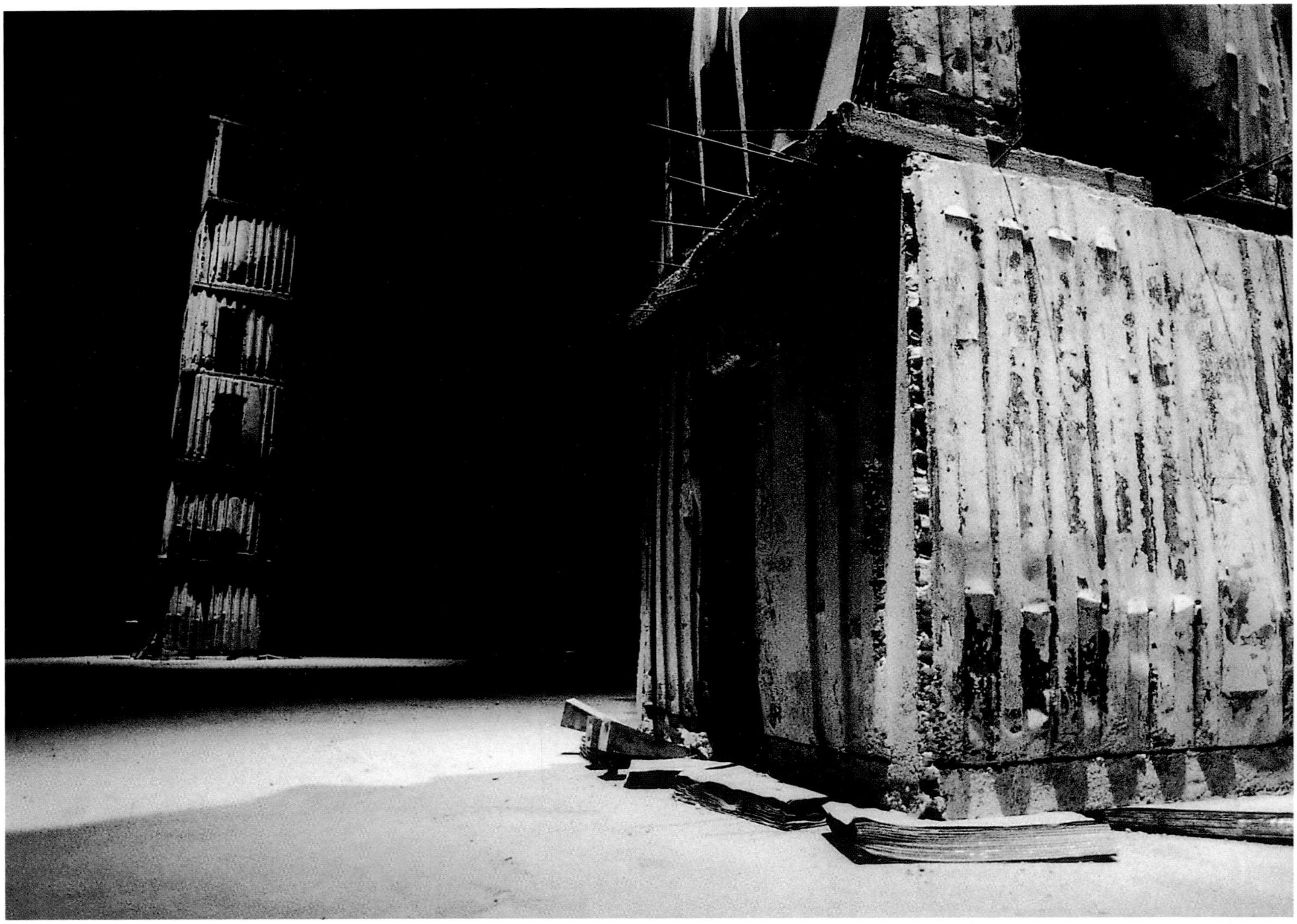

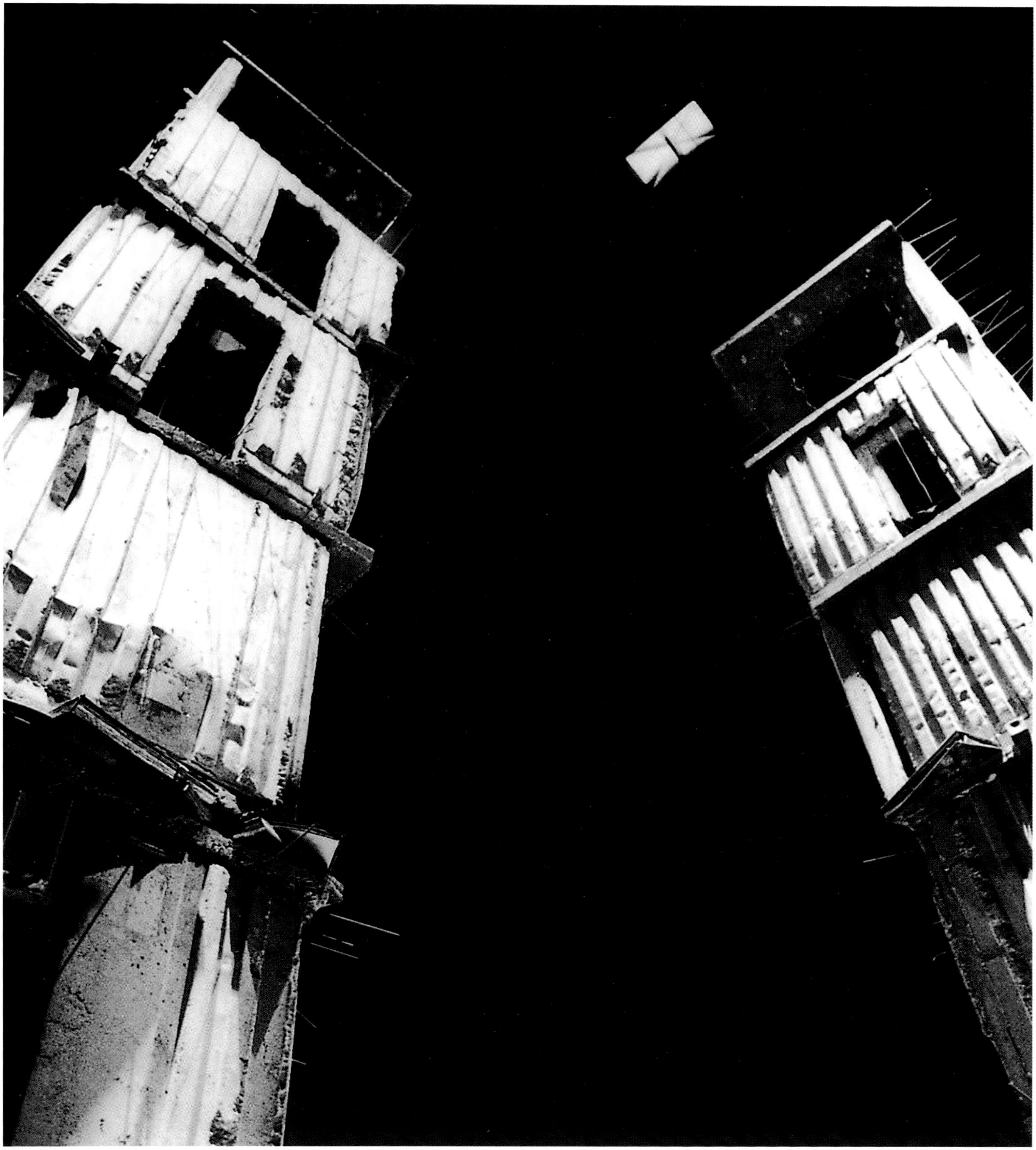

L'installazione

I Sette Palazzi Celesti sono descritti nell'antico (IV-V sec. d.C.) trattato del *Sefer Hechalot* (il libro dei palazzi/santuari) insieme alla complessa architettura dei Cieli, e all'esperienza diretta della presenza di Dio, il principale oggetto della letteratura mistica più in generale. Prima di arrivare alla presenza di Dio in trono, lo *loréd* – cioè colui che vuole salire la scala della *merkava* – deve passare attraverso i *Sette Cieli* e, quindi, percorrere le *Sette Stanze/Palazzi Celesti* dei quali è possibile varcare la soglia eludendo la sorveglianza degli angeli che le custodiscono, solo grazie a inni, parole e simboli magici. È quindi un simbolico cammino d'iniziazione spirituale che Anselm Kiefer propone nella sua installazione nell'Hangar Bicocca, curata da Lia Rumma.
Le sette torri sono costruite assemblando 85 setti angolari portanti in cemento armato (del peso di 6 tonnellate l'uno) realizzati nello stesso Hangar usando *container* di colore blu e rosso come cassaforma (e dai quali gli elementi mutuano anche le dimensioni 2,5 x 2,5 della sezione), 42 solette (del peso di 2,5 tonnellate ognuna) irregolarmente forate al centro per produrre un canale interno continuo fino alla sommità di ciascuna torre, 160 libri di tre formati diversi e 90 cunei di piombo. Lo schema planimetrico dell'installazione è stato predeterminato dall'artista, secondo criteri esclusivamente visivi in relazione allo spazio delle navate dell'Hangar – al momento del montaggio della prima opera – affinché potessero essere realizzati nel pavimento del capannone anche dei piani di posa armati sui quali ogni torre grava con un peso di circa 90 tonnellate. Kiefer pone a base di ogni costruzione un tappeto di libri e cunei di piombo, che si stratificano anche nei piani successivi e che, comprimendosi sotto il peso delle strutture, realizzano un simbolico espediente tecnico che consente alla costruzione, di elementi solo sovrapposti, di crescere secondo una configurazione in evidente *babelico* squilibrio visivo, ma, allo stesso tempo, anche in sorprendente equilibrio statico.
L'artista conclude ciascuna torre con elementi strutturali di coronamento ed elementi di decorazione e caratterizzazione variabili secondo il titolo e il soggetto associato a ogni "palazzo", realizzando così le 7 varianti/individui del tipo che costituiscono l'installazione nel suo insieme.

Sefiroth

Sefiroth, l'unica torre di soli 5 livelli, perché posta a ridosso dell'ingresso dell'*Hangar*, termina con una semplice soletta piana sulla quale è disposta una pila di 7 libri di piombo (del peso di circa 100 kg ognuno), mentre presenta sul fronte iscrizioni al neon recanti i nomi delle 10 *sefiroth* che compongono, secondo la cosmologia del misticismo ebraico, lo schema dell'*albero della vita* e la materia stessa del creato:

1.Keter (Corona Suprema) 2. Chochmah (Saggezza) 3. Binah (Intelligenza) 4. Chesed (Amore) 5. Gevurah (Potere) 6. Tiferet (Bellezza) 7. Netzach (Pazienza\Tolleranza)

8. Hod (Maestà) 9. Yesod (Fondazione del mondo) oppure Tzaddik (Giustizia)

10. Malchut (Regno)

I cabalisti includono tra queste *Sefiroth* delle qualità apparentemente umane, come la pazienza, la saggezza, l'amore, ma le considerano non semplicemente come aspetti della mente umana, ma anche come gli elementi propri del mondo stesso. Inoltre, sebbene vi siano 10 *Sefiroth* che comprendono tutta la realtà, ci sono solo *sette palazzi celesti*, e ciò è dovuto al fatto che le *Sefiroth* sono divise in due gruppi: le tre superiori e le sette inferiori. Generalmente, le tre superiori non hanno una reale influenza sul nostro mondo fisico. Esse sono al di sopra e al di fuori dei confini del nostro vicinato cosmico. Le sette *Sefiroth* inferiori, invece, influenzano direttamente il nostro mondo. Il numero 7 nella filosofia gnostica ha, infatti, il significato cosmologico di "materia generante".

(vedi pp. 65 in alto a sinistra, 66-67, 73 a destra, 94, 95-96 in primo piano, 98-99 a destra, 100 a destra, 104, 108, 113 in basso a destra, 110 a destra)

Melancholia

Melancholia (Stelle cadenti), di 6 livelli, presenta come elemento terminale di caratterizzazione un muro a "elle", richiuso a "portafogli", con un angolo leggermente acuto sul quale è posta una soletta con sovrapposta una pila di libri di piombo e il poliedro utilizzato da Dürer nella famosa incisione che rappresenta la personificazione del temperamento malinconico.

Questa torre è anche caratterizzata dalla presenza al suolo, alla sua base, e sui suoi sporti, di "Stelle cadenti" realizzate – in collaborazione con l'artista da un gruppo di studenti del Diploma di Secondo Livello, Biennio Specialistico Arti Visive dell'Accademia di Brera, diretti dal Prof. Correggia e dalla professoressa Ferrario – applicando su lastra di vetro la classificazione numerica delle stelle dell'astronomia moderna secondo la loro distanza, colore e massa, e quindi suscitando anche l'inevitabile associazione con i numeri tatuati sulle braccia dei prigionieri nei campi di concentramento.

(vedi pp. 68, 89, 101 a destra, 108-109, 112 a destra)

Ararat

Ararat, dal nome del monte in Armenia dove si sarebbe arenata l'Arca di Noè, rappresentata dall'artista con un modello di nave da guerra in piombo, dispone come sesto livello di un solo setto a "elle", ruotato leggermente per fornire un minimo appoggio alla soletta di coronamento posata "a bandiera".

(vedi pp. 100 a sinistra, 103-104, 108-109 a destra)

Linee di campo magnetico

Linee di campo magnetico. Un analogo elemento di coronamento, rispetto alla torre "Melancholia", è impiegato da solo, come settimo livello della scultura più alta dell'installazione (18 metri). Al di sotto di questo elemento, Kiefer ha srotolato dei nastri di piombo (in un primo momento collocati all'esterno sulle facciate) sui quali sono applicate sequenze fotografiche di nuvole e rocce. Alla base della torre è deposta, in questo caso, una cinepresa per l'impiego della pellicola di piombo – notoriamente l'unico materiale che non si fa attraversare dalla luce, e nemmeno dalle radiazioni.

(vedi pp. 81 in basso, 82 a destra, 85, 93, 109 al centro, 112 al centro)

JH&WH

JH e *WH (Tikkun)*. Le torri "gemelle" insistono su una comune piastra di appoggio che appare disseminata di meteoriti/*Sefiroth* numerati e realizzati in piombo fuso. Gli elementi di coronamento di queste due torri, composti entrambi da un setto ortogonale con sovrapposta soletta (sui quali Kiefer ha disposto una pila di 9 libri e l'iscrizione/titolo in lettere capitali realizzate al neon), si ricompongono in unità, insieme con la parola *JHWH*, disponendo l'angolo aperto l'una verso l'altra.

(vedi pp. 70-71, 72 al centro, 74-75 a sinistra, 78 al centro, 85-86 al centro, 91, 97, 101, 112 in primo piano, 115)

Quadri cadenti

Quadri Cadenti, l'ultimo "palazzo/stanza celeste" di sei livelli, rivolge l'angolo aperto del coronamento, analogo a quello delle 2 torri precedenti, ma con una pila composta da meno libri, verso lo spazio interno dell'installazione. I *Quadri cadenti*, rappresentati – come i ritratti delle *Regine di Francia* – dalle sole cornici in ferro e dal vetro relativo (qui ridotto in frantumi), sono trattenuti da ogni sporto delle superfici della torre e giacciono anche al suolo.

(vedi pp. 71-72 in primo piano, 74-79, 81 in alto, 96-97, 105, 112)

(a cura di Fabrizio Tramontano)

The Installation

The Seven Heavenly Palaces are described in the ancient (fourth- to fifth-century AD) treatise of the *Sefer Hechalot* (the book of palaces/sanctuaries), together with the complex architecture of the Heavens and the direct experience of the presence of God, the main focus of mystical literature as a whole. Before reaching the presence of God enthroned, the *Yored*—in other words, he who wishes to ascend the staircase of the *merkaba*—must pass through the *Seven Heavens* and therefore visit the *Seven Heavenly Rooms/Palaces*. Only by means of magical symbols, words, and hymns is it possible to cross the threshold and avoid the vigilance of the angels that guard them. It is therefore a symbolic path of spiritual initiation that Anselm Kiefer proposes in his installation in the Hangar Bicocca, curated by Lia Rumma.

The seven towers are constructed by assembling 85 reinforced concrete load-bearing angle walls (each weighing six tons)—made in the Hangar itself using blue and red containers as moulds (from which these pieces also take the 2.5 x 2.5 meter dimensions of the cross-section)—42 slabs (each weighing 2.5 tons) irregularly pierced in the center to produce a continuous inner shaft that reaches the top of each tower, 160 books of three different sizes, and 90 lead wedges. The planimetric design of the installation was predetermined by the artist according to strictly visual criteria connected with the space of the bays in the Hangar—at the time of the assembly of the first tower—so that reinforced concrete platforms could be constructed in the floor of the building, on which each tower rests with a weight of about 90 tons. At the bottom of each construction Kiefer has placed a layer of lead wedges and books, which are also arranged in layers on the other levels. This creates a symbolic technical device that allows the construction, consisting of pieces simply laid on top of each other, to grow in accordance with a configuration that has a clearly *Babelic* visual disequilibrium, but at the same time also a surprisingly static equilibrium.

The artist tops off each tower with structural elements and items of decoration and characterization that vary with the title and subject associated with each "palace," thus producing the seven individual versions or variants of the basic type that make up the overall installation.

Sefiroth

Sephiroth, the only tower with just five levels, because it is near the entrance to the Hangar, is topped by a simple flat slab on which a pile of seven lead books is arranged (each weighing about 100 kg), while on the front it has neon inscriptions with the names of the ten *Sephiroth* that make up the scheme of the *Tree of Life* and the very matter of creation, according to the cosmology of Hebrew mysticism:
1. Keter (Supreme Crown) 2. Chochmah (Wisdom) 3. Binah (Intelligence) 4. Chesed (Love) 5. Gevurah (Power) 6. Tiferet (Beauty) 7. Netzach (Patience\Tolerance) 8. Hod (Majesty) 9. Yesod (Foundation of the World) or Tzaddik (Justice) 10. Malchut (Kingdom).
Among these *Sephiroth* the cabbalists include apparently human qualities, such as patience, wisdom, or love, considering them, however, not just aspects of the human mind but also elements of the world itself. Moreover, though there are ten *Sephiroth* that make up the whole of reality, there are only seven heavenly palaces, which is because the *Sephiroth* are divided into two groups: three higher ones and seven lower ones. Generally speaking, the three higher ones have no real influence on our physical world. They are above and outside the confines of our cosmic neighborhood. The seven lower *Sephiroth*, however, influence our world directly. In fact, the number seven has the cosmological significance of "generating matter" in Gnostic philosophy.

(See pp. 65 above on right, 66-67, 73 on right, 94, 95-96 close-up, 98-99 on right, 100 on right, 104, 108, 113 below on right, 110 on right)

Melancholia

Melancholia (Falling Stars), with 6 levels, has an L-shaped wall as the final characterizing element, with the sides set at a slightly acute angle. Set on top of it there is a slab, on which there is a pile of lead books and the polyhedron used by Dürer in the famous engraving that represents the personification of the melancholy temperament.
This tower is also distinguished by the presence on the ground, at the bottom, and on its projections, of "falling stars." These were made—by the artist in collaboration with a group of students of the Second Level Diploma, Visual Arts Two-Year Specialization Course at the Accademia di Brera, directed by Professors Correggia and Ferrario—by sticking the numerical classifications of the stars of modern astronomy on a sheet of glass, in accordance with their distance, color, and mass. Hence there arises an inevitable association with the numbers tattooed on the arms of prisoners in concentration camps.

(See pp. 68, 89, 101 on right, 108-109, 112 on right)

Ararat

Ararat, from the name of the mountain in Armenia where Noah's Ark is said to have come to rest, represented by the artist with a lead model of a warship, has only one L-shaped wall for the sixth level, rotated slightly to supply some support to the small crowning slab, set "ragged."

(See pp.100 on left, 103-104, 108-109 on right)

Linee di campo magnetico

The top part of *Magnetic Field Lines* is similar to that of the "Melancholia" tower but the sides form an even more acute angle and it is used on its own as the seventh level of the tallest sculpture in the installation (18 meters). Beneath this part, Kiefer has stretched strips of lead (originally placed outside, on the façades), on which photographic sequences of clouds and rocks are stuck. In this case, a movie camera is placed at the bottom of the tower, for use with the lead film strip—lead being the only material that cannot be penetrated by light or even rays.

(See pp. 81 below, 82 on right, 85, 93, 109 on centre, 112 on centre)

JH&WH

The "twin" towers *JH* and *WH (Tikkun)* stand on a common supporting slab that seems to be covered with numbered meteorites/*Sephiroth* made of molten lead. The pieces at the top of these two towers, in each case consisting of a right-angled wall with a slab on it (on which Kiefer has placed a pile of nine books and the inscription/title in capital letters, in neon), form a single unit, together with the word *JHWH*, with the two open angles facing each other.

(See pp. 70-71, 72 on centre, 74-75 on left, 78 on centre, 85-86 on centre, 91, 97, 101, 112 close-up, 115)

Quadri cadenti

Falling Pictures, the last "heavenly palace/chamber," with six levels, has the open angle of the top part turned towards the inner area of the installation, like the two previous towers, but with a smaller pile of books. The *Falling Pictures*, represented—like the portraits of the *Queens of France*—simply by iron frames and the corresponding glass (here reduced to fragments), are held by the projections on the surfaces of the towers and are also lying on the ground.

(See pp. 71-72 close-up, 74-79, 81 above, 96-97, 105, 112)

(edited by Fabrizio Tramontano)

Apparati / Appendix

Biografia / Biography

Nasce nel 1945 a / Born in 1945 in Donaueschingen (Germania / Germany).

Fino al 1993 lavora a / Until 1993 worked in Buchen (Germania / Germany).

Dal 1993 lavora e vive a / Since 1993 works and lives in Barjac (Francia / France).

Riconoscimenti internazionali / International Honours

1983
Hans-Thoma-Memorial-Prize, (Germania / Germany).

1988
The Carnegie International, Pittsburg.

1990
Wolf-Foundation, Jerusalem (Israele / Israel).
Wolf Prize for the Arts (painting), maggio / May.
American Academy and Institut of Arts and Letters Nomination of honorary membership, New York, luglio/ July.
Kaiserring-Prize of Goslar, Germany, ottobre / October.
Chevalier dans L'Ordre des Arts et des Lettres, Francia / France.
Nomination of honorary membership, France, dicembre / December.

1999
Praemium Imperiale, Tokyo, Giappone / Japan.

2002
Officier de l'Ordre des Arts et des Lettres, Ministère de la Culture et de la Communication, Paris.

2004
Member of the American Academy of Arts and Sciences, Massachusetts.

2006
Das Verdienstkreuz 1. Klasse des Verdienstordens der Bundesrepublik Deutschland, Paris, marzo / March.

Mostre personali / Solo Exhibitions

1969
Anselm Kiefer, Galerie am Kaiserplatz, Karlsruhe (Germania / Germany).

1973
Nothung, Galerie Michael Werner, Cologne.
Der Nibelungen Leid, Galerie im Goethe-Institut, Amsterdam.
Malerei der verbrannten Erde, Galerie Michael Werner, Cologne.
Heliogabal, Galerie t'Venster/Rotterdam Arts Foundation, Rotterdam.

1975
Bücher, Galerie Michael Werner, Cologne.

1976
Siegfried vergisst Brünhilde, Galerie Michael Werner, Cologne.

1977
Anselm Kiefer, Kunstverein, Bonn.
Ritt an die Weichsel, Galerie Michael Werner, Cologne.
Anselm Kiefer, Galerie Helen van der Meij, Amsterdam.

1978
Anselm Kiefer: Wege der Weltweisheit – die Hermannsschlacht, Galerie Maier-Hahn, Düsseldorf.
Anselm Kiefer: Bilder und Bücher, Kunsthalle, Bern.

1979
Anselm Kiefer: Bücher, Galerie Helen van der Meij, Amsterdam.
Anselm Kiefer, Stedelijk Van Abbemuseum, Eindhoven.

1980
Anselm Kiefer, Kunstverein, Mannheim (Germania / Germany).
Verbrennen, verholzen, versenken, versanden, West German Pavilion, 39ª Biennale di Venezia, Venezia.
Bilder und Zeichnungen, Galerie Six Friedrich/Sabine Kunst, Münich.
Anselm Kiefer, Württembergischer Kunstverein, Stuttgart.
Anselm Kiefer: Holzschnitte und Bücher, Groninger Museum, Groningen.
Anselm Kiefer, Galerie Helen van der Meij, Amsterdam.

1981
Anselm Kiefer, Galerie Paul Maenz, Cologne.
Anselm Kiefer, Marian Goodman Gallery, New York City.
Anselm Kiefer: Bücher, Galerie Six Friedrich/Sabine Knust, Münich.
Anselm Kiefer, Galleria Salvatore Ala, Milano.
Anselm Kiefer: Aquarelle 1970–1980, Kunstverein, Freiburg.
Anselm Kiefer: Bilder und Bücher, Museum Folkwang, Essen, mostra itinerante / traveled to Whitechapel Art Gallery, London.

1982
Anselm Kiefer, Marian Goodman Gallery, New York City.
Anselm Kiefer, Galerie Paul Maenz, Cologne.
Anselm Kiefer, Galerie Helen dan der Meij, Amsterdam.
Anselm Kiefer, Mary Boone Gallery, New York City.

1983
Anselm Kiefer, Sonja Henie-Niels Onstad Foundations, Oslo.
Anselm Kiefer: Paintings and Watercolours, Anthony D'Offay Gallery, London.
Anselm Kiefer: Bücher und Gouachen, Hans-Thoma-Museum, Bernau (Germania / Germany).

1984
Anselm Kiefer, Galerie Paul Maenz, Cologne.
Anselm Kiefer, Städtische Kunsthalle, Düsseldorf, mostra itinerante / traveled to ARC/Musée d'Art Moderne de la Ville de Paris and the Israel Museum, Jerusalem.
Anselm Kiefer: Peintures 1983–1984, Musée d'Art Contemporain, Bordeaux.

1985
Anselm Kiefer: Auszug aus Ägypten, Departure of Egypt, Marian Goodman Gallery, New York City.

1986
Anselm Kiefer, Galerie Paul Maenz, Cologne.
Anselm Kiefer: Bilder 1986–1980, Stedelijk Museum, Amsterdam.

1987
Anselm Kiefer, Marian Goodman Gallery, New York City.
Anselm Kiefer, Galeria Foksal, Warsaw.
Anselm Kiefer, The Art Institute, Chicago, mostra itinerante / traveled to Museum of Art, Philadelphia; Museum of Contemporary Art, Los Angeles and Museum of Modern Art, New York City.

1989
Anselm Kiefer: The High Priestess – Zweistromland, Anthony D'Offay Gallery, London.
Anselm Kiefer: Der Engel der Geschichte, Galerie Paul Maenz, Cologne.
Anselm Kiefer: Mohn und Gedächtnis, Galeria Foksal, Warsaw.

1990
Lilit, Marian Goodman Gallery, New York City.

Jason, The Douglas Hyde Gallery, Dublin.
Anselm Kiefer: Bücher 1969–1989, Kunsthalle Tübingen.
Kaiserring Goslar 1990: Anselm Kiefer, Mönchehaus Museum, Goslar (Germania / Germany).

1991
Anselm Kiefer: Bücher 1969–1990, Kunstverein Münich.
Anselm Kiefer: Bücher 1969–1990, Kunsthaus Zürich.
Anselm Kiefer, Neue Nationalgalerie, Berlin.
Nachtschattengewächse, Galerie Yvon Lambert, Paris.

1992
Anselm Kiefer, Fuji Television Gallery, Tokyo.
The Women of the Revolution, Anthony D'Offay Gallery, London.
Anselm Kiefer, Galleria Lia Rumma, Napoli.

1993
Anselm Kiefer-Melancholia, Sezon Museum of Art, Tokyo.
Anselm Kiefer-Melancholia, Kyoto National Museum of Art, Kyoto.
Anselm Kiefer-Melancholia, Hiroshima Museum of Contemporary Art, Hiroshima.

1995
Anselm Kiefer, Kukje Gallery, Seoul.

1996
Anselm Kiefer, Centro Cultural Arte Contemporaneo, Mexico City.
Cette obscure clarté qui tombe des étoiles, Galerie Yvon Lambert, Paris.
I Hold all Indias in my Hand, Anthony D'Offay Gallery, London.

1997
Himmel-Erde, Museo Correr, Venezia.
Anselm Kiefer, Museo Capodimonte, Napoli.

1998
Dein und mein Alter und das Alter der Welt, Gagosian Gallery, New York City.
Woodcuts, Shoshana Wayne Gallery, Los Angeles.
Works on Paper, The Metropolitan Museum of Art, New York City.

1999
Stelle Cadenti, Galleria d'Arte Moderna, Bologna.
Die Frauen der Antike, Galerie Yvon Lambert, Paris.
Die Frauen der Antike, Galleria Lia Rumma, Milano.

2000
Stedelijk Museum veor Actuele Kunst, Gent, Belgium.
Gagosian Gallery, New York City.
Die Frauen der Antike, Galleria Lia Rumma, Napoli.
Chevirat Ha-Kelim, Chapelle de la Salpétrière, Paris.
Lasst tausend Blumen blühen, Anthony D'Offay Gallery, London.
National Gallery, London

2001
Les Reines de France, Le Rectangle, Lyon.
Lasst tausend Blumen blühen, Louisiana Museum of Modern Art, Humlebaek (Danimarca / Denmark).
The Seven Palaces of Heaven, Fondation Beyeler, Basel.
Royal Academy, London
Kukje Gallery, Seoul.

2002
Musikfestival Salzburg, Salzburg.
La Vie Secrète des Plantes, Galerie Yvon Lambert, Paris.
Merkaba, Gagosian Gallery, New York City.

2003
Ödipus auf Kolonos, Klaus Michael Grüber, Burgtheater, Wien. Costumi e scenografia / costumes and design.
Elektra, Teatro San Carlo, Napoli.
Am Anfang, Galerie Thaddaeus Ropac, Salzburg.

2004
Museo Archeologico Nazionale di Napoli, Napoli.
I sette palazzi celesti, Hangar Bicocca, Fondazione Pirelli, Milano.
Kunsthalle Würth, Schwäbisch Hall, Germany.

2005
Die Frauen, Villa Medici, Roma.
Für Chlebnikov, White Cube, London.
Für Paul Celan, Galerie Thaddaeus Ropac, Salzburg.
Heaven and Earth, Museum of Modern Art, Fort Worth, Texas.

2006
Odi Navali, Galleria Lia Rumma, Napoli.
Anselm Kiefer, Galleria Lorcan O'Neill, Roma.

Mostre collettive / Group Exhibitions

1969
Deutscher Künstlerbund 17: Austellung, Kunstverein, Hannover.
Staatliche Academie der bildenden Künste, Karlsruhe, Karl-Arnold-Bildungsstätte, Bad Godesberg (Germania / Germany).

1973
14 mal 14, Staatliche Kunsthalle, Baden-Baden.
Bilanz einer Aktivität, Galerie im Goethe-Institut, Amsterdam.

1976
Beuys und seine Schüler, Kunstverein, Frankfurt/Main.

1977
Pejling af tysk kunst, Louisiana Museum of Modern Art, Humlebaek (Danimarca / Denmark).
Documenta 6, Museum Friedericianum, Kassel.
10ème Biennale de Paris, Musée d'art Moderne de la Ville de Paris.

1978
The Book of the Art of Artists' Books, Museum of Contemporary Art, Teheran.

1979
Malerei auf Papier, Badischer Kunstverein, Karlsruhe (Germania / Germany).

1980
Les Nouveaux Fauves/Die Neuen Wilden, Neue Galerie/Sammlung Ludwig, Aachen.
Après le classicisme, Musée d'Art et d'Industries, St-Etienne (Francia / France).

1981
A New Spirit in Painting, Royal Academy of Arts, London.
Art Allemand aujourd'hui, ARC/Musée D'Art Moderne de la Ville de Paris, Paris.
Schilderkunst in Duitsland/Peinture en Allemagne, Ste des Expositions du Palais des Beaux-Arts, Brussels.
Westkunst: Zeitgenössische Kunst seit 1939, Messehallten, Cologne (organizzato dai musei della città di Colonia / organized by the museums of the city of Cologne).

1982
'60 '80: Attitudes/Concepts/Images, Stedelijk Museum, Amsterdam.
La nuova pittura tedesca, Studio Marconi, Milano.
De la catastrophe, Centre d'Art Contemporain, Geneva.
Avanguardia transavanguardia, Mura Aureliane da Porta Metronia a

Porta Latina, Roma.
Kunst van nu in het Groninger Museum: Aanwisten 1978–82, Groninger Museum, Groningen.
Vergangenheit, Gegenwart, Zukunft: Zeitgenössische Kunst und Architektur, Württembergischer Kunstverein, Stuttgart.
Anselm Kiefer, Jannis Kounellis, Mario Merz, Galleria Christian Stein, Torino.
The Pressure to Paint, Marlborough Gallery, New York City.
Documenta 7, Museum Fridericianum, Kassel.
New Paintings, Anthony D'Offay Gallery, London.
Mythe, drame, tragédie dans la transavant-garde, Musée D'Art et d'Industrie, St-Etienne (Francia / France).
Bilder sind nicht verboten, Städtische Kunsthalle, Düsseldorf.
Zeitgeist, Martin-Gropius-Bau, Berlin.
New Figuration from Europe, Milwaukee Art Museum, Milwaukee.

1983
New Figuration: Contemporary Art from Germany, Frederick S. Wight Art Gallery, University of California at Los Angeles.
Neue Zeichnungen aus dem Kunstmuseum Basel, Kunstmuseum, Basel, mostra itinerante / traveled to Kunsthalle, Tübingen e / and Neue Galerie, Kassel.
Der Hang zum Gesamtkunstwerk, Kunsthaus, Zürich, mostra itinerante / traveled to Städtische Kunsthalle e / and Kunstverein für die Rheinlande und Westfalen, Düsseldorf; Museum Moderner Kunst e / and Museum des 20. Jahrhunderts, Vienna e / and Orangerie des Schlosses Charlottenburg, Berlin.
Mensche und Landschaft in der zeitgenössischen Malerei und Graphik, Central House of Artists, Moscow, mostra itinerante / traveled to Central Exhibition Hall, Leningrad (organizzata da / organized by Kunstverein für die Rheinlande und Westfalen, Düsseldorf).
Adamah: La Terre, Espace Lyonnais d'Art Contemporain, Lyon.
Expressions: New Art from Germany, The St Louis Art Museum, St Louis. Mostra itinerante / traveled to the Institute for Art and Urban Resources, P.S. 1, New York City; Institute of Contemporary Art, University of Pennsylvania, Philadelphia; The Contemporary Arts Center, Cincinnati; Museum of Contemporary Art, Chicago; Newport Harbour Art Museum, Newport Beach e / and Corcoran Gallery of Art, Washington.
Tysk Malerei Omkring 1980: Den Nye Ekspressionisme, Louisiana Museum of Modern Art, Humlebaek (Danimarca / Denmark), mostra itinerante / traveled to Nordjyllands Kunstmuseum, Alborg (Danimarca / Denmark).
New Art at the Tate Gallery, The Tate Gallery, London.
Ars 83, The Art Museum of the Ateneum, Helsinki.
Luther und die Folgen für die Kunst, Kunsthalle, Hamburg.
The First Show: Paintings and Sculpture from Eight Collections, 1940–1980, Museum of Contemporary Art of Los Angeles, Los Angeles.
Die Sammlung Fer/The Fer Collection, Museum Folkwang, Essen.
Références, Palais des Beaux-Arts, Charleroi (Belgio / Belgium).
Deutsche Landschaft heute, Neuer Berliner Kunstverein, Berlin.
Une Collection Imaginaire, Kunstmuseum Winterthur.
Origen y vision: Neuva pintura alemana, Centre Cultural de la Caiza de Pensions, Barcelona; mostra itinerante / traveled to Palacio Velazquez, Madrid.
The Fifth Biennale of Sydney: Private Symbol, Social Metaphor, Art Gallery of New South Wales, Sydney.
Paravents, Schloss Loersfeld, Kerpen (Germania / Germany).
International Survey of Recent Painting and Sculpture, The Museum of Modern Art, New York City.
Terrae Motus, Villa Campolieto, Ercolano (Italia / Italy).
Creation: Modern Art and Nature, Scottish National Gallery of Modern Art, Edinburgh.
Von hier aus, Messehallen, Düsseldorf (organizzata da / organized by Gesellschaft für Aktuelle Kunst, Düsseldorf).
Content: A Contemporary Focus 1974–1984, Hirshhorn Museum and Sculpture Garden, Washington.
La Grande Parade: Highlights in Painting after 1940, Stedelijk Museum, Amsterdam.

1985
Raum und Lythos: Six Peintres Allemagnd Villa Vauban, Luxembourg.
Nouvelle Biennale de Paris, Grande Halle du Parc de la Villette, Paris.
Schwarz auf Weiss : Von Manet bis Kiefer, Galerie Beyeler, Basel, mostra itinerante / traveled to Galerie Wittrock, Düsseldorf.
Museum? Museum! Museum, Museum für 40 Tage, Hamburg.
Deutsche Kunst seit 1960: Aus der Sammlung Prinz Franz von Bayern, Staatsgalerie Moderner Kunst, Münich.
Unique Books, Anthony D'Offay Gallery, London.
1945–1985: Kunst in der Bundesrepublik Deutschland, Nationalgalerie, Staatliche Museen, Berlin.
German Art in the 20th century: Painting and Sculpture 1905–1985, Royal Academy of Arts, London, mostra itinerante / traveled to Staatsgalerie, Stuttgart.
Memento Mori, Moore College of Art, Philadelphia.
1985 Carnegie International, Museum of Art, Carnegie Institute, Pittsburgh.
Ouverture, Castello di Rivoli, Torino.

1986
Drawing Show, Marian Goodman Gallery, New York City.
The Real Big Picture, The Queens Museum, Flushing, New York City.
Forty Years of Modern Art 1945-1985, The Tate Gallery, London.
Wild Visionary Spectral: New German Art, Art Gallery of South Australia, Adelaide, mostra itinerante / traveled to Art Gallery of Western Australia, Perth e / and National Art Gallery, Wellington (Nuova Zelanda / New Zealand).
Joseph Beuys, Enzo Cucchi, Anselm Kiefer, Jannis Kounellis, Kunsthalle, Basel.
Europa/Amerika: Die Geschichte einer Künstlerischen Faszination, Museum Ludwig, Cologne.
Anselm Kiefer-Richard Serra, The Saatchi Collection, London.
Turning over the Pages: Some Books in Contemporary Art, Kettle's Yard Gallery, Cambridge.
Positionen: Malerei aus der Bundesrepublik Deutschland, Neue Galerie im Alten Museum, Berlin East; mostra itinerante / traveled to Staatliche Kunstsammlungen, Dresden.
Individuals: A Selected History of Contemporary Art 1945–1986, Museum of Contemporary Art, Los Angeles.

1987
L'Epoque, la mode, la morale, la passion: Aspects de l'art d'aujourd'hui 1977–1987, ARC/Musée d'Art Moderne de la Ville de Paris, Paris.
Documenta 8, Museum Fridericianum, Kassel.
XIX Bienal de São Paulo, São Paulo.

1988
The Seventh Biennale of Sydney, Art Gallery of New South Wales, Sydney.
Saturne en Europe, Musée de

Strasbourg, Strasbourg.
1988 Carnegie International, The Carnegie Institute, Pittsburgh.
Refigured Painting: The German Image 1960–88, Museum of Art, Toledo (Ohio), mostra itinerante / traveled to Solomon R. Guggenheim Museum, e / and New Kunsthalle Schirn, Frankfurt.

1989
Magiciens de la terre, Centre Geroges Pompidou and Grand Halle La Villette, Paris.
Lehrstund der Nachtigall, Künstlerhaus Stuttgart an der Staatlichen Akademie der bildenden Künste, Stuttgart.
Modern Masters 89, Helsingfors Konsthall, Helsinki.
Freiheit, Gleichheit, Brüderlichkeit. 200 Jahre Französische Revolution Deutschland, Germanisches Nationalmuseum, Nuremberg.
Ressource Kunst. Die Elemente neu gesehen, Künstlerhaus Bethanien.
Drawing as Itself, The National Museum of Art, Osaka.

1990
1990 -Energieen, Stedelijk Museum, Amsterdam.
Threshold, Museet for Samtidskunst, Oslo.
Life Size, The Israel Museum, Jerusalem.
Anselm Kiefer in "Räume und Völker, Städel, Frankfurt.

1993
Work on Paper, Marian Goodman Gallery, New York.

1995
Deutsche Kunst Nach 1945, Ludwig Forum.
Tag um Tag=30 Jahre – Ehemalige der Klasse Peter Dreher, Museum für Neue Kunst.

1996
Portrait of the Artists, Anthony D'Offay Gallery, London.
Recaptured Nature, Marian Goodman Gallery, New York City.

1997
Biennale di Venezia, Venezia.
The Guggenheim Museum, Bilbao.

1999
Stedelijk Museum veor Actuele Kunst, Gent, Belgium.

2005
Melancholie, Galerie Nationale du Grand Palais, Paris.
Burri. Gli artisti e la materia 1945–2004, Scuderie del Quirinale, Roma.

Bibliografia / Bibliography

Monografie / Monographs

1977
Anselm Kiefer, catalogo / catalogue Bonner Kunstverein, Bonn. Testi di / texts by Evelyn Weiss, Dorothea v. Stetten.

1978
Anselm Kiefer: Bilder und Bücher, catalogo / catalogue Kunsthalle Bern. Testi di / texts by Johannes Gachnang, Theo Kneubühler.

1979
Anselm Kiefer, catalogo / catalogue Stedelijk Van Abbemuseum, Eindhoven. Testo di / text by Rudi H. Fuchs.

1980
Anselm Kiefer, catalogo / catalogue Groninger Museum, Groningen. Testi di / texts by Carel Blotkamp, Günther Gercken.
Anselm Kiefer: Verbrennen, verholzen, versenken, versanden, catalogo / catalogue Padiglione tedesco, XXXIX Biennale di Venezia, Venezia. Testi di / texts by Klaus Gallwitz, Rudi H. Fuchs.
Anselm Kiefer, catalogo / catalogue Württembergischer Kunstverein, Stuttgart. Testo di / text by Tilman Osterwold.
Anselm Kiefer, catalogo / catalogue Mannheimer Kunstverein Mannheim. Testo di / text by Rudi H. Fuchs.

1981
Anselm Kiefer, catalogo / catalogue Museum Folkwang, Essen; Whitechapel Art Gallery, London. Testi di / texts by Zdenek Felix, Nicholas Serota.
Anselm Kiefer: Aquarelle 1970–1980, catalogo / catalogue Freiburger Kunstverein, Freiburg. Testo di / text by Rudi H. Fuchs.

1983
Anselm Kiefer: Bücher und Gouachen, catalogo / catalogue Hans-Thoma-Museum, Bernau. Testo di / text by Katharina Schmidt.
Anselm Kiefer: Watercolours 1970–1982, Anthony D'Offay Gallery, London. Testo di / text by Anne Seymour.

1984
Anselm Kiefer: Peintures 1983–1984, catalogo / catalogue Musée d'Art Contemporain, Bordeaux. Testo di / text by René Denizot.
Anselm Kiefer, catalogo / catalogue Städtische Kunsthalle Düsseldorf, Düsseldorf; ARC/Musée d'Art Moderne de la Ville de Paris, Paris. Testi di / texts by Rudi H. Fuchs, Suzanne Pagé, Jürgen Harten.

1985
Anselm Kiefer: Auszug aus Ägypten, Departure from Egypt 1984–1985, Marian Goodman Gallery, New York City.

1986
Anselm Kiefer, Paul Maenz Gallery, Cologne. Pubblicato da / published by Walther König, Buchhandlung und Verlag, Cologne.
Anselm Kiefer: Bilder 1986–1980, catalogo / catalogue Stedelijk Museum, Amsterdam. Testo di / text by Wim Beeren.

1987
Anselm Kiefer, catalogo / catalogue Biennale São Paulo. Testo di / text by Armin Zweite.
Anselm Kiefer, catalogo / catalogue Foksal Gallery, Warsaw. Testo di / text by Wieslaw Borowski.
Anselm Kiefer, catalogo / catalogue The Art Institute of Chicago, Chicago and Philadelphia Museum of Art, Philadelphia. Testo di / text by Mark Rosenthal. Pubblicato da / published by Neues Publishing Company, New York City.

1988
A Book by Anselm Kiefer: Erotik im Fernen Osten oder Transition from Cool to Warm, The Museum of Fine Arts, Boston and George Braziller, New York City. Testi di / texts by Jürgen Harten, Susan Cragg Ricci, Theodore E. Stebbins. Pubblicato da / published by George Braziller, New York City.
Anselm Kiefer. Bruch und Einung, catalogo / catalogue Marian Goodman Gallery, New York City. Testo di / text by John Hallmark Neff.

1989
The High Priestess, Anthony D'Offay Gallery, London. Testi di / texts by Armin Zweite, Anne Seymour. Pubblicato da / published by Thames & Hudson, London; Harry N. Abrams, New York City; Meulenhoff/ Landshoff, Amsterdam.
Anselm Kiefer, catalogo / catalogue Foksal Gallery, Warsaw. Testi di / texts by Stanislaw Cichowicz, Andrzej Pienkos.

1990
Anselm Kiefer. Jason, catalogo / catalogue Dougals Hyde Gallery, Dublin. Testo di / text by John Hutchinson. Pubblicato da / published by Edition Cantz, Stuttgart.
Anselm Kiefer. Über Räume und Völker, Testo di / text by Klaus Gallwitz. Städelsches Kunstinstitut, Frankfurt/ Main. Suhrkamp pocket-book.
Anselm Kiefer. Bücher 1969-1990, Testi di / texts by Götz Adriani, Zdenek

Felix, Toni Stoss, Peter Schjeldahl. Pubblicato da / published by Dr. Cantz'sche Druckerei, Stuttgart.
Anselm Kiefer. Lilith, catalogo / catalogue Marian Goodman Gallery, New York City. Testo di / text by Doreet LeVitté-Harten.

1991
Anselm Kiefer, catalogo / catalogue National Gallery, Berlin. Testi di / texts by Dieter Honisch, Doreet LeVitté-Harten, Wulf Herzogenrath, Angela Schneider, Anda Rottenberg, Klaus-Peter Schuster. Pubblicato da / published by Staatliche Museen Preussischer Kulturbesitz, Berlin.

1992
Anselm Kiefer. The Winged Zeitgeist, catalogo / catalogue Fuji Television Gallery, Tokyo. Testo di / text by Tatsumi Shinoda.

1993
Anselm Kiefer. Melancholia, catalogo / catalogue Sezon Museum of Art, Tokyo. Testo di / text by Mark Rosenthal.

1996
Anselm Kiefer. Cette obscure clarté qui tombe des étoiles, catalogo / catalogue Galerie Yvon Lambert, Paris. Testo di / text by Daniel Arasse.
Anselm Kiefer, Libro e testo di / book and text by Rafael Lopez-Pedraza.
Anselm Kiefer. I Hold all Indias in my Hand, catalogo / catalogue Anthony D'Offay Gallery, London. Testo di / text by Thomas McEvilley.

1997
Anselm Kiefer, catalogo / catalogue Museo Correr, Venezia. Testi di / texts by Massimo Cacciari, Germano Celant.

1998
Anselm Kiefer, catalogo / catalogue Gagosian Gallery, New York City. Testo di / text by Heiner Bastian.
Anselm Kiefer, catalogo / catalogue Museu de Arte Moderna de São Paulo. Testo di / text by Robert Littman.
Anselm Kiefer, catalogo / catalogue Proa Fundacion, Buenos Aires. Testi di / texts by Andreas Huyssen, Gabriela Massuh.
Anselm Kiefer, catalogo / catalogue Palacio Velasquez, Madrid. Testi di / texts by Alicia Chillida, Olvido Garcia Valdes, José Alvarez, Fernando Castro Florez.
Anselm Kiefer. 20 Jahre Einsamkeit. A cura da / edited by José Alvarez.

1999
Anselm Kiefer. Works on Paper, catalogo / catalogue Metropolitan Museum of Art, New York City. Testo di / text by Nan Rosenthal.
Anselm Kiefer. Stelle cadenti, catalogo / catalogue Galleria d'Arte Moderna Bologna, Bologna. Testo di / text by Danilo Eccher.
Anselm Kiefer. Die Frauen der Antike, catalogo / catalogue Yvon Lambert Gallery, Paris.

2000
Anselm Kiefer. Dein und mein Alter und das alter der Welt, catalogo / catalogue Gagosian Gallery, New York City. Curato da / edited by Heiner Bastian.
Anselm Kiefer. Chevirat Ha-Kelim, catalogo / catalogue Chapelle de la Salpétrière, Paris. Testo di / text by Catherine Strasser. A cura di / edited by Editions du Regard, José Alvarez.
Anselm Kiefer. Let a Thousand Flowers Bloom, catalogo / catalogue Anthony D'Offay Gallery, London. Testo di / text by Thomas McEvilley.
Anselm Kiefer. Über euren Städten wird Gras wachsen, a cura di / edited by Heiner Bastian.
Anselm Kiefer. Ich halte alle Indien in meiner Hand, a cura di / edited by Heiner Bastian.

2001
Anselm Kiefer. Les Reines de France, catalogo / catalogue Le Rectangle, Lyon.
Anselm Kiefer. Biographie, a cura di / edited By José Alvarez, Editions du Regard. Testo di / text by Daniel Arasse.
Anselm Kiefer. The Seven Palaces of Heaven, catalogo / catalogue Fondation Beyeler, Bales, Switzerland.
Anselm Kiefer, catalogo / catalogue Kukje Gallery, Corée

2002
Anselm Kiefer. Merkaba, catalogo / catalogue Gagosian Gallery, New York City.
Kiefer s'attaque à la matière, Nadine Coleno. Editions du Regard.

2003
Anselm Kiefer. The Heavenly Palaces : Merkabah, catalogo / catalogue Klaus Gallwitz. Harvard University art Museums.
Anselm Kiefer. Am Anfang, catalogo / catalogue Galerie Thaddaeus Ropac, Salzburg.
The Spirit of White, catalogo / catalogue Galerie Beyeler, Bales.
Elektra, Teatro San Carlo, Napoli.

2004
Anselm Kiefer, catalogo / catalogue Museo Archeologico, Napoli.
Anselm Kiefer, I sette Palazzi Celesti, Éditions du Regard, Paris.
Anselm Kiefer, Kunsthalle Würth, Schwäbisch Hall, Germany.

2006
Merkaba, Charta, Milano.

Pubblicazioni dell'artista / Artist's Publications

1975
"Besetzungen 1969", in Interfunktionen (Zeitschrift für neue Arbeiten und Vorstellungen), Cologne.

1977
"Selbstbiographie", in *Anselm Kiefer*, Bonner Kunstverein, Bonn.

1978
"Selbstbiographie", in *Anselm Kiefer: Bilder und Bücher*, Kunsthalle, Bern.
Die Donauquelle. Michael Werner, Cologne.

1980
Hoffmann von Fallersleben auf Helgoland, in *Anselm Kiefer*, Groninger Museum, Groningen.

1981
Gilgamesch und Enkidu im Zedernwald, in "Artforum", XIX, 10.

1983
Nothung, ein Schwert verhiess mir der Vater, Baden-Baden.

1987
Martin Heidegger, In "Tumult" (Zeitschrift für Verkehrswissenschaft), Klaus Boer Verlag, Münich.
Durchzug durch das Rote Meer. In *Anselm Kiefer*, The Art Institute of Chicago, Chicago and Philadelphia Museum of Art, Philadelphia. Pubblicato da / published by Neues Publishing Company, New York City.

1989
Zweistromland, in "The High Priestess", Anthony D'Offay Gallery, London, 1989. Pubblicato da / published by Thames & Hudson, London, Harry N. Abrams, Inc., New York City; Meulenhoff/Landshoff, Amsterdam.

1990
Die Argonauten, in *Jason*, the Dougals Hyde Gallery, Dublin. Pubblicato da / published by Edition Cantz, Stuttgart.
Nachts fahre ich mit dem Fahrrad von Bild zu Bild, A studio-talk with Anselm Kiefer. In "Süddeutsche Zeitung Magazin", n. 46, 16 novembre / November.

Per saperne di più su Charta
ed essere sempre aggiornato
sulle novità entra in

To find out more about Charta,
and to learn about our most recent
publications, visit

www.chartaartbooks.it

Finito di stampare nel settembre 2006
da Leva spa, Sesto San Giovanni
per conto di Edizioni Charta